U0033840

纏鬥聯合國

——資深大使見證錄——

That Nightmare at U. N.
and Reminiscences of Ambassadors

朱浤源　楊力明——主編

目錄

附件

本書訪錄協力人員與單位

協力人員

主　　持：朱浤源

協同主持：楊力明

偕同訪錄：明居正　黃種祥　劉奕玲

校　　讀：楊力明　朱珮瑜　朱麗蓉　劉信愔
　　　　　劉燕婷

紀錄整理：（臺灣）王仲任　柯俞安　朱珮瑜
　　　　　　　　　朱麗蓉　劉信愔　劉宗翰
　　　　　　　　　劉晶華　許舒棠　許舒棋
　　　　　　　　　斐娟如　羅文瑾
　　　　　（大陸）葉曉迪　孫　冰
　　　　　（法國）莫　森

協力單位（依筆畫順序）

中央研究院近代史研究所（含檔案館、圖書館）

中華民國海外華人研究學會

外交部部長室、外交及國際事務學院、
研究設計委員會、公眾協調委員會圖書室、
總務司

華夏科際整合聯合總會

對外關係協會

國立臺灣大學總圖書館、政治學系

臺北市立圖書館總館

序

20世紀因來自西方的「國」的意識形態（其實極容易形成夢魘）與種族主義蔓佈全球以來，加上經濟衝突等因素，發生史上最大規模也最激烈的相互殘殺鬥狠。前半段，人類透過軍事，用熱兵器、生化武器乃至原子彈，戰得血肉模糊；後半段，則透過政治，既在國際、也在國內，進行意識形態與更尖端熱兵器的無數次鬥爭。而1945年剛成立的聯合「國」（UN, United Nations），就成為人類透過「國」集體文鬥的新舞台。本世紀核彈四佈，其可能造成的毀滅則更令人戰慄，因此世人——尤其決策者，更需理性思考如何和平解決「國」際爭端。

本書以口述訪錄方法，記載從1950年開始，在剛成立的UN，為了五大常任理事國之一的中華民國（ROC，已在1912年1月1日建立於南京，1949年底其中央政府播遷臺北）議席屬於哪個「中『國』」，展開爭辯的故事。點出UN連續二十二年成為眾多國家唇槍舌劍的「戰場」。但把焦點拉到1971年，在10月25日ROC光復節那天深夜，以顯微與多元的述說，描繪該處成為史上ROC「退出」，由中華人民共和國（PRC，1949年10月1日建立於北京）「恢復」議席的纏鬥高潮。雖然PRC國內正在文化大革命，但在UN卻得到超過二分之一會員國支持，正式取代 UN《憲章》明白寫著的，真正創始國「中華民國」的地位。當然，退出 UN 對 ROC 而言，無論哪個政黨執政，都是永難忘懷的痛。這也是全世界國際組織史上難以忽略的大事件。

本書主要就在記錄會場內外，ROC 若干與會者所講述這前後纏鬥無數回合的故事；又見證外交確係內政延伸，甚至普世震盪的冷酷現實。當年 UN 五個常任理事國中首強美國（USA），為了對抗另一常任理事國——今天已經瓦解的蘇聯（USSR），ROC 便被充作棋子。而 ROC 為了維持五「強」地位，也借力使力，由外交人員以多種議事手法，巧妙阻擋了 PRC 的入會，使能連續二十二年在 UN 立於不敗的地位。可是美國因對越南作戰失利，國內的反戰聲浪風起雲湧，新任總統尼克森對外政策在 1971 年不得不變。趁中共與蘇聯衝突，PRC 有利用價值之時，特別拔擢主張「權力均衡」的策士季辛吉。UN 在召開 ROC 議席會議關鍵時刻，季辛吉藉病遁入中國大陸，演出改變美國政策為聯中（PRC）制俄（USSR），而同時背信於長期盟友 ROC 的戲碼。

但 ROC 連續二十二年在 UN 立於不敗之地，對於相對小的中華民國無疑是一大奇蹟，特別值得肯定；但為甚麼就在第二十六屆告終？顯然美國又是一大關鍵。

我們以訪錄追蹤了細部答案。從 ROC 多位重要的外交前輩口中，呈現了 UN 第二十六屆的大會上國際纏鬥的真面貌，包含立將逆轉之前，他們必須藉外交阻止的各種努力。本書敘述在紐約的 UN 大會場內，我首席全權代表——外交部部長周書楷，於預見不可為之當下的言與行。尤其當場宣布 ROC 主動退出 UN，言罷，帶領整個代表團四十多人，當著世界所有國家代表面前，魚貫步出會場。本書雕琢其人的個性，更刻繪出這樣的歷史畫面。

ROC 代表團這些言論與行動，以及 PRC 之後進入 UN 的經過，對於國際的政治、法律及道義等方面的歷史，是既戲劇性，又富指標性的大事，本書儘可能詳予記載。細述 ROC 外交官為維持 UN 常任理事國身分與代表權，既在聯大以緊迫盯人（各國聯大代表）等戰術，又汲汲然在世界各相關國奔波的整場故事。

本書更澄清流言，確認總統蔣中正在 1971 年已不堅持「漢賊不兩立」；所有外交人員也盡心於策略精算與戰術靈活，並奉命全球奔走，爭取與國。其目的自在見證外交鬥士已知戰略明確，但在戰術上力圖轉圜的辛勞，以維持 ROC 在 UN 的崇高席位。但 ROC「名」過其「實」已經超過二十年，國際政治又如此現實，ROC 鬥士最後無法守住「多年」成果，其實並不意外。只不過，從國際組織運作來看，當場政策性以「自動退出」形式呈現，是否在議事程序上足夠靈活？此舉在當年 UN 議場內是最佳選項？均值得三思。

因為聯合國除了大會、安理會外，還有經濟社會理事會與十五個專門機構，如世界衛生組織、教科文組織、國際農糧組織、世界銀行等。ROC 當時有必要一口氣全部退出嗎？還有相關組織如關稅暨貿易總協定（GATT，後來為世界貿易組織〔WTO〕所承繼）、國際原子能委員會等，以及許多其他的全球性國際組織如國際奧委會、國際刑警組織等。ROC 都因這著棋而被框住了嗎？

生活在現代的「國」際社會，世人跨國往來頻繁，必須依賴無數組織來規範及解決爭端。所以退出某席，就等於整個退出 UN，再用甚麼名義、何種方式加入，都極困難嗎？「國」的觀念、UN 議事邏輯等等是否存有其他空間？觀念與邏輯不改，五十年後的今天，就造成邦交只剩十四國的局面，因為 ROC 想加入國際組織，不只要友邦協助，也需要與邦交「國」超過一八〇個的 PRC 和解，才能落實。

ROC 並非小國，也非弱邦，目前雖已爭取到愈來愈多理念相近國家的支持，但在「國」的西式框架下，實難轉圜。如「『一個』中國」原則，都堅稱「一個」，但詮釋方式不只人言人殊，而且政策也與時推移，使國內執行者想法各異，他國自也很難配合。另外，可否採其他名稱進入 UN，如「中華臺北」、「臺澎金馬個別關稅領域」、「臺灣區域」之類，與西式「國」無關的名稱？可否先加入或開創國際組織，或跨區域、跨地方甚至跨族群性組織以待時變？由此次俄烏大戰為例，使「民主」與「專政」，以及與「國」的非西式體制與本質更加微妙，其異同已經與西人陳舊的定義越來越模糊。而病毒、疫情輕易地跨國流行，全球化使「國」的重要性再度明顯與實質下降。「國」究竟為何？其內涵、功能與運作方法似乎正快速轉變。

鑑往可知來，知易卻行難。退出 UN 至今超過半世紀以來，ROC 政府不論哪一黨執政，都還想重返 UN。但是，時人是否還只仍然留在 20 世紀老的政治框架？能不能跳出西人陳腐的「國」的意識形態與「國」際政治理論？如何作理論的深刻批判，與組織重構及理性算（精算）與計（計畫）已是各地政府，尤其 ROC 臺灣的當務之急。

外交既是內政的延伸，因此今天的當事人前瞻未來，在戰略與戰術上，是否需要「重返」UN ？我們認為 ROC 的內政、外交之外，更有經濟、國防甚至族群關係等等，更舉足輕重。因此可否重新思考另闢蹊徑？亦值得本書讀者思考。

但是作為學術機構超然的歷史紀錄者，我們先要求實戰的方法學：要知道當年的國家領導人至少須在五個方面開誠布公檢討。即第一，在再「戰（纏鬥）」之際與之前，先由下而上，細做國際政情調查、理性推估以及沙盤推演，並顧及關鍵人士的意識形態：1. 各國執政最高當局內部的理性與情緒有無改變？2. 該國最高領袖的政治信仰為何？繼作 3. 該國與相關國之間利益交換的最新內容為何？4. 大會議事運作的竅門為何，有無巧妙的運用？5. 各國外交當局參與的重要成員，相互間的實務操作又如何？有無該知曉這五大方面並「兵棋推演」之後，才「短兵」

相接？尤其在 1971 年。

第二，事後：「廝殺」之後再做兩件事：6. 交付的任務，其執行成效的正與負，與責任歸屬為何？7. 探討正負兩面未來的意義，以及應如何跳出牢籠？當年有做這樣的檢討與探究嗎？

在 UN 的纏鬥，當年由什麼單位主持並負責呢？注意到，以及做了嗎？做了多少？有多少沒做？為何沒做呢？後人做歷史研究，這七大點也都該納入考量。本書記錄每位菁英外交官的理性決策與戰鬥行動的細部回憶。從訪錄看到雖有主觀性及時代與時間（記憶）侷限，但內容深入、動態而精彩，又富代表性，極值得存真，並由今人逐字玩味。

2015 年 11 月，朱浤源在國立臺灣大學政治學系（所）開「口述歷史方法」課程，有幸邀得劉伯倫與周麟兩位大使指引，以及外交部林永樂部長挹注，使計畫從口述訪錄戴瑞明（駐 UN、英國與教廷）與呂慶龍（駐海地、法國與歐盟〔EU〕）兩位大使之後就順利推動起來。

這團隊很快得到國立政治大學外交學系同班楊力明老師積極投入，使柳暗而又花明。自國立臺灣大學退休之後，朱浤源持續在中央研究院近代史研究所推動。而外交部的外交及國際事務學院、各司處、研設會（歷屆主任從介文汲大使開始至今），和承辦部門長官們的支持與指教也不可或缺。兩人通力合作，更得同班劉志攻、王海濱兩位大使，以及學長蘇起教授等，與國立政治大學國際事務學院前院長李明教授、院長連弘宜教授等支持，使此一高難度的計畫，既能得行政機關持續支持，又續攀學術高峰。

在許多訪錄中，與 UN 直接有關者有：錢復、龔政定（含追述楊西崑）、陸以正、林尊賢、歐鴻鍊、國剛、戴瑞明、程建人、陳錫蕃以及一位始終堅持不具名（因為他信守對昔年長官「外交屬機密」，他「一定不透露」的承諾）共十位，決定先予集結，加上外交部當年的檔案（在中央研究院尤其近代史研究所檔案館與圖書館以及外交部圖書室）資料也適量置入，使更具體細部呈現。

本書還記載了許多時代性故事，例如楊西崑由龔政定陪同，風塵僕僕於非洲各國；歐鴻鍊於拉丁美洲縱橫捭闔，均在困頓中仍然成長茁壯。

不止此，幾位前輩更將從事外交工作，創造了個人外交手法上的獨特表現，例如國剛大使，在一片頹勢當中，開創了一系列的建交奇蹟；在日常生活中，林尊賢大使暨夫人聯手，結交了許多好友；而作為台灣長老教友，林大使高中的見聞，也是研究二二八事件的史料；還有戴瑞明對美外交的獨到心得，陳錫蕃的拉美外交文化，都提供讀者更深刻的反省與思維。

本書的製作，學術界除了我們兩人之外，又有國立臺灣大學、中央研究院、世新大學、國立屏東大學與淡江大學參與訪錄，也得到海外華人研究學會兩位接任的理事長（臺北市立大學與國立臺灣師範大學教授）支持。

今年喜獲《心戰聯合國：中國代表權爭奪戰，1949-1971》實務界作者楊勝宗大使惠借藏書，其中一本正是1971當年逼使ROC退出UN的主角：阿爾巴尼亞UN「排我納匪」一案的提案者Reis Malile（該國職業外交官，時任外交部副部長兼駐聯合國大使）[1]的回顧錄。他山之石可以攻錯，故在附錄摘要並陳，供讀者同步深思，以跳出傳統的片面的框架。

本書出版前，楊勝宗大使與黃聯昇大使，兩度邀請我們與盧炳炎、吳明彥等十多位大使及賀德芬教授餐敘，做深度請益與腦力激盪，亦有斬獲。至盼本書的出版，能與楊大使大作齊肩併呈，在他縱觀，我們橫剖的實務與學術兼顧並交叉對照中，讓大家更動態理解與體會當時ROC與PRC的UN爭鬥。

總之，世人不只藉歷史殷鑑增長智慧，更應該坦白檢討與自我批判，以開誠布公來累積知識與活化經驗；正所謂檢討過去、策勵將來。

現在動員超過三、四十人，累積各方面耆宿近五十人前後八年訪錄初稿之後，這部書是第一份報告，如果有些成果，自應與全體參與者分享，也感謝每一位的辛勞。當然，本書審視的焦點放在ROC半世紀前外交戰略與戰術

---

1 Reis Malile（雷茲．馬利列），阿爾巴尼亞最著名的職業外交家，1948年進入外交界。曾任第四任駐華（PRC）大使，1961年7月18日到任，1961年7月20日遞交國書，1963年離任。1963年至1982年擔任阿爾巴尼亞外交部副部長。兼任駐聯合國大使期間，幫助PRC進入UN。

的橫面，其觀照自難周全，也發現許多值得商榷之處。歡迎海內外讀者指教，讓我們一齊再思考，俾憑更深探究；啟發智慧、激勵有志者開闊心胸，並廣益於未來。當然，這部書的出版，得力於民國歷史文化學社的支持與協助，應深致謝意。

朱浤源
楊力明
謹識
民國 111 年 6 月

回顧　我們的共同見解——速寫退出聯合國真相[1]

錢復、陸以正、國剛、甯紀坤、戴瑞明

圖 A-1　由左至右：甯紀坤、陸以正，錢復、國剛、曾淑賢館長與戴瑞明五位大使合照，2008 年 2 月 17 日下午於臺北市立圖書館總館十樓

1　以「外交老兵談我國退出聯合國真相」為主題，由錢復主講，陸以正、國剛、甯紀坤（未發言）、戴瑞明與談。另參：臺北市立圖書館總館 10 樓會議廳海報及翌日《中華日報》的 A4 全版報導。座談會該版書面資料，係由戴瑞明大使負責編寫。本文則依學術體例重編，保留 2008 年原文，但由編者極小部分潤筆，並加註腳。綜合整理：朱珮瑜、楊力明、朱浤源。

壹、我國被迫退出聯合國真相

一、美國助我維護聯合國代表權經過

《聯合國憲章》於1945年10月24日生效，中華民國為創始會員國。但自1949年10月1日中華人民共和國在北京成立，中華民國政府自南京播遷臺北後，即在聯合國產生「中國代表權問題」。可分三個階段敘述：

（一）1951-1960年「緩議案」期間

「中國代表權問題」自1950年第五屆聯合國大會起，以大會為主要戰場。東西方冷戰開始，以美國為首的自由世界國家支持中華民國，而以蘇聯為首的共產集團及不結盟國家，則支持中華人民共和國，壁壘分明。由於聯合國成立之初，美國勢力高於蘇聯集團，乃採用「緩議案」阻止中共政權在聯合國替代我方，其方式為「在本屆大會會期不討論這個（中國代表權）問題」。

（二）1961-1970年「重要問題案」期間

美國有鑒於1960年聯合國會員國已增加到九十八國之多；兼之，當年「緩議案」表決結果為四十二票贊成、三十四票反對、二十二票棄權，我代表權危險性增高，乃於1961年改變策略，依據《聯合國憲章》第十八條第二項規定，提出「重要問題案」。亦即任何有關「中國代表權」的爭議，應視為「重要問題」，應以到會投票的會員國三分之二多數決定，但「重要問題」本身為一「程序問題」，以簡單多數即可決定，因此，我國都能掌握。

但是，到了 1970 年 11 月 20 日聯大第二十四屆大會時，表決「重要問題」之程序案結果，雖有五十二票反對，但六十六票贊成，有過半數。因此，阿爾及利亞所提「排我納匪案」時，雖然已經為五十一票贊成、四十九票反對、二十五票棄權；但因係「重要問題案」有了須過三分之二通過的保障，否則我國即已被迫退出聯合國。

（三）1971 年「重要問題案」、「雙重代表權案」以及「排我納匪案」三案並陳

這三個案被同時向大會提出。前兩個案相互搭配，亦即：第一與第二兩案，均主張：由中華人民共和國在「安理會」取代中華民國；同時，在「大會」，則由中華人民共和國與中華民國兩國政府派代表同時出席，即「一國兩席」。後一個案則是：阿爾巴尼亞及阿爾及利亞等國所提「排我納匪案」。

前兩案之所以提出，是由於美國為制衡蘇聯，並謀求儘早解決越戰問題，有求於中共，故其對華政策逐漸傾向中共，對我方之支持因而鬆動。還有，承認中共的「自由」世界國家增多，我方逐漸陷於孤立，美國助我維護代表權難度因而大增。為謀維護我代表權，美國乃於 1971 年第二十六屆聯合國大會舉行前同時提出「重要問題案」及「雙重代表權案」的雙重保障。然因尼克森總統國家安

全事務特別助理季辛吉，在聯大辯論「中國代表權問題」之時，已經到了北京訪問。這種矛盾行動，致使支持美國提案之基礎大為動搖，導致阿爾巴尼亞及阿爾及利亞等國所提「排我納匪案」得到更多支持。

到了 10 月 25 日，聯大第一九七六次會議時，有關於「中國代表權問題」的三個提案必須投票表決。其次序如下：

1. 本案是否援例列入「重要問題」案。
2. 美、日共二十二國所提「雙重代表權」案。
3. 沙烏地代表臨時提出「一中一臺」修正案。

其表決結果如次：

美國等所提第一案，即「中國代表權問題」應屬「重要問題」之程序性問題案，表決票數為：五十五票贊成、五十九票反對、十五票棄權、二票缺席。結果：等於七十六票反對，才五十五票贊成，明顯居於劣勢。「重要問題」案遭到否決，亦即中國代表權的問題，已經改變成為並非以前多年來的「重要問題」；因此，只以投票的簡單多數（過半數）即可決定。從而，第二與第三（都只需過半數即可通過）兩案，就連帶必然失敗，不用討論。

果然，阿爾巴尼亞及阿爾及利亞等二十三國所提「排我納匪」案表決結果：七十六票贊成、三十五票反對、十七票棄權、三票缺席。也等於七十六票支持，同樣五十五票不支持。支持中共入會的票數，預計必然過半。此時，周書楷部長當場立即提臨時動議，上臺發言。發言畢，即率團退出會場。此即由中華人民共和國代表取代中華民國代表的著名聯合國「第二七五八決議案」前大半情況。後面一段，則表決阿案。結果，因眼見我代表團全體退出之後，阿案不僅超過簡單多數贊成，且超過三分之二。

二、我國失策或情勢使然？

我國退出聯合國，是外交失策？抑或當時國際情勢使然？有以下三點：

（一）形勢比人強

縱使「雙重代表權案」獲通過，我方能繼續留在聯合國內多久，仍不甚樂觀。因為中共明確聲明，只要我國在聯合國內，她絕不會來參加，而要透過其友邦繼續提案排我，直到通過，才會罷休。[2]

（二）不可能瓦全

「聯合國是以國家為單位的競技場，大家玩的是實力政治（Realpolitik）。假如那年〔1971 年〕雙重代表權案獲得通過，中共肯定拒絕加入。頂多再拖過一兩年，在西瓜偎大邊的情勢下，我國仍然會被趕出聯合國，反而更加窩囊。……即使做了瓦，也會被中共踩得粉碎。……就

---

2 錢復，《錢復回憶錄》（臺北：天下遠見，2005），頁 166-197。

事論事，我國當時已經準備接受與大陸並存在聯合國裡的安排。……聯合國是議會式的外交，即使強如美國，也無法完全控制所有大小國家的投票。」[3]

（三）國際壓力

當年我們受到國際壓力退出聯合國，最主要在於兩個原因：一是我們自己國家的實力，另一則是當時整個國際形勢對我們不利。因為美國想打中共牌來制衡蘇聯，而我們是小國，就成了強權底下的犧牲者。[4]

貳、我國是否可能參與、重返、或加入聯合國？

一、參考其他分裂國家參與聯合國的經驗

二次世界大戰結束及東西方冷戰開始後，韓國分為南、北韓；越南分為南、北越；德國分為東、西德，透過國際條約分治。美國全力支持南韓、南越；蘇聯與中共則支持北韓、北越，先後引發了韓戰與越戰。在歐洲，美、英、法支持西德，蘇聯則掌控了東德。

---

3 見陸以正，〈回憶 一九七一年聯合國席位的最後一戰〉，《中國時報》，2000 年 10 月 25 日，後收錄至《如果這是美國：一位退休外交官看臺灣》（臺北：三民書局，2001），頁 35-36。

4 見賴樹明，〈走過聯合國的日子〉，《薛毓麒傳》（臺北：希代出版，1994），頁 192-193，及薛大使 1991 年接受《展望雜誌》專訪談話。

冷戰期間，兩個韓國、兩個越南及兩德國，分別先後成為聯合國「觀察員」，然三個分裂國家成為聯合國「會員國」的過程，則境遇不同。以越南而論，1976-1977年，北越擊敗美國及南越，以「武力統一」了越南，1977年9月22日，聯合國由「越南民主共和國」為代表。以德國而論，經東、西德雙方事先協商同意，於1973年9月18日同時成為聯合國會員國。1990年10月3日冷戰結束，東、西德雙方同意「和平統一」，東德併入西德，在聯合國乃由「德意志聯邦共和國」代表。南北韓雙方經協商同意於1991年9月17日同時加入聯合國成為「會員國」。

觀察南北越、東西德、南北韓先後成為聯合國「觀察員」之過程，不難發現係美、蘇兩強運作之結果；然東、西德及南、北韓雙方同時成為聯合國「會員國」，則係各該國雙方自行協商、互相妥協之結果，此為目前臺海兩岸所欠缺者。其主要原因乃中共基於兩岸大小過份懸殊，不願畀予我方在國際社會以平等之地位，故堅持「一個中國原則」，堅決反對「兩個中國」或「一中一臺」。

二、我方面臨的國際現實

不論我方推動「參與聯合國案」、「重返聯合國案」或「以臺灣名義加入聯合國案」，如我方不願與中共對話，尋求解決方案，而直接訴諸國際社會，則必須先克服兩項冷酷的國際現實：

其一、西元 2021 年聯合國有一九三個會員國，尚有少數國家非聯合國會員國。根據中共外交部網站顯示，目前世界上與中華人民共和國有外交關係者為一八一國（其中含聯合國觀察員及非會員國）。與中華民國有外交關係的國家計為十四個，其中教廷為聯合國觀察員，無投票權。聯合國是個用票數來決定重大問題的地方。除非我方能爭取到九十七個以上的聯合國會員國支持，否則所有願望均將落空。

其二、我友邦美國採取「一個中國政策」，不支持「臺灣獨立」、不支持臺灣參加必須具有主權國家地位之國際組織、反對臺海兩岸任何一方改變現狀。其他俄、英、法、德、日等大國均採取「一個中國政策」，希望臺海雙方以和平方式解決爭端，除非我方能促使大國改變「一個中國政策」，否則我方任何訴求均將緣木求魚，無法實現，而只能在國內消費，徒然削弱國力。

如果上述兩項困難，無法克服，則勢須設法先與中共對話，謀求雙方均能接受之解決方案。是以，當前我政府如能將改善臺海關係列為優先，對外活動空間擴大始有可能。

參、聯合國小檔案

一、聯合國暨主要附屬機構會籍

（一）會員國

聯合國大會現有一九三個。

（二）安理會

由十五個理事國組成。中華人民共和國為五個常任理事國之一，另有十個非常任理事國。

（三）經濟暨社會理事會

共有五十四個理事國，中華人民共和國為理事國之一，其中貝里斯、史瓦帝尼、瓜地馬拉與我有外交關係。

（四）託管理事會

由中、法、俄、英、美五個安理會常任理事國組成。但最後一個託管地帛琉獨立後，託管理事會於 1994 年 11 月 1 日起停止運作。

（五）國際法庭

由十五位法官組成，任期九年，由大會及安理會推選。目前有安理會五個常任理事國的法官，其他十位法官之所屬國，均與我無外交關係。

二、聯合國的功能不彰

聯合國為二次大戰後成立的國際組織，其主要功能在促進和平、安全與經濟發展。經過六十多年的運作，正反的評價都有，有人認為聯合國是：

（一）強國的「專利」，憲章只是形式性的具文（如英法聯軍為蘇彝士運河攻打埃及；蘇聯入侵匈牙利；美國攻打伊拉克等，均未理會安理會。）[5]

（二）「沒有正義的地方」，1971 年 10 月 25 日，我國被迫退出聯合國後，美國代表布希大使（後來的老布希總統）向我國常任代表劉鍇大使憤慨地說：「這是個沒有正義的地方。」

（三）「若想聯合國來保護，倒不如自己保護自己來得安全。」[6]

三、中華民國在聯合國二十六年的得失

（一）失：我國的付出

1. 1946-1971 年的二十五年間

負擔聯合國分攤的會費美金四千五百八十三萬零一百十九元二角五分。1971 年我國退出聯合國後，尚積欠聯合國各項費用美金三千萬元。

5　參見：《薛毓麒傳》。

6　已故美國參院外交委員會主席傅爾布萊特語。

2. 投資估計

我國為維護聯合國席次，每年對友邦直接、間接的投資約一千一百萬美元（1971 年之幣值）。

3. 推動「先鋒計畫」

為爭取票源，美國支持我國對非洲新興國家實施以農業發展為主的「先鋒計劃」（Vanguard Project），經援數額為數不小，尚未計入。

（二）得：我國的收穫

1. 獲國際表達意見機會

獲得在國際論壇表達意見的機會。

2. 提出「中共政權為侵略者」案

1951 年 2 月 1 日聯大在韓戰期間通過「中共政權為侵略者」案。

3. 通過「控訴蘇聯侵略中國」案

1952 年 12 月 1 日聯合國大會通過我國蔣廷黻代表所提「控訴蘇聯侵略中國案」——投票表決結果：二十五票贊成、九票反對、二十四票棄權；等於只有九票反對，超過三分之二多數通過。[7]

（三）感想

（戴瑞明大使）感言：「英國政治家、外交家帕麥

7 續伯雄，《在聯大奮戰經過》（臺北：新聞天地社，1971），頁 149；陳之邁，《蔣廷黻的志事與平生》（臺北：傳記文學出版社，1967），頁 89-90。

斯敦（Henry John Temple Palmerston）說：『英國沒有永恆的盟邦，也沒有持久的敵國，只有永恆而持久的（國家）利益』」。「中」俄在冷戰期間均為美國之大敵，今（2008 年）則中共改為美國的「利益相關者」，可見國際政治之現實。

四、中華民國席聯合國第二十六屆大會代表團

當然首席全權代表：　周書楷

首席全權代表：　劉　鍇

全權代表：　楊西崑　謝東閔　陳質平　薛毓麒

副代表：　張純明　王之珍　林挺生　芮正皋　田寶岱

顧問（依姓氏筆劃）：王世明　王孟顯　史悠鑫　宋益清　李世英　李南興　吳世英　周謙沖　拓國柱　胡光泰　郁鳳岐　馬樹禮　孫邦華　陸以正　曾憲揆　張紫常　張甘妹　梁鋆立　陳裕清　陳奇祿　國　剛　鈕乃聖　舒梅生　程時敦　溫鳳韶　翟因壽　劉毓棠　蘇勻田　錢　復　魏濟民　關　鏞　羅　龍

祕書：　高德根　甯紀坤　張炳南
黃傳禮　張書杞　左紀國
徐士才　曾燕山　戴瑞明

五、我國在聯合國的三次挫折

（一）1971 年 10 月 25 日

聯合國大會通過阿爾巴尼亞等二十三國所提「排我納匪案」，即「中華人民共和國政府代表替代中華民國政府代表的中國代表權案」。投票結果為：七十六票贊成、三十五票反對、七票棄權、三票缺席。此即導致我國主動宣布退席的聯合國二七五八號決議案。

（二）1993 年之後

國民黨執政期間，李登輝總統指示外交部推動「參與聯合國案」，並在三年內成案。當年 8 月 6 日，貝里斯等七個友邦致函聯合國祕書長，提出設立「特設委員會」，研究在臺灣的中華民國在聯合國的代表權問題案，然因中共反對，無法取得共識，總務委員會審議聯大議程時，主席裁定不予列入。

自此連續多年陸續有時提案，但都受挫，一直無法列入議程。

（三）2007 年

1. 第一次辯論

民進黨政府為追求「一邊一國」、「一中一臺」的目標，陳水扁總統要求外交部推動「以臺灣名義加入聯合國案」。當年 9 月 18 日聯大總務委員會通過討論我友邦提案時，中共及其支持者主張正反雙方各有二人參與辯論，結果贊成者包括美國在內共二十四票，反對者三票。辯論結束，總務委員會主席以無共識為由裁定不列入聯大議程。

2. 第二次辯論

同年，我友邦又在聯大討論總務委員會所提入聯議程時，再次發動辯論，為時約四小時。結果一二六國發言反對我國，十四個我友邦發言支持我國。美、日未發言，但事後各在其網站發表聲明，重申「一個中國」政策，不支持「臺灣獨立」，不支持「以臺灣名義加入聯合國」，並認為「臺灣入聯公投」於事無補，而有反效果。

六、中共對聯合國「中國代表權問題」之立場

中共堅持「一個中國原則」，追求國家統一。堅決反對「兩個中國」、「一中一臺」或類似的主張。堅決反對「臺灣地位未定論」，堅決反對「臺灣獨立」。

（一）1956 年

毛澤東向印尼蘇卡諾總統說：「如果聯合國裡有臺

灣代表，我們可以等一萬年也不進去。」

（二）1957 年 1 月 27 日

毛澤東在省市自治區黨委書記會議上說：「我們不急於進聯合國，就同我們不急於跟美國建交一樣。我們採取這個方針是為了盡量剝奪美國的政治資本，使它處於沒有道理和孤立的地位。……美國拖的時間越長，欠我們的賬就愈多，越拖越沒有道理。在美國國內，在國際輿論上，你就越孤立。」

（三）1971 年 7 月 9-11 日

美國尼克森總統國家安全事務助理季辛吉，祕密訪問北京，安排尼克森總統訪華。事前，周恩來總理便秉承毛澤東上述意旨，決定不主動與季辛吉討論聯合國「中國代表權問題。」

（四）1971 年 8 月 17 日

美國常駐聯合國代表老布希大使奉命向聯大提出「一國兩席」的「雙重代表權案」後，周恩來立即要求其外交部於次日發表立場堅定、措辭嚴厲的聲明稱：「中國人民和中國政府堅決反對『兩個中國』、『一中一臺』或類似的荒唐立場。堅決反對『臺灣地位未定』的謬論。堅決反對『臺灣獨立』的陰謀論。只要在聯合國出現『兩個中國』、『一中一臺』、『臺灣地位未定』或其他類似情況，中華人民共和國就堅決不同聯合國發生任何關係。中國政府這一嚴正的立場是不可動搖的。」

（五）1971 年 10 月 21 日

毛澤東於獲悉美國為維護我國代表權向聯大提出「雙重代表權案」後，即指示周恩來說：「如果美國所提『雙重代表權』案獲得通過，我們絕不上『兩個中國』的賊船，今年不進聯合國。」

（六）1971 年 10 月 25 日

毛澤東於獲悉其友邦阿爾巴尼亞等二十三國所提「排我納匪案」獲得聯大通過後，始決定派代表團參加聯大及安理會。

七、美國對聯合國「中國代表權問題」立場之轉變

（一）1971 年 10 月 25 日以前的二十二年之中

1. 1950 至 1960 年代中期

我國被迫退出聯合國之前，1950 年代及 1960 年代中期，美國為圍堵共黨勢力之擴張，傾全力維護中華民國在聯合國之代表權，阻止中華人民共和國入聯。如 1958 年 10 月 23 日蔣中正總統與美國杜勒斯國務卿發表臺北「聯合公報」，美方確認「中華民國為自由的中國之真正代表，並為億萬中國人民之希望與意願之真正代表。」

2. 1960 年代中期以後

但到了 1960 年代中期之後，蘇「中」在意識型態上發生齟齬，美國乃欲打「中共牌」，聯「中」制蘇。同時，美國亦欲求助中共助其解決越戰問題，乃有拉攏中共的「兩個中國」之議。然中共力量崛起，堅決反對「兩個中國」、「一中一臺」及「臺灣獨立」，致美國在聯合國助我維護代表權方面節節敗退，從簡單的拖延式「緩議案」退到必須投票且超過三分之二支持的「重要問題案」到再退一步，增加為「雙重代表權案」。

（二）1971 年 10 月 25 日

聯聯合國第二十六屆大會期間，由於國際情勢對中共有利，美國認為牽引中共入聯，已在所難免，乃聯合日本等共二十二國向聯大提出「一國兩席」的「雙重代表權案」，俾在「重要問題案」無法阻止中共入會之同時，對維護我國在聯合國代表權多一層保障。不料，「排我納匪」之阿案通過以前，我國已經自動退出大會，因此，通過之後，由於中華民國已經自動退出聯合國了，依實際情況，「雙重代表權案」根本無立場交付表決。美國所提「兩個中國政府」之構想因而受挫。

（三）1972 年 2 月 28 日

美「中」《上海公報》發表後，美國逐漸改採傾向中華人民共和國的「一個中國政策」；尼克森、季辛吉又私下向中共保證，絕不支持「臺灣獨立」，中華民國之國際地位因而進一步受到傷害。

（四）1979 年 1 月 1 日

美「中」雙方建立外交關係後，美國與中華民國之外交關係隨之中止，改稱我國為「臺灣當局」。美臺雙方維持人民與人民之間的「非官方」關係。在美國政府眼中，臺灣的中華民國不再被視為「主權國家」。美國政府又改採「一個中國，但不是現在」的政策，給予中共以「法理」承認，給予我方以「事實」承認。堅持臺海兩岸必須以和平方式解決爭端。一方面阻止中共對臺使用武力，另方面鼓勵我方與中共對話，自行和平解決爭端。

鑒於美國政府「不支持臺灣加入任何必須具有主權國家地位之國際組織」，故不論我國提出「參與」、「重返」或「以臺灣名義加入聯合國」案，均難獲美政府支持；惟如臺海雙方自行協議，則又另當別論。

八、我國立場之轉變

在 1950 及 1960 年代的二十多年冷戰期間，美國與我國密切合作反共，不僅支持我國在聯合國之代表權，阻止中共取代我方，且與我國簽訂《中美共同防禦條約》建立盟友關係；我國乃採取絕不與中共接觸、談判、妥協之堅定立場。

1979 年 1 月 1 日美國與中共建立外交關係後，採取

「一個中國政策」，不支持「臺灣獨立」，不支持臺灣參加必須具有國際主權地位之國際組織，致使我國在國際社會日益孤立。

面對新的情勢，近二十年來國民黨政府與民進黨政府採取不同方式，企圖設法突破孤立，前者採取繼續「維持現狀」之妥協方式，後者採取「改變現狀」之衝撞方式。

（一）國民黨執政期間

針對中共「一個中國原則」及美國「一個中國政策」，李登輝總統接任之初，沿襲蔣經國總統追求國家統一路線，制定〈國家統一綱領〉，追求以民主自由統一中國為「目標」。如此，一方面使中共缺乏對臺用武之藉口，得以維持我國「實質上獨立之自主」的現狀，以爭取時間予後代子孫對臺灣前途有選擇之餘地；另方面亦符合美國促進中國大陸民主化、自由化之長期利益，故兩岸關係與美臺關係均有改善空間。

（二）民進黨執政期間

民進黨政府反對中共的「一個中國原則」，衝撞美國的「一個中國政策」及其「反對臺灣入聯」之立場，主張臺灣海峽兩岸「一邊一國」（一中一臺），追求「臺灣獨立」，與中國「永久分裂」，導致中共制定了《反分裂國家法》，明示如我方宣布「臺灣獨立」，將使用非和平方式統一。論者認為此法「反獨」而不「急統」，有維持現狀之意。美國亦為謀臺海和平與穩定，反對臺海兩岸任何一方改變現狀，堅持雙方爭端必須以和平方式解決，足證分裂路線之不可行。

九、南北韓立場

南、北兩韓在國家統一前的主張，可供參考。

（一）南韓

「一個民族、兩套制度、兩個獨立的政府」（one people, two systems, two independent governments）的立場，亦即所謂「邦聯制」。[8]

（二）北韓

「兩套制度、兩個政府、一個國家」（two systems, two governments, one country）之立場，即所謂「聯邦制」。[9]

---

8 摘自 2002 年 12 月 10 日金大中總統接受諾貝爾和平獎演講詞。

9 摘自北韓駐聯合國常任代表 Li Hyong Chol 接受義大利《地緣政治評論》月刊專訪（2001 年 1 月號）。

肆、未來對策

一、錢復、陸以正、國剛、戴瑞明的建議[10]

（一）主講人錢復

「強調『漢共可兩立』（『漢賊不兩立』並非老蔣原意）——公文刪除三字，接受雙重代表權」；「老蔣有彈性，『漢賊不兩立』說法不實」。

其實我國退出聯合國的危機從 1970 年就已經存在。這一年在聯合國有關「中國代表權」的爭奪戰，阿爾巴尼亞所提的「排我納匪案」，已經在 1970 年的聯大會議中獲得相對多數支持。要不是這一年美國的「重要問題案」獲得通過，使得「排我納匪案」必須要獲得三分之二多數才算成立，很可能 1970 年我們就被迫退出聯合國。

問題是當時的國際情勢太不利於我國，因為當時國際上姑息氣氛瀰漫，1970 年 9 月，第三世界不結盟國家集會時，大聲疾呼認為不讓中華人民共和國進入聯合國是「不符合國際正義」。這個會議一結束，就有非洲國家與我國斷交，可見當時姑息氣氛的嚴重。

其次，當時美國的政策改變極大，因為當年發生蘇聯與大陸的珍寶島軍事衝突事件後，美國認為蘇聯與中共

10 以下主講和與談的內容，全文錄自孫香蘭、蕭師言整理，〈外交老兵談我退出聯合國真相〉，《中華日報》，2008 年 2 月 18 日，A4 版。另有一位未發言的甯紀坤大使，當年是中華民國出席第二十六屆聯合國大會代表團祕書，後來擔任駐斐濟代表、駐索羅門群島大使。

的對立勢不可免，美國當權的尼克森總統與他的謀士季辛吉就有「拉一個打一個」的打算，想要拉中共打蘇聯。這點在去年才解密的 1971 年美國國務院檔案中，充斥著美國各地大使想辦法與中共聯繫的資料，就可以明顯的看出來，美國政策已經傾向中共這一邊。

那一年 7 月 3 日，美國駐華大使馬康衛又告訴我，美國估票發現，如果不將安理會的席次給中共，則雙重代表權將少十票而無法通過。7 月 20 日，羅吉斯國務卿正式告知沈劍虹大使，指出美國認為雙重代表權必須要將安理會的席次交給中共，這對我國來說當然是無比大的打擊。

當時，為了羅吉斯國務卿的正式通知，總統府下所屬的「宣外研究會常務小組」馬上舉行會議商討對策。此一單位都是由外交耆宿所組成，原本召集人是總統府祕書長張羣，但由於此事重大，連張羣的層級都不足以因應，而由副總統兼行政院長嚴家淦來召集開會、商討對策。

開會後，7 月 25 日由嚴家淦院長所擬的呈文與對策，交由我負責帶到陽明山上給蔣中正總統批示。文中最主要是說，我國願意配合美國的建議，接受雙重代表權案，但是不能接受安理會席次也交給中共，同時我國也強力希望美國不要連署有關「安理會席次由中共代表」的案子。文中強調，如果有此種提案，我國不只是會口頭上強烈反對，也會「投票反對」。

7 月 26 日，我將此文呈給老蔣總統後，結果老蔣總統卻把「並投票」反對的「並投票」三個字給刪除。換言之，大家總以為是蔣中正總統「沒有彈性、漢賊不兩立」，其實我這個親身經歷卻可以證實，老蔣總統很有彈性。他把「並投票」三字刪除，就是代表我們已經可以在表決時「接受雙重代表權」，甚至連安理會席次也不投票反對了。這點大家可看國史館的相關資料，內中就沒有「並投票」的字樣，那是因為老蔣總統已經刪除了這三字，代表我國對聯合國席次的彈性。

所以「寧為玉碎、漢賊不兩立」這些話，當然當時是有人這麼講，但卻不是國內的人這樣講，也不是蔣中正總統這樣講。這點是國人必須要清楚的一件事。

1971 年 9 月 15 日我國赴聯大代表團出發，蔣經國總統當時擔任行政院副院長，他於 11 日當天找我去談話，要我們代表團努力奮鬥、絕不可認輸，他並指出，如果雙重代表權議案中，未將安理會席次撥給中共，中共絕不會進入聯合國，那時我們代表團一定要堅持崗位。但是如果阿國的「排我納匪案」有通過跡象時，這代表中共進入聯合國已經是必然趨勢，那時我們就必須要先行退出聯合國。

或許有人質疑，為何中共進入我們就要退出？要知道聯合國不是國內的立法院。我們就算是想要不走，賴在議場中，只要阿案一通過，聯合國的警衛就會來將我們所有團員架出去。那時我們國家的尊嚴將會更加的掃地，所以經國先生才指示我，要將這個原則告訴我國聯大代表團團長周書楷。

但這卻絕不是我們「沒有彈性」，從蔣公刪除「投票反對」的字樣，就可以知道我們的彈性其實很大。但是票不夠誰也沒辦法，當年 8 月我們估票時，還有希望維持代表權，甚至到10月初還認為「重要問題案」可以確保。但 10 月 5 日季辛吉訪問大陸消息一曝光後，所有的估票都是情勢極不樂觀，當時聯合國大會的長廊上都認為「美國的立場已經寫在牆上」，大家都認為美國「其實是支持中共」，而只是口頭上支持我國，所以這些國家才根本不想繼續支持我國。

此外，有人認為如果能夠先運作通過雙重代表權，讓中共有安理會席次，那我們還是可以留在聯合國。這種看法更是錯誤。我們只要看當時毛澤東、周恩來等人的談話，就可以知道只要是我們還留在聯合國，中共絕不會進入聯合國，中共是要將我國完全逐出聯合國，他才會進入。

（二）與談人

1. 陸以正

「要深入美國內部權力鬥爭去找活路——羅吉斯與季辛吉鬥爭，我被犧牲。」

談到我國被迫退出聯合國，有幾件事必須提一提，一是季辛吉，此人工於心計。他當時的職務是美國國家安全顧問，但他一心想當的是國務卿，所以季辛吉很多地方都與羅吉斯鬥法。羅吉斯與季辛吉他們兩人都有人馬，兩派人馬就勾心鬥角，卻苦了我們的聯合國席次也成為他們鬥爭下的犧牲品，其實當時羅吉斯與老布希都在聯合國為我們奮鬥、幫助也很多，但季辛吉扯後腿。

二是當年大陸也發生的一件大事，那就是中共被明文規定為毛澤東的接班人林彪，因為涉嫌謀刺毛澤東而逃往蘇聯，結果他的座機墜毀在外蒙，一家三口都死亡。這一來，由於尼克森即將訪問大陸，林彪死亡使得尼克森大為驚慌，擔心中共沒有人來接待他，他就無法前往訪問，對尼克森的聲望是一大打擊，所以中共才狡猾的利用這個機會，要季辛吉在聯大會議開得最熱烈的時候到大陸訪問，表示這是討論安排尼克森訪問大陸的事宜，並利用季辛吉赴大陸訪問營造出一種「美國支持大陸」的形象，對其他國家的立場當然產生左右的力量。但這一來不就等於是出賣了中華民國了嘛！

這點，當時我認識的一個法國代表就很不滿。他告訴我：「『雙重代表權沒問題』，但是『雙面外交』就不可以，其實我不是反美的人，但這件事我必須要說，美國真的是出賣了我們。」

其次，我必須指出當時我們政府為了準備聯大的辯論與表決，可說是沙盤推演到鉅細靡遺，當時因為有位印尼外交部長馬力克擔任聯大主席，我們還特別請曾任印尼僑領的馬樹禮也參加代表團，與這位主席商量，如果表決時雙方同票，則請這位主席幫忙投我們一票，他也答應了，可見政府連這些小地方都注意到。

唯一可惜的是，有位沙烏地阿拉伯的代表幫了倒忙。這位代表是黎巴嫩人，他代表沙國出席聯大，是採取「按稿計酬」的方式，多發言就多得到報酬。所以 10 月 25 日下午 3 點開會之後，他一個人竟然上臺講了七次話，並且到處罵人，幾乎所有人從美國到蘇聯都被他罵遍了。當時又沒有供應飲食，他的發言延長到晚間 9 點多，沒吃沒喝沒休息，使得所有開會的人都因為此君的冗長發言而怒氣衝天。

當天有好幾個案子亟待表決，除了阿案排我納匪外，還有美國的重要問題案與雙重代表權案。結果他卻又提出了一個等於是「一中一臺」案，主張中華人民共和國進入安理會，中華民國留在聯合國，但名稱則由中華民國人民公投後決定。

這位先生滔滔發言過程中，擔任主持會議的並不是主席，而是聯大十六位副主席中的一位。這位副主席不知是被其他代表的怒氣所嚇到了，還是主持會議本來就不嫻熟，當沙國代表提出「散會動議」時，原本主席只要一敲議事槌就可以散會，但是代表們卻吵著要繼續開會，所以主席就要求「表決散會與否」，結果被否決掉，而繼續開會。這時就是我們代表權的最大危機來臨了，因為當時群眾心理完全的被激怒，在激怒下的表決，當然會對我國不利，畢竟這位沙國的代表也是想支持我國，使我國可以說成了被遷怒的對象。

所以既然散會表決不過，就繼續表決各項既定的議案，當時先是重要問題案沒有通過，接著老布希想要將阿案的「排我納匪案」，以兩段方式來表決，希望只有前半段「讓中共入會」，但不要讓後半段的「排我案」通過，卻也失敗了。

這時我國可以說是已經被逼到牆角，所以團長周書楷才舉手要求程序發言。那時我看到周團長要發言，就先跑到大會外去借了第一會議室，讓周團長發言後就可以到會議室來開記者會，報告這個令我國震驚憤怒的決定。然後我們所有的團員都一一步出聯合國會場，等走到外面一看，已經是深夜 11 點 30 分，滿天星斗，我們盡了最大的努力。

2. 國剛

「以漸進法進入——漸進式進入聯國較可行。」

未來我們要如何回到聯合國，一般來說，要嘛以新的國家名義加入，但是這條路必須要先獲得聯合國安理會通過，由安理會推薦到聯合國大會，再經三分之二同意才能成案。這點困難度之高不必多說，不只是中共在安理會有否決權，三分之二的大會同意更是難上加難。

另外就是「恢復會籍」，這點可以避開「安理會推薦」的難關，但想要恢復會籍首先不能改變中華民國的國名，其次要獲得現〔2008 年〕有聯合國一九二個會員國中，九十七國的支持，才能將二七五八號的決議加以修正，使我們重返聯合國，這條路比前一條路困難似乎小一點點，但其實也是困難無比。

所以我建議走第三條路，那就是以漸進的方式，先參加聯合國周邊不是以國家名義加入機構，如世界銀行、貨幣基金、WHO、教科文組織等，我們先爭取中共不要阻撓我們加入這些組織，而後再靠表現來申請成為聯合國觀察員，當然這條路也不容易，但不失為可行的途徑。

3. 戴瑞明

「大國制定政策，小國適應政策。」

研究國際政治的學者都知道「大國制定政策，小國適應政策」的道理。蓋因大國採取行動有強大國力為後盾，而小國行動則受本身實力所限。就臺海兩岸關係而論，中共有實力追求其國家目標，相對之下，我方則缺乏此種實力。中共為追求國家統一，堅持「一個中國原則」；美國雖為超強，但為其國家利益著想，亦不得不牽就中共，採取「一個中國」政策，不支持「臺灣獨立」；但也為了我方著想，堅持臺海兩岸爭端必須以和平方式解決。

為了臺灣長遠的生存、發展著想，我們必須接受冷酷的國際現實，在美「中」兩個大國所制定的政策中，以務實的態度，設法與中共直接對話，找出雙方均可接受之解決方案。

「通往聯國最短途徑是經由北京：兩岸關係位階應高於外交政策」。

結論（戴瑞明）

容我作短短結論，一是為了保衛聯合國席次，我們外交人員已經盡力但是政府絕未採取所謂「漢賊不兩立」的政策，老蔣總統的決策很有彈性。

二是通往聯合國的路，最短的途徑是經由北京，所以誠如錢部長所說：兩岸關係的位階應當高於外交政策。

三是當前的世界局勢是一種權力世界，連季辛吉都說美國要適應中國崛起的趨勢，而不能硬要對抗這種趨勢。我們身處美國與大陸之間，更不應當以對抗的方式來面對美國與大陸。

四則期待〔2008 年〕五二〇總統當選者未來不能只聽一種聲音。我們已經加入 WTO 的經貿聯合國，未來也可以考慮成為東方的瑞士，我們必須要篤信自己並不孤立，臺灣的前途仍是十分光明。

附錄（戴瑞明）

一、美國老布希總統的悲觀

中華民國一旦被驅逐（不管以什麼名字或稱呼），被重新接納入聯合國之可能性近乎零。

1971 年 10 月 18 日聯大「中國代表權問題」總辯論

中，美國代表（老）布希大使為爭取與國支持美國等二十二國提「雙重代表權案」，在其發言中曾有下面一段警語：「讓我們現實的記住這一點，中華民國一旦被驅逐，她作為單獨的會員國（不管以什麼名字或稱呼），被重新接納入聯合國的可能性幾乎等於零，因為根據《憲章》，中華人民共和國可能否決主張接納她的建議。」

二、美國政府反對以「臺灣」名義出現、公開反對「臺獨」

21 世紀初，美國政府反對「以臺灣名義加入聯合國的公投案」的歷次立場聲明。

（一）2007 年 8 月 27 日

美國副國務卿內格羅蓬特（John Negroponte）說，美國嚴重關切「以臺灣名義加入聯合國的公投案」。美國反對此一公投案，乃因其被視為「走向改變現狀的一步，亦可被解釋為通向宣布獨立的一步。」

「美國認為此舉具有挑釁性質，並違反陳水扁本人向臺灣人民、國際社會及布希總統所作承諾。……美國支持臺灣的民主，但追求進一步的民主化，必須採取嚴肅與負責的方式。」

（二）2007 年 8 月 30 日

美國國家安全會議亞洲事務資深主任韋德寧（Dennis

Wilder）在接受專訪時，再次重申：「美國反對民進黨政府所提公投案，不認為臺灣或中華民國在國際社會是一個國家，並看不出臺灣真能有加入聯合國之前景。在此情況下，『入聯公投』只會升高毫無必要的緊張情勢。」

（三）2007 年 9 月 6 日

美國國家安全會議副顧問傑弗瑞（Jim Jeffrey）說：「布希總統重申反對兩岸任何一方改變現狀，反對以臺灣名義加入聯合國的公投案。」

（四）2007 年 9 月 11 日

美國助理國務卿克里斯汀生（Thomas Christensen）在美臺國防工業商會會議上說：「毫無疑問，美國反對中國對臺灣採用強制手段，但亦不承認臺灣是個獨立的國家……美國不認為具有挑釁性的臺獨主張有助現狀之維持或兩岸的和平與穩定。……事實上，美國認為此類主張與「以臺灣名義加入聯合國」均為非必要的挑釁舉動，不符合臺灣人民及美國的利益。」

（五）2007 年 12 月 22 日

美國國務卿賴斯女士（Condoleezza Rice）在年終記者會中主動提及不支持「臺灣獨立」及「入聯公投」。她說：「當然，在東南亞仍有各種挑戰與衝突點，需要我們密切注意。舉臺灣海峽為例，美國持續盡力維護該地區的和平與安全。我們反對任何一方威脅要使用武力，或片面採取改變現狀的行動。我們遵守一個中國政策，我們也不支持臺灣獨立。……近幾月來我們已一再重申，我們認為辦理『以臺灣名義加入聯合國的公投』是一種挑釁的政策，既毫無必要的提高臺海緊張情勢，又不會替臺灣民眾在國際舞臺帶來任何實質利益，這是我們反對入聯公投的原因。」

1 錢復部長回憶訪談錄
聯合國席次保衛戰

時　間：2016 年 3 月 7 日上午 10 時至 11 時 55 分
　　　　8 月 5 日下午 3 時至 5 時
地　點：國泰慈善基金會錢董事長會客室
　　　　國泰金融中心 19 樓（臺北市松仁路 7 號）
主　訪：朱浤源
陪　訪：明居正　劉奕伶　黃種祥　柯俞安　孫　冰
　　　　劉晶華　許舒棠　許志懋　許舒棋
記　錄：朱浤源　黃種祥　柯俞安　孫　冰　劉信愔
　　　　劉宗翰　許舒棋
總整理：朱浤源（含編寫）[1]

訪問紀錄

一、前言

第二次世界大戰期間，協約國於 1945 年 4 至 6 月，在舊金山舉行聯合國國際組織會議（United Nations Conference on International Organizations, U. N. C. I. O.），有五十一國

1 本訪錄為求提供完整的聯合國席次在 1971 年的保衛戰資訊，特別包含了錢復，《錢復回憶錄》（臺北：遠見天下，2005）之選取與輸入（2016 年 6 月 26 日至 7 月 20 日）。感謝錢復前部長的支持。

參加，制訂《聯合國憲章》，成立聯合國以維持國際和平及安全，並促進國際合作以解決國際經濟、社會、文化等問題。《憲章》於同年 10 月 24 日生效，並於次年（1946 年）1 月 10 日在倫敦舉行第一屆大會。

我們加入聯合國的時候是五強之一，土地、人口都很大，所以我們分到的會費很多。單單一個聯合國就要大概四百多將近五百萬美金，下面每一個專門機構也都按照這樣的比例分。聯合國成立以後，韓戰是用聯合國的名義派美國部隊去打，除此之外，聯合國對維護世界和平沒有做甚麼事。尤其對於中東，沒有幫助。非洲、拉丁美洲有一些小的戰爭、內亂、游擊隊，她（聯合國）也沒有做甚麼事。

我國是聯合國創始會員國，中華民國在《憲章》第二十三條第一項明列為安全理事會常任理事國，自肇始就積極參加聯合國的各項活動。[2]

可惜聯合國成立後，由於國際冷戰關係，常任理事國中的美國和蘇聯在議事上常有不同立場，在安理會中行使否決權，導致聯合國不能順利運作。

而聯合國祕書處組織龐大，人員甚多，大家覺得花這麼多錢養一大堆國際公務員，這些職員薪水高得不得了，比我們的薪水高，也比美國人的薪水高。他們的理由是如果沒有這樣的待遇，收不到好的人。後來大家說聯合

2 摘錄自：錢復，《錢復回憶錄》，卷 1，頁 141。

國甚麼事也不作，等於開一個大的養老院。到處都是這樣講，國內有這樣的說法很普遍。行政經費甚巨，需各會員國分擔。因此，一開始各會員國的國會和輿論，就經常批評這個組織功能不彰。[3]

就我們來說，聯合國是一個很重要的論壇。有甚麼意見、主張，每年開大會、安全理事會，都可以表達。剛開始六十幾個，到了後來九十幾個國家代表，還有媒體報導，所以她是一個重要的論壇。一個讀外交的人一定要知道，外交分雙邊外交和多邊外交，多邊外交又稱為會議外交。聯合國和她的專門機構就是會議外交最好的場合。我們當然不能反駁對聯合國的批評，她的確有不好的地方，但是聯合國的功能不能抹滅。

我在為蔣公服務時，他已經七十八歲了，幾乎任何事都逆來順受。外蒙古獨立他先是反對的，後來左右的人都勸他，他就退了，雙重代表權也是一樣。他本來的立場是漢賊不兩立，我們告訴他要賊立漢也立，不能賊立漢亡，他也接受。用這些案例可以看出來蔣先生不是一個獨裁者，他身邊的人如果給他好的建議，他都會接受的。

我國為維護聯合國「中國代表權」所做出相當多的努力。這個問題回答起來，我們心裡很悲痛。從 1949 開始到 1961，再到 1971 年，這二十二年我們在聯合國所做的最大的努力，就是抓住美國。美國肯幫忙，聯合國的位

3　參見：錢復，《錢復回憶錄》，卷 1，頁 141 - 142。

置就保住了，美國若要丟掉我們，我們就有危機，說起來國際政治是很冷酷的事情。陸以正大使〔2016 年〕2 月剛走，他寫的那本書叫《微臣無力可回天》，他過世之後，我拿出來再看，他寫得的確很正確。

二、各會員國在聯大的相關提案

（一）「緩議」案（1949-1960）

1949 年大陸淪陷，中共政權成立，其支持者就要將我國在聯合國中的席位畀予中共。

政府遷臺後不久韓戰發生，美國逐漸關注我國，開始軍經援助，兩國關係大致融洽。1950 年至 1960 年代的前半，中美主要爭議點在於蔣公積極準備軍事反攻，而美國竭盡一切可能阻止。[4]

美國對華政策，當時基本上仍是反共的，對中共設法圍堵，對反共的中華民國則協助建立自衛力量，支持經濟發展，鼓勵推行民主政治，甚至在全球各地設法協助我爭取僑胞向心力。[5]

從 1950 年第五屆聯合國大會起，每年都有這類提案。時值韓戰伊始，聯合國會員國中反共的多、親共的少，所以每年在大會的總務委員會中，以不列入議程方式處理，一般稱為「緩議」案（Moratorium）。最初幾年，

4 錢復，《錢復回憶錄》，卷 1，頁 169。

5 詳見：錢復，《錢復回憶錄》，卷 1，頁 169。

緩議案的支持票都在 65% 到 80%；到了 1960 年，會員國已增加到九十八個，緩議案的表決是四十二票贊成、三十四票反對、二十二票棄權。

（二）重要問題案（1961）

1961 年第十六屆大會開始，支持我國的友邦改變了策略，不再使用緩議案，而是依《憲章》第十八條第二項的規定，提出一項「重要問題」案（Important Question Resolution），也就是說，任何有關代表權爭執的議案應視為重要問題，要以到會投票的會員國三分之二的多數決定之；不過重要問題案本身是一項程序問題，因此只是以簡單多數決定。[6]

1961 年我國原來要否決外蒙古入會，但大家勸了，老總統也就下了臺階了。大家都不了解老總統，我因為在他身邊做事十年，我對他很了解。現在臺灣對他的說法：殺人如麻。在我的心目之中，他絕不是這樣的人。他非常和藹可親，待人很好，寬厚，當然他年輕的時候脾氣急。

1969 年與 1970 年（第廿四屆與第廿五屆）聯大，最終中美仍以 1961 年以來的「重要問題案」方式，阻擋中共入會。

6　參見：錢復，《錢復回憶錄》，卷 1，頁 142。

（三）研究委員會案（1967）

1961年的重要問題案順利通過，以後兩年並未使用，只是正面擊敗親中共的提案。1964年的聯合國大會，則根本沒有和代表權有關的議案提出。1965年和1966年又使用重要問題案，作為保護代表權的策略。

到1966年和1967年策略仍同，但義大利、比利時、加拿大等國提出了研究委員會案，此案主旨是中共在大陸有數億人口，被排斥在聯合國之外並非合宜，聯合國應設立一個研究委員會，來探討如何使其加入又不妨害中華民國的會籍。

這項提案，當時我國政府是堅決反對的，因此兩年都只有三十幾國支持，只是全體會員國的四分之一，到1968年就未再提出。[7]

我理解中的研究委員會案是在1967年的聯合國大會提出的。你〔指朱浤源教授〕帶來的這個檔案可能是交涉的時候，不是投票當天的。研究委員會案提案的時候有五個國家，加拿大、義大利、比利時提案，有兩個國家連署。等到1993年我做外交部長時，老百姓都想要重返聯合國，我就特別到義大利、比利時，跟他們的外交部長見面。我說我預備提研究委員會案，他們居然都不知道。研究委員會案是說有鑒於中共有八億的人口、廣大的土地，被排斥在聯合國之外不合理。所以大會應該設立研究

7 摘自：錢復，《錢復回憶錄》，卷1，頁143。

委員會，研究有甚麼方法讓中共參與聯合國。基本上我在1993年提的案子是照抄他們1967年的，結果他不知道。我把他們的提案給他看一看，這是他們當時主張的，現在我照他們主張的再提一次，他應該支持我。那位外交部長說，他回去查檔案，如果真的像我所說的，他們兩國一定支持我。所以1993年在聯合國大會所提這個案，不是我們提的，是我們請友邦提的。大家覺得很奇怪，為甚麼義大利、比利時支持我們呢？我以其人之道還治其人。

當時蔣總統認定義大利、比利時提這個案是要「牽匪」入會，所以他很強硬地表示。他說，有這樣的委員會案通過，我們就退出。後來大概是沈劍虹，還是沈昌煥大使再跟美國馬康衛大使會面，最重要的是把「退出」，改成「不出席大會」（absent for few sessions），以後再回來。

當初大家都說這個案子是為我們好，蔣總統堅持漢賊不兩立。研究委員會就是要幫助中共進來，他進來我們就出去。妳〔指劉奕伶博士〕問說最後為何蔣中正總統會趕在投票日當天決定更改政策？是否有特定國府要員說服了蔣總統呢？我不知道有沒有人說服蔣總統。

圖 1-1　蔣總統與 Joseph Sisco, Deputy Secretary of State Ball and Assistant Secretary of State 在陽明山官邸（1968 年 7 月 27 日），錢復提供

圖 1-2　總統接見 Governor Wallace of Alabama（1968 年 11 月 5 日），錢復提供

圖 1-3　美國安格紐（Spiro Agnew）副總統謁見總統（1970 年 8 月 26 日），錢復提供

（四）排我納匪案（1970）

1970 年 11 月 20 日大會處理重要問題案時，是以六十六票對五十二票優勢通過；但在阿爾及利亞所提「排我納匪」案時贊成的五十一票，反對的四十九票，棄權的二十五票，倘若事先沒有重要問題案的保障，當年我們的代表權就要發生問題。無論如何，情勢已非常明顯，支持我們的國家在大會中已成少數。正如前所提，重要問題案本身是以簡單多數決定，支持我國的票數不到半數，第二年的重要問題案能否通過，將是嚴重考驗。[8]

當年聯大表決對我不利的原因很多：

第一、9 月 8 日至 10 日在桑比亞（Zambia）首都魯

8　節錄自：錢復，《錢復回憶錄》，卷 1，頁 143。

沙卡（Lusaka）舉行第三屆不結盟國家高峰會，有五十四國參加，會議宣言重申聯合國應早日實現會籍普遍化（universality of U. N. membership），要使中共在該組織中有合法地位。會後，赤道幾內亞（Equatorial Guinea）和衣索比亞（Ethiopia）先後與中共建交。

第二、聯合國大會處理代表權問題前，加拿大和義大利先後於 1970 年 10 月 13 日、11 月 6 日宣布與中共建交，發生所謂連鎖效應。

第三、在 10 月 14 日至 24 日期間舉行二十五週年慶，有八十六國的元首、副元首或重要首長在大會中發表政策演說，提到代表權問題者有四十七國，其中專提會籍普遍化者有十三國，包括與我有邦交的七國；而積極為中共捧場者有三十三國，包括與我有邦交的九國。

第四、重要問題案的提出通過固然對我有益，但也因為有了這層保障，支持我們的國家有恃無恐，沒有積極爭取游離票；當「排我納匪案」表決結果後，有十一國代表發言解釋其投票並非贊成排我，而是由於重要問題案已通過，我們的會籍不會發生問題，他們才會根據其他政治考量，投棄權票或贊成「排我納匪」案。

美國駐華大使馬康衛多年來，每逢聯大對代表權案表決結束後，都在中山北路官舍舉行小型酒會慶祝，這年並未辦理。11 月 23 日上午他來外交部，對於投票結果表示「失望、悲痛、煩惱、憤怒」，並和我們針對每一變更投票立場的國家，檢討其改變的原因。

外交部由魏部長召集了三位次長、劉鍇大使、陳質平大使、許紹昌大使、薛毓麒大使、鄭寶南大使及相關單位主管，於 12 月 22 日舉行檢討會，研究來年除使用過去的策略外，還有何新策略可採用。我們必須有了可採用的新策略，才能洽請友邦支助。[9]

基本上在 1970 年以前，重要問題案的票數差額相當地大，到了 1970 年還是有若干的差距。但是重要問題案一通過，阿爾巴尼亞的排我納匪案，支持我們的少了二票，但未達三分之二多數，是不通過，但我們就知道會員裡面有一半的人不支持我們，明年重要問題案就很難過了。所以 1971 年才改變。

（五）兩個中國案

在以後的兩個月間，外交部也訓令相關駐外使館探詢有無適當方案，經國際組織司於隔年（1971 年）2 月底整理成許多方案，其中較具可行性的有以下數案：

第一是「兩個中國」案。一、認定中國有兩個政治實體，各有主權及領土，聯合國視為兩個國家，而使其均為會員（美、日兩國均有此擬議）。二、分別代表個體方案，為比利時於 1970 年草擬但未提出，由大會決定雙方分別代表其管轄領土，均為聯合國之會員國，但安理會由中共取代。三、分裂國家整批入會案，在提案中聲明聯合

9　以上詳見：錢復，《錢復回憶錄》，卷 1，頁 144- 145。

國依照會籍普遍化原則，廣納所有國家，一個國家即使分裂為兩個或數個，只要具有國家形式，就應獲准加入聯合國，這是日本外務省思考的案子。四、突尼西亞政府建議，請聯合國祕書長將中共入會案列入大會下屆常會臨時議程，負責探求如何解決此項問題，並向大會提出。五、荷蘭政府建議將我代表權案改由安理會討論，由安理會先通過我為新會員國代表臺灣，再通過中共入會代表中國。

2 月初，外交部請最嫻熟聯合國業務的薛毓麒大使赴東京一行，與日本外務省重要幹部討論如何處理代表權案。2 月 11 日晨，薛大使約我在「小欣欣」早餐，談到訪日觀感。他將訪日觀感做透徹分析，表示日方對運用重要問題案仍擬維持，並未放棄，外務省國際連合局西崛正弘局長態度相當積極，但地域單位亞洲局須之部量三局長的立場則甚為悲觀。外務省主持本案的審議官法眼晉作，則未明確表示其觀點。

（六）「雙重代表」案

第二是「雙重代表」案。同年 3 月中旬，魏部長曾對我密示有關代表權案，美方認為單以重要問題案，本年難以過關，必須配合「雙重代表案」（Dual Representation Resolution），我方不以為然，建議美政府派重要人士來華討論。[10]

10 以上兩案詳見：錢復，《錢復回憶錄》，卷 1，頁 146。

魏部長告知他已辭職獲准，但不知何人將接替。

我記得在 1971 年的 3 月，魏部長曾經告訴我，美方預備提複雜的雙重代表案。我個人第一次聽到是魏部長私下，我一個人、他一個人，告訴我。所以我在日記裡有寫下來。

三、各國與我國的外交決策層

稍後發表由周書楷大使繼任。他於 4 月 14 日返國接事。在此前一週，我曾奉召赴日月潭，於 7 日上午 10 時半晉見蔣公。他對代表權問題明白指示勿需過度介意，萬一中共被接受加入聯合國，我宜停止出席，並聲明中共為聯合國宣布的侵略者，依《聯合國憲章》，我國的地位不容更動。回臺北後，我曾將這項指示分別報告了魏部長和三位次長。[11]

這一年我曾提議對美進行「良友計畫」，邀請美國議員與助理來臺參訪。美國卡特總統在其回憶錄中，暗示這是一種近乎賄賂的行為。

其實良友計畫在美國國會得到非常好的回應。我們的良友計畫主要是幾個大學，包括淡大、文大、東吳，都是私立大學，和太平洋文化基金會，邀請美國國會議員和重要助理。我們政府付的是經濟艙的來回機票，華航非常好，自動升級成頭等艙。那個時候商務艙很少，只有頭等

11　蔣中正總統當年指示，包含政略、戰略。這是極重要的立場與原則，頗值推敲與運用。詳見：錢復，《錢復回憶錄》，卷 1，頁 146 - 147。

跟經濟。他們拿的是經濟艙的票，經過華航升等，一上飛機就有酒可以喝。下了飛機的日程緊湊極了，從早到晚不是拜會就是參觀，然後座談。他們沒有遊山玩水的時間，也沒有外界說的不好的事情。

最大的不同是韓國，韓國有一位朴東蓀，也有人叫他朴東宣，有名的 “Koreagate” [12] 就是他闖出來的禍。朴東宣跟我同年，也常常到臺北來看我。他三不五時就驕傲地對我說：「你幹甚麼花那麼大力氣？」我們招待每一個團來要花四、五個鐘點。有的座談兩個半小時、三小時，吃個午飯繼續談，又是兩個小時。我們是用誠懇的言語打動這些人的心，中華民國對美國來說是一個資產，不是一個負債。

我曾經勸美國，你現在跟蘇聯不好，想要跟大陸打交道對付蘇聯，這是一個危險的事。美國、中共、蘇聯是一個三角關係，是最穩固的，等美國跟中共的關係好到一個程度，變成直線，就不平衡了。如果把中共拉過來，反而迫使蘇聯對付你。

卡特是喬治亞州選出來的總統。我們把喬治亞州議會的議員請過來，聽了我們的講法他們都覺得很正確，所以議員們回去勸卡特，不要急著改。喬治亞州議會通過決議案，讓他不要走上錯的路。卡特惱羞成怒，尤其是後來

---

12 「韓國門」（Koreagate），是指 1976 年 10 月，韓國商人朴東宣（박동선）等人行賄美國國會議員，希望美國將對韓國的軍事和經濟支持，列入優先考量。

卡特跟大陸建交，高華德到最高法院告他。卡特送到國會的「包裹立法」只有兩句話，美國成立一個非官方的在臺協會，受美國政府指導，與臺灣進行非官方的關係。我們在美國的財產怎麼維護、安全如何維護，通通沒有規定。美國國會對我們好，把我們所需要的都寫進這個法案裡頭，連雙橡園的維護都在裡面，這就是《臺灣關係法》。

雙橡園這件事我印象很深刻，一位與我很好的國會參議員奧克拉荷馬州的 David Boren，他在耶魯大學讀大學部時，我在讀研究所。他大學部的辯論比賽請我去當指導，結果得了冠軍。他一直跟我有來往。他在 1979 年 2 月上旬打電話給我，我人在榮總檢查健康。他問了我一句話：「雙橡園對你們有那麼重要嗎？」我說：「當然重要，你們跟我斷交，你們的總統不把我們當成一個國家，傷透了我們民眾的心。如果你們把雙橡園保留，表示美國國民對於中華民國還是好的，象徵的意義很大。」他說他有足夠的票數，把這個寫進去沒有問題。所以國會通過《臺灣關係法》，是大多數同意通過。少數反對的人，是認為《臺灣關係法》對臺灣不夠好，應該跟臺灣繼續有外交關係。

卡特知道美國的國會這樣做，所以他回憶錄批評我們，他沒有自我檢討，一個總統能讓國會裡面所有議員反對，這個總統怎麼做的？他說穿了就是一句話，年輕朋友們一定要記在心裡，人不可以有私心。現在政治舞臺上吵來吵去，你們分析每一個人，是為了老百姓還是為了他自己？臺灣政治的壞，就是因為政治人物都有私心，沒有公義在心裡。卡特就是最明顯的代表，他回憶錄裡寫這一段是酸葡萄，因為國會不支持他，支持我們。吃不到葡萄，葡萄就是酸的。美國五百多個國會議員，我們有本事買嗎？政府給我們多少預算，我們能買嗎？韓國才是真的用不道德的方法。

那麼以後，1971 年 4 月 23 日，尼克森派了一個退休資深大使墨菲（Robert Murphy）專程來華與我政府洽商代表權案，他是以尼克森總統私人代表身分來訪，年紀很大，大概有七十多了。如果是這樣，他就必須提出一份尼克森給他的訓令是要如何如何。好像沒有，他沒有拿出任何東西來；或者他談話的內容有什麼樣高度機密的事情，也沒有，他就是故作神祕。蔣公於 4 月 23 日下午 4 時在陽明山中山樓接見，談話二個半小時，但是他跟老總統談話神神祕祕的，然後我們這邊也是除了翻譯的人員，在座只有周部長，不許馬康衛大使參加。墨菲大使表示，此項談話內容只能讓最少數人知悉，因此他將不會利用美國駐華大使館的電報做書面報告，而是擬於回華府後，以書面報告面呈尼克森。這個行為是不對的，不可以如此。Robert Murphy 跟老總統談了兩個多小時，顛過來倒過去，倒過去顛過來，大概幾句話，大概就是「去年的排我納匪案已有二票多數，今年已經無效了，今年再用重要問題案已經無效了，所以必須要提新案。」

墨菲首先表示，由於國際情勢急速變化，如仍堅持使用過去保護我代表權的方案，兩年之內必遭全面失敗，美方在與蔣公諮商前尚無新方案，但一般看法為以「雙重代表」方式替代重要問題案，以雙重代表方式代表中國，而不明確規定何方為中國之唯一代表。此一方式將避免觸及安理會席位，俾使我國仍能維持原有的席位。

蔣公指出此實為法律問題，重要問題案應為阻止中共進入聯合國的主要工具，因中共業經聯合國裁定為聯合國的敵人，所以任何試圖使其入會之舉，自應視為一項重要問題。蔣公認為此一議案必須再予提出，如需另提新案，則該案必須確保我國在大會及安理會的席位。[13]

墨菲大使透露根據美方最新估票，如僅提重要問題案，該案可能以四十八票對五十六票遭受擊敗。

蔣公會晤中亦坦承表示，他認為華府對中共所做之示好姿態已達其最大極限，如再進一步示好，將引起災禍；他又聞尼克森總統建議女公子翠西亞（Tricia Nixon）及其夫婿赴中國大陸度蜜月，並謂尼克森本人亦有意訪大陸，實不勝詫異。美國如不中止對中共的讓步，則中共必將進入聯合國。

最後，蔣公告訴墨菲大使，美方可依其建議草擬新案，俟有結果再與我駐聯合國的劉鍇大使及駐美沈劍虹大使聯繫。

13　參見：錢復，《錢復回憶錄》，卷1，頁147。

但是墨菲大使返美後一個月，美方無任何舉動。[14] 那個以後，美國政府對於我們關於代表權案就沒有什麼交集了，完全沒有了。一直到 7 月 26 日，羅吉斯國務卿找沈劍虹大使談，說要用雙重代表案。

5 月 12 日，周書楷部長對美聯社記者說：「在某種時機下，我國將與蘇聯來往」。14 日我們開使節會議，11 點鐘，蔣先生要我去談話。他給我一封 Nixon 總統給他的信，要我答覆，又問我最近跟美方有什麼接觸，我都報告了。他又問我周部長發言的事情如何處理，並且指出這個事情 damage 很大，我說部長這麼說是不妥當。我也曾經好幾次向部長報告不要再這麼講，他總笑笑跟我說，你不了解。所以我認為，這是上面授意他講的。經國先生說：「絕對不可能，絕對沒有。」我說，這個就是可以證明我們外交決策的不理想，我建議應該有一個討論政策的小組，人不要多，但是要很精。這個副院長深以為然，並且說：「目前人人管外交，這是不對的。」大概談話是如此。

四、執行階段

5 月 26 日周部長指示我擬一電報給沈劍虹大使，請他向美方催洽。我們研判美國的拖延有三個可能：一、尼克森總統過於忙碌，無暇研究此問題；二、美方在此一時

---

14 錢復，《錢復回憶錄》，卷 1，頁 148。

間，一再向我方建議，在土耳其、伊朗與中共建交時，切勿輕言撤退，美方似期待我能接受「兩個中國」的安排，因此對代表權的處理方案，也要我方自行提出雙重代表案的建議；三、美方可能靜待中、蘇共關係的變化，以決定對中共做何種程度的讓步。

目前國史館最新解密的一批檔案中，顯示駐墨西哥大使陳質平在1971年曾祕密和蘇聯代表「柯君」有聯繫，洽談請蘇聯助我一事。我不知道周書楷部長知不知道這件事。這個事情我並無所悉。

7月1日，駐聯合國代表團副常任代表張純明大使返國述職，周部長邀了他及國際組織司翟因壽司長和我研商代表權問題。張大使表示對於雙重代表案，如不將安理會席位給予中共，通過的可能性不大。周部長則認為美方始終不採取行動，其態度至為可慮。我提供了三點看法：一、我國不宜輕言自行退出；二、我不宜接受美、日提出較雙重代表案對我國更不利的提案；三、美、日要求我方讓步的程度，一定較實際所需要為多，我們宜步步為營。

同一天在華府，美國主管國家安全事務總統助理季辛吉會晤沈劍虹大使說，美方對代表權的立場與我國相當接近，仍擬依照四月下旬墨菲大使來華所洽商的方式。

過了二天，馬康衛大使由美述職返回臺北，在7月3日上午與周部長會晤。他說曾在6月30日晉謁尼克森總統，所得訊息與季辛吉告知沈大使內容相同，但是馬大使表示，我方對於聯合國萬一通過將安理會席位畀予中共，應有所準備。美方盼我屆時要固守聯合國陣地，切勿輕言退出。周部長對這點未予置評，只是指出現在距大會開議已為時不多，吾人必須及早致力。

7 月中旬，尼克森在華府宣布，將於隔年（1972 年）5 月前訪問大陸，並謂季辛吉已於 7 月 11 日訪問北平返美。此時周部長正在漢城參加亞太理事會，乃由代理部務的楊西崑次長約見馬康衛大使，提出嚴重抗議，指此為最不友好的行為。我亦對馬大使表示，此舉將使我維護代表權的努力遭受重大損害。[15]

果然，幾天後（7 月 20 日）沈大使見了羅吉斯國務卿，羅吉斯對季辛吉去大陸事，完全未做說明，只是說我如擬保全安理會席位，本屆聯大必將失敗；倘我願放棄該席位，美方或可助我一臂之力。至此，我們明瞭過去三個月美方完全沒動作，主要是迫使我們將安理會席位讓給中共。墨菲 4 月的來訪和季辛吉 7 月 1 日與沈大使的談話，完全是敷衍我們；季辛吉和沈大使談話時，美方早已安排了密訪大陸。

政府受到尼克森將訪大陸以及美將不支持我保留安理會席位兩項衝擊，經過多次會商，逐漸改變過去態度，採取較和緩的立場。我依照各位大員多次會商結論草擬了一份致沈大使電報，7 月 25 日由蔣公親自核定，主要內容是：一、政府已修正過去若干年使用重要問題案保護

15 錢復，《錢復回憶錄》，卷 1，頁 149 - 150。

代表權的主張；二、同意美國與日本以「一半的重要問題案」，亦即任何排除一個創始會員國的提案是《聯合國憲章》的重要問題；三、美國應運用一切可以動用的力量擊敗阿爾巴尼亞的提案。

這項電報中另有以下三點供沈大使個人密參：一、如為使「一半的重要問題案」得以通過而必須配以雙重代表案時，務期不涉及安理會席位；二、如有其他國家提雙重代表案之修正意見，將安理會席位畀予中共，盼美、日兩國勿連署修正案；三、我方對任何形式的雙重代表案，必須發言並投票反對。蔣公在核定時將上句「並投票」三字刪除。

次日（7 月 26 日），羅吉斯國務卿約見沈大使及劉鍇大使，對於我方上述電報的內容有較正面的反應。羅吉斯問道，倘若聯大通過「複雜的雙重代表案」（Dual Representation Complex, D. R. C.）（即將安理會席位畀予中共），我方立場將如何？劉大使答覆：「我方將奮鬥不懈，只要環境許可。」（We shall fight on as long as the circumstances permit.）以後日方也有同樣的問題，我方以相同的答案回覆。[16]。

五、美國的權變與我國的反應

8 月 2 日，羅吉斯國務卿正式宣布美方對我代表權

16　錢復，《錢復回憶錄》，卷 1，頁 151。

的立場：一、將提「變化的重要問題案」（Important Question Variation, I. Q. V.，即排除我國為重要問題，關於中共入會則不在案中）；二、另提雙重代表案，使中共得以入會；三、至於安理會席位將由何方擔任，由大會多數意見決定。

8 月 6 日，外交部召集駐亞太地區的使節舉行半天會議，將代表權案詳細告知，並盼各使節返任後能全力推動。當日午後，蔣公及夫人在陽明山舉行茶會款待各使節，聽取大家對代表權的意見，勉勵大家努力奮鬥捍衛國家權益。在茶會即將結束時，蔣夫人突然發言，表示我們處理外交事務，立場不能過於軟弱，「國有國格，人有人格」，這八個字一講出來，我的心頭有如受到錘擊，以後問到其他與會同仁，也均感日後工作上似乎不易有彈性了。[17]

羅吉斯從一開始做國務卿就跟我們不好。美國對於反對加拿大與中共建交一事時，羅吉斯與彭岱（Bundy）不同，沒有正面勸阻加國勿進行建交談判。我記得有一次他到日月潭跟蔣總統見面，我作翻譯，那天真是苦不堪言。這兩個人你來我往、針鋒相對，沒有一點點的交集。我心裡很擔心，這樣子搞下去兩國關係會很壞。到了 1983 年我到美國去，羅吉斯已經不做官了，開了一間律師事務所，跟我常常來往，好得不得了。他有一位顧

---

17 參見：錢復，《錢復回憶錄》，卷 1，頁 151- 152。

問律師叫 William Clark，幫我們很多忙。

Bundy 不一樣，他是亞太事務的助理國務卿。他是中情局出身，曾經跟經國先生有交往，所以對中華民國有善意。

關於「雙重代表案」，美方最初計畫不包含安理會問題，但是 8 月 31 日馬康衛大使請見周部長，報告美國務院曾徵九十三個可能支助的國家，過半數以上均認為應在提案中敘明安理會席位將畀予中共。馬大使辭出後，我曾向周部長報告，美方態度是有跡可循的。前不久義大利、土耳其、伊朗與中共建交時，美均力主我不能撤退，但最後仍被迫離開，現在聯大又是逐步要我國退讓，這實在是為美國未來與中共交往開路。

9 月 11 日上午，蔣經國副院長召我去談代表權案，談話中他有三點指示：一、應探明美方是否有助我誠意；二、對於蘇俄動向要密切注意；三、我方的立場是，如美方提案通過，中共因我在聯合國而拒絕前來，我應堅守陣地；但倘阿爾巴尼亞提案有通過跡象時，應先主動退會。[18]

我們當然不想要雙重代表案，但是如果藉由雙重代表案，能獲得重要問題案的票數，也不反對。但是我個人那一年在代表團內受到指示，說要跟所有支持我們的代表表示，我們不能公然支持雙重代表權案，國策是反對兩個

18 錢復，《錢復回憶錄》，卷 1，頁 152 - 153。

中國。This is something that we can live with. 若通過了，我們可以活下去。我們很誠懇地告訴各國，希望他們支持重要問題案，也支持雙重代表權案。

決定放棄安理會席位就在 11 日。我那天日記上寫：

> 上午 11 點，蔣副院長經國約談，去了以後他跟我談代表權問題。重要的指示有：第一，要我們徹底明瞭美國是否有誠意。第二，確定蘇俄動向。第三確定我們的立場，如果 IQV、DRC 通過，大陸不來，我們應該留下去，如果阿案有通過的跡象，我們就應該主動離開。

為什麼最後層峰會願意放棄安理會席位？

蔣公或經國先生提到相關考量，他們不會公開地說，所以我剛剛看日記上講的，就是我聽到經國先生最清楚的話。

所以下面有個問題，如果 IQV 和 DRC 通過，大陸或者來、或者只到安理會不到大會，我們應該如何因應？我回來馬上向周部長報告，他說這個狀況下，總統蔣公已經授權他處理，但他沒有告訴我具體如何處理。

蔣副院長明確指示，我應盡量爭取留於聯合國內，因國際情勢多變，一年之內中蘇共關係可能有劇烈變化，吾人必須充分利用留在聯合國內的機會。

9 月 15 日上午，周部長率我及黃傳禮、張炳南兩位祕書搭日航班機，由東京轉舊金山，再換環球班機飛華府，下榻修翰旅館（Shoreham Hotel）。

我在代表團裡擔任顧問的角色，主要任務是跟主要國家的代表，就是跟支持我們的美國、日本、泰國、澳洲、紐西蘭、菲律賓這些代表聯絡。所以那一個聲明（statement），我也曾經向他們表示過。除此之外，周部長讓我擔任這個代表團的發言人。那麼我很尷尬，因為歷屆代表團的發言人都是陸以正先生，他跟媒體很熟，因為他常駐紐約，跟聯合國的記者都熟。所以我就跟陸大使說：「還是你來做發言人，需要我幫忙的我從旁協助。」

9 月 16 日上午 11 時半，我們去國務院會晤羅吉斯國務卿，羅吉斯態度甚為惡劣。周部長提到：「美國常告訴我方本案勝負關鍵在於日本的態度，有人認為這是美國推卸責任。」羅吉斯立即惱羞成怒，談話盛氣凌人，幾乎失去外交禮儀應有的風度。

當日午後我們轉往紐約，我和翟因壽司長住進了喬治王子旅館（Prince George Hotel）。這家旅館現已被拆了，在我們住的時候已老舊不堪，房間裡老鼠、蟑螂橫行，我們會選擇住在那裡，是因為價格便宜。當時我們出差，每天日支二十四美元，其中十三元是旅館費，十一元是膳什費。這家旅館給我代表團特別優惠折扣，每日只要十一元二角。大家為了省錢，每晚回旅館都帶些麵包飲料，以備第二天早餐食用，食品必須放在房頂燈上吊著的一個小籃子裡面，防止老鼠和蟑螂先行享用。一個星期後，翟司長夫人在東 39 街 149 號 11 樓 B 座找到了有二間臥室的公寓，清潔又安靜，於是我們搬過去，直到 10 月底離開紐約。[19]

9 月 17 日上午舉行團務會議，我被指定為本團發言人，並且負責與主要友邦代表聯繫。

六、第二十六屆大會開會

9 月 21 日下午，第二十六屆大會開始集會，選舉印尼馬立克外長（Adam Malik）為大會主席。次日上午續選委員會主席及大會副主席，我國獲七十三票當選副主席。22 日晚總務委員會集會，其成員為大會主席，十七位副主席及七位主要委員會主席，共二十五席。有關我代表權的提案有兩個：一是阿爾巴尼亞提案，以 17：2，四票棄權，通過列入議程；一是美國提案，以 11：9，四票棄權，亦通過列入議程。美國布希大使（George Bush）臨時動議，將上述兩案合併為一大項下之二小項，即一、「恢復中華人民共和國在聯合國之合法權利」，二、「中國在聯合國之代表權」，表決結果 9：12，三票棄權，未獲通過。這次表決，英、法兩國均投反對票。以後在大會審議代表權案，每次投票均對我不利。

9 月 24 日上午，大會審議總務委員會議程項目報告，阿案未有異議，美案則遭受阿爾巴尼亞反對，最後唱名表

19 錢復，《錢復回憶錄》，卷 1，頁 153。

決，以 65：47，十五票棄權，通過列入議程。

稍後二週大會進行總辯論，我們代表團利用時間與各友邦聯繫固票，並不斷估票，最初尚稱樂觀，10 月 2 日初估「變化的重要問題案」投票情形是 63：61，及三票棄權，而新入會的四國因代表剛到，動向不明。這一年新入會的國家有三個中東國家：阿曼、卡達和阿拉伯聯合大公國，另有不丹。我政府代表團中，陳質平代表、田寶岱副代表、王世明顧問三位專責和這三個代表團聯絡。其中王世明顧問是駐科威特大使，信奉回教，熟諳阿拉伯語，短期內與三國建立極好的關係。

在總辯論過程中，10 月 4 日美國羅吉斯國務卿發言指出：「美國認為不應將世界一大部分人口及重要強權久摒會外，處於孤立，故尼克森總統在兩年半前即圖以改變美國對華政策，尋求改革與中共之間關係以期正常化……至於最近始有眉目，乃決定接受中共邀請在明年五月一日前訪問北平，並決定支持中共進入聯合國取得安理會之常任理事國席位，深盼中共入席之後，即負擔此席位之一切責任與權利義務。」[20]

接著 10 月 5 日，墨西哥艾契伐利亞（Luis Echevaria）總統發言，此時墨國仍與我國維持外交關係，他卻表示墨國自 1945 年以來，即主張本組織普遍化，盼本屆聯大可歡迎世界四分之一人口的中共入會，並取得其在本組織，

20　錢復，《錢復回憶錄》，卷 1，頁 154- 155。

尤其是安理會應有的地位。墨國認為，中國的主權及領土完整，在法理上不可分割。當天的上午 10 時，白宮宣布季辛吉將於 10 月中旬訪問中共，此時我們仍在大會會場，獲悉後立即趕返代表團，由我替周部長緊急約見羅吉斯國務卿。

下午 5 時，周部長率我去美國代表團見羅吉斯國務卿，指出 10 月中旬正是代表權案開始審議之時，季辛吉選擇這個時間點去大陸訪問，必然會傷害我們的共同努力，不知道美國政府為什麼原因未於事先告知，他保證季辛吉此行對我國代表權案不會有任何影響。他因事忙無法多談，整個談話只有二十五分鐘，任何人聽到這段談話，一定會同意他是「言不由衷」，不是他被排斥在美國決策核心之外，就是他蓄意做極不高明的欺騙。

這一連串的發展，我代表團 10 月 8 日上午估票發生逆轉，贊成「變化的重要問題案」的變成六十一票，反對的增加為六十三票，六票棄權。

期間，我奉命每天都到美國代表團，與美、日、澳、泰、紐等國重要幹部會商。每次會商，美國代表團的估票都較我們樂觀。直到 10 月 9 日，美方的估計也變為 56：60，九票棄權，四票動向不明。美方要求我們檢查正反逆轉是何時發生，我回到團部與同仁檢討確定是 10 月 4 日，也就是羅吉斯國務卿做總辯論演說以後。美方對於這項說法無任何反應，卻反過來安慰我們不要太擔心，因為聯合國內有「走廊上普遍口語相傳的謠言」，說由於中蘇共間的矛盾日益升高，華沙公約集團在表決時可能棄權或不出席，使反對票大幅下降。我很嚴正告訴他們，共產國家內部是會有爭議，但是他們對付首要敵人資本主義的自由世界，仍是一致的，美國與其把希望寄託在謠言幻想上，不如以具體行動來證明對我代表權的堅定支持。

10 月 14 日中午，周部長、劉鍇代表和我再度與羅吉斯國務卿會晤，建議由尼克森總統出面發表談話，表示積極支持我國在聯合國席位，羅吉斯表示同意。雙方又討論萬一美方的提案票數不夠，美方有沒有退一步的方案，羅吉斯表示最高層正在研究中。[21]

大會於 18 日展開審議代表權案，由七十四國代表先後就本案表示意見，持續進行到 25 日。[22] 期間，20 日上午 11 時半，我去美國代表團與紐林（Michael Newlin）參事、日本代表團大鷹正（Hiroshi Otaka）參事（李香蘭夫婿，日後曾任駐緬甸大使）對票。美方最樂觀，認為是 58：57，以及十五票棄權；日方認為是 57：60，七票棄權；我方是 58：60，十二票棄權。這三者之間，日本的估算比我們多出一票是馬爾地夫，因為這年馬國始終沒有派員參加大會，因此當時聯合國雖然有一三一個會員國，我們的計票都是一三〇國。

10 月 22 日，羅吉斯國務卿在華府約見沈劍虹大使，

21 錢復，《錢復回憶錄》，卷 1，頁 156- 157。

22 參見附件 1-1：我國外交部周部長書楷在聯大第二十六屆常會上，我代表權案總辯論之英文聲明的中譯文。

告以尼克森總統將於下午令白宮新聞祕書齊格勒（Ron Zeigler）代表尼克森發言，表示對我代表權維護的關心。沈大使指出，季辛吉此時赴大陸訪問對本案可能有不利影響，羅吉斯答以季辛吉返美時間為星期一（25 日）晚間，屆時代表權案已投票有所決定。沈大使又問美方對「變化的重要問題案」倘若無法通過，是否有任何補救方案，羅吉斯表示無法找到完善的補救方案。[23]

次日為週末，一連二日代表團同仁為爭取支持票，幾乎已到了廢寢忘食。24 日是週日，上午在團部獲悉阿根廷可能支持我們，則如此估票為 58：58 票，大會主席馬立克將做決定，而本團馬樹禮顧問已與他有默契，屆時將助我。

七、10 月 25 日——最長的一天

10 月 25 日是最長的一天，一早消息不斷，或稱比利時將由助我改為棄權，或稱葡萄牙經美國聯繫已同意改為助我。團內則分配同仁分區，在會場內固票。大會於下午 3 時 40 分開始，在各代表發言結束後，沙烏地阿拉伯代表巴羅蒂（Jamil Baroody）提程序問題發言，引《議事規則》八十條規定，要求大會暫停處理本案二十四小時，以便會員國考慮沙國另外一項新提案，即我國保持在聯合國的席位，直至我國人民能在聯合國主持下舉行複決或公民

23 錢復，《錢復回憶錄》，卷 1，頁 157 - 158。

投票，以決定未來將為一中立的獨立國家，或與中共形成邦聯，或與中共組成聯邦。

巴羅蒂受沙國國王指示全力助我，他是多年在聯合國工作的資深外交人員，對議事規則相當熟悉，不斷要求上臺發言。據說當年沙國國王用他，主要是因為他也是投資理財專家，為沙國皇室財產在紐約投資擔任管理工作；他在代表團內始終是副代表代理常任代表，而他的待遇則依照聯合國內發言時間的多寡決定。各國代表發言內容，他不需要準備，輪到他時即席演說，最少三十分鐘，隨即靜聽先登記各代表發言內容，一天可多次發言。第二天將有關速記紀錄中，他的發言輯錄起來，向沙國政府報銷，根據發言數量由政府核發薪資。因此，他的演說如天馬行空。

當日下午，大會中他將這項技術發揮得淋漓盡致，多次依照議事相關條文要求發言，每次發言必長，引起與會代表極度反感。他的原意是遵奉國王諭旨全力助我，其結果卻適得其反。到了下午 6 時許，大會主席將他的程序提案先付諸表決，本來就是依〈議事規則〉相關規定所提，理應順利通過，但由於各國代表對巴羅蒂的反感極強，這項程序提案竟以 53：65，十九票棄權否決了。此時支持阿案的代表知道勝利在望，大聲鼓掌慶祝；以後有許多代表發言解釋他們投票的原因。[24]

---

24 錢復，《錢復回憶錄》，卷 1，頁 158-159。

稍後，阿爾巴尼亞代表要求先表決該國提案，美國代表也要求先表決「變化的重要問題案」。巴羅蒂又做冗長發言，認為應該先表決他的提案。經過一輪的發言，近8時主席裁定先就美國建議付諸表決，結果61：53，十五票棄權，獲得通過。此時又有數位代表程序發言，到9時48分經主席宣布表決「變化的重要問題案」，會場極為緊張，結果55：59，十五票棄權，二票缺席，未能通過。大會席上支持中共的代表，在會場中跳起熱舞，高聲歡呼，但會議仍在進行中。

等到歡呼與慶祝稍停，美國布希大使取得發言權，要求將阿案的執行部分最後一段予以刪除，隨即引起另一波冗長的辯論；沙烏地阿拉伯又提出對阿案修正案，經主席裁示逐段唱名表決，均被否決。此時為晚間11時15分，我方眼見所有可以抵制阿案的方法均已用盡，乃依程序問題要求發言，周部長朗讀我國退出聯合國的聲明稿，全場空前靜默無聲。

我當時是在會場。大會的這個席次，每一個代表團的席次只有九個。所以我們正副代表就十個，所以我們這些低於副代表的同仁，只能在大會裡面遊走。遊走一方面可以跟其他的代表團聊天、拉攏，請他們幫忙；二方面也可以看看會場的動向。

周部長宣讀完畢後，即率領我代表團全體同仁莊嚴地步出大會會場，美國布希大使坐在會場另一方，跑步經過主席臺前，趕過來陪同全團步出會場。[25]

這是日後我國政府的定論。即：將周部長在大會會場以程序問題的發言與率領全代表團步出大會會場的行為，追溯為「當場退出聯合國」。我們不要等他公布通過把我們開除的，因為這個阿爾巴尼亞的決議案是 expulsion（開除），而我們這是主動的退出，而非被開除。

周部長以及部分團員到另一房間舉行記者會，宣讀另一項詳細的退會聲明。我們離開會場後，大會主席立即將阿案全文交付表決，結果是 76：35，十七票棄權，獲得通過，成為二十六屆大會二七五八號決議案。主席也宣布美國所提「雙重代表權案」不付諸表決。此會議於 12 時 5 分散會。

我和數位同仁返回代表團時，已是次日凌晨 0 時 30 分。剛到團部，附近中國餐館的東主繆太太帶了很多同事，拿了許多菜餚來慰問我們，大家都沒胃口，但他表現的同胞愛是我們難以忘懷的。[26]

不只阿曼一國，那一年同時進來的還有卡達、聯合大公國。[27] 王世明大使是一名非常盡心盡力的人，他的阿文可以說純正得不得了，他又是一個伊斯蘭教的教友。所以他奉命跟著三個國家的代表團聯繫，在估票的時候，我

25　錢復，《錢復回憶錄》，卷 1，頁 159- 160。

26　錢復，《錢復回憶錄》，卷 1，頁 160- 161。

27　1971 年 9 月 21 日，三個國家入會：不丹、巴林、卡達。1971 年 10 月 7 日，阿曼入會。阿拉伯聯合大公國（阿聯酋）1971 年 12 月獨立。不丹投贊同票，卡達棄權，阿曼缺席、巴林反對。

們把他們三個代表團都估作棄權，傾向於支持我們。但是，王大使跟我很明白地表示，三個國家最後都會投票支持，他有把握。

但是投票的那一天早上，蘇聯代表團的人，因為蘇聯有中亞國家，講阿拉伯文，所以蘇聯代表團有專人聯繫這三個新會員，蘇聯代表就告訴新會員，馬上 11 月了，會要結束了，你們要回本國要帶禮物回去，不能空手，紐約的東西貴得要死，我們帶你們到紐約市北邊，開車大概一個小時的地方，叫做 White Plain（白色平原）那裡所有好的賣場都有便宜的東西可以買。所以帶走，到晚上 5 點多鐘他們說要回來，要投票。蘇聯代表團的人告訴他們，今天我們已經知道消息了，絕對不投，難得來多待一下，吃了晚飯再走，結果回來已經投票結束。

那個時候沒有手機，什麼都沒有嘛，王大使跺腳痛哭，認為自己丟了票。我就勸他說：「不要這樣，你從他們嘴巴裡面已經很清楚地得到一個訊息，就是中蘇的交惡僅僅是表象，到了最底下，還是一起，這個很重要的一個資訊。」王世明大使年逾六十，一足微跛，奔波了一整天，到了團部無法忍住淚水的暢流，不久變成放聲大哭。

我過去安慰，他為阿曼代表團的缺席傷心自責，表示早已得到該團承諾助我。我勸他不能過於自責，每個人都已充分盡責了，我也請他設法瞭解該團為何未參加會議。過了兩天，他告訴我當天中午蘇俄代表團的人向該團的三位官員說，再過幾天大會要結束了，應該準備買些禮物回國，就帶了全團的三人去紐約市北郊白色平原鎮購物，到傍晚該團人員表示要返回紐約代表權的投票，蘇俄代表團官員騙他們說明天才投票不要擔心，他們用完晚餐回紐約時已近午夜。

由這則案例可知，蘇俄在這一問題上仍是全力支持中共，而過去美代表團告知我們的「走廊謠言」是絕對不正確的。[28]

八、退出聯合國之後幾天

次日上午我仍赴團部，來的同仁不多，但電話來慰問或鼓勵的很多，最感人的是一個美國小男孩來電，聽他父親說我們不能留在聯合國，怕我們沒地方去，他家有兩間多餘的臥室，歡迎我們去。我謝了他的好意，告訴他，我們有自己的家，也有和他一樣可愛的小孩，我將回到自己的家中，但將永遠牢記他的好意。

周部長稍後到團部轉達蔣公對全團慰勉的德意，並討論代表團善後問題，稍後我就奉命去美國代表團與負責官員討論，如何使我們在聯合國各專門機構的代表權獲得保障。此外，亦提到我國代表團的財產，美方應助我轉移至我駐紐約總領事館名下。我代表團內華籍僱員（當地聘僱）倘若無法安排至其他我政府紐約單位工作，盼美方能協助其取得居留身分。

28　錢復，《錢復回憶錄》，卷1，頁161。

10 月 28 日晚，我隨周部長飛往華府，下榻溫莎公園旅館（Windsor Park，以後中共在美設立聯絡辦事處，將這個旅館買下作為聯合辦公室和宿舍，現仍是中共在華府的使館）。次日上午 10 時半，隨周部長去會晤羅吉斯國務卿。羅吉斯在 26 日的記者會中曾表明，中共進入聯合國是符合美國政策的，對剝奪我國代表權表示遺憾，但是美國無意對此一發展發言反對。周部長和他談到如何維護我國在專門機構的會籍、中美雙邊關係，並提及馬康衛大使 28 日晉謁蔣公，曾提出美國堅定支持我國立場不變，但不同意我政府公布此項保證。周部長認為在當前情勢下，有公布的必要，羅吉斯的回應並不積極。[29]

10 月 29 日下午 4 時 3 刻，我們應邀去白宮的地下室與季辛吉會晤，不知是他公務忙還是有意的，我們在走廊上等了二十多分鐘。

季辛吉二訪大陸與我國聯合國代表權的關係非常直接。美國絕對沒有出力幫忙，那一年美國就是決心讓中共進來。有關整個美國的決策，我希望你們有機會看一看兩位美國新聞界的人士，叫做 Bernard Kalb 和 Marvin Kalb 寫的書，書名叫做 *Kissinger*。這個裡面，季辛吉很明白地對他們說：「我為什麼 10 月 25 日要多在北京停留兩天，我就是要讓所有各國知道美國已經是全力支持北京，要把蔣介石他們趕出去！」整個都是他在那裡操盤的。

---

29 錢復，《錢復回憶錄》，卷 1，頁 161- 162。

周部長甚為焦慮，不斷踱來踱去，我為了使氣氛輕鬆些，就向部長報告，季辛吉是以雇用美麗女性為他工作聞名，這些小姐不斷在走廊上快步通過，都是迷你裙或熱褲。我建議部長不妨欣賞一下，鬆弛緊繃的情緒。他對我的建議彷彿相當同意，就坐在走廊的沙發上慢慢欣賞，冗長的等候好像短了很多。

我們進入季辛吉辦公室，他第一句話就是以三字經稱呼布希大使，認為不應該讓投票在 25 日舉行，並表示他原先的瞭解是，投票將在他返回美國後再進行。他和尼克森總統對表決結果都深感痛心並表示歉意：「我最初理解，投票日期將不會早於 10 月 29 日，我要求布希設法拖延至 11 月 2 日或 3 日。我的構想為，倘若能於投票前自中國大陸返美，則我可告訴一般游移不定的代表，我們美國人投票支持維持貴國席位，而我仍能自北平完成任務回來，可見投票支持美案將不致激怒中共。」

他回憶道：「誰知道我仍在北平時竟獲悉投票將提前舉行，此中關鍵現今反省，實在是我沒有介入實際戰術運用。布希大使應有辦法使用投票拖延，例如使第一委員會先集會討論（大會即可停開），或使總辯論延長，或利用劫機事件之發生，要求召開安理會以分散大會之注意力等，均屬可行策略。總之，我赴中國大陸這件事，卻使貴國被排除於聯合國之外，實在是我及美國政府所最不願發生的事。實際上，我第一次（即 7 月間在巴基斯坦稱病潛赴北平）赴中國大陸之行早已決定。當我們變更對中共政策時，我個人認為貴國在聯合國的地位最少尚可維持五年。為使貴國仍能保全聯合國席位，美方的戰略必須變更，如拉票活動就不宜公開進行，而宜暗中進行。……如今痛定思痛，美國此次維護貴國地位失敗主要在於戰術錯誤，我詳細閱讀投票紀錄，不能瞭解為什麼蓋亞那這類國家未予爭取，此等國家的票有其他辦法可以運用。李光耀責備美國變更政策未與其諮商，李是我的學生，深信如果美方變更政策前數週告訴新加坡，他仍會支持我們。我事後檢討深自慚愧，沒能親自督導戰術之採用。」[30]

季辛吉檢討失敗原因後，周部長問他今後作法如何？季辛吉保證：「美國絕不背棄貴國，必將尊重條約承諾，在任何情況下美國決不背棄條約義務，美國亦將繼續與貴國維持正常友好關係。」周部長指出，這種保證美國政府應該公開聲明也安定我國人心；此時季辛吉顧左右而言他。當周部長再提出，盼尼克森總統能做公開有力的聲明表示美國繼續支持我國，季辛吉稱下週記者會將做聲明，澄清不必要的誤會。

到了下午6時，祕書進入報告，指稱尼克森總統正在找季辛吉，談話遂告結束。這次談話一共五人，美方是季辛吉、國安會亞洲地區主任何志立（John Holdridge），我方是周部長、沈大使和我，因為是重要談話，我的談話紀錄幾乎是逐字記錄。在談話結束後，周、沈二位都感到

30 錢復，《錢復回憶錄》，卷1，頁163 - 164。

季辛吉態度誠懇，較羅吉斯要好得多。

11 月 1 日，我隨著周部長返國，啟程前夕，曾任蔣公侍從武官的陸軍武官孫鑑林和海軍武官汪希苓陪我在喬治城一帶散步。此時正值美國嬉皮熱流行，校園動亂頻仍，走在喬治城街上看到許多不堪入目的景象，與我過去對華府的印象完全不同。[31]

九、返國與檢討

周部長在返國的飛行途中一再表示，此次聯大失利他的責任最大，將向層峰堅辭以示負責，我勸他說目前國家多難，言退最易，但退後有誰能接替？外交工作需要有作為、有擔當的人領導，對國家有利。他聽了非常感動，淚流不已。

第二天晚 10 時我們飛抵臺北，蔣經國副院長、黃少谷等大老都到機場迎接，對受到挫敗的我們仍給予溫馨慰勉。返國後次日，日本駐華大使板垣修來部見周部長，談話中提到這次聯大的挫折，主要因投票時季辛吉在北平，導致各國懷疑美國對我國的支持，日方情報顯示，季辛吉訪問是出於中共方面的主動邀約。

11 月 5 日晚 10 時，蔣經國副院長曾召我去寓所長談一百分鐘，要我詳細報告聯合國大會的情形及我們的努力，他在結束時指示：一、我退出聯合國在國際的處境將

31 錢復，《錢復回憶錄》，卷 1，頁 164- 165。

更不可樂觀；二、今後對美國的關係必須設法加強，對於國會議員要多做聯繫；三、由代表權保衛戰的奮鬥過程，可知我國外交人事必須徹底檢討全面加強。

蔣公則自 10 月底即赴高雄西子灣避壽，我曾應召於 11 月 29 日下午 3 時前往做四十分鐘的報告。他表示大家都已盡力，在全團未出發前，他已預做退會的心理準備，所以在 25 日表決失敗後，立即發表〈國家命運操之在己，堅忍奮鬥不惑不搖〉對全國同胞文告，這篇文告中指出，吾人「在風平浪靜時，不鬆懈、不苟安、不驕惰；在暴風雨來襲時，不畏怯、不失望、不自欺。」

如今我國退出聯合國已逾三十年，期間國人有二種極端的看法：一是聯合國不值得我們留戀，退出了對我們毫無損失；一是我們應繼續留在聯合國奮鬥，不應退出，以致今日欲回無門。事實上，國際事務要考量時空因素。以 1971 年的情況，如有可能留在聯合國，我們絕不會退出，雖然當時聯合國被眾人批評為只是一個供大家發表演說的論壇，此外全無用途，所繳的大量會費徒供一批國際公務員任意揮霍。[32]

聯合國的一切取決於票數，縱使那年「變化的重要問題案」、「雙重代表案」獲通過，而阿案失敗，我們能繼續留在聯合國多久，仍然不容樂觀。因為中共明確聲明只要我國在聯合國內，即使中共取得會籍及安理會常

32 錢復，《錢復回憶錄》，卷 1，頁 165- 166。

任席位，它也絕不會來參加，而要透過其友好會員國持續提案排我，年復一年，直到通過這一案，才會罷休。

為何臺灣與美國在投票前估票有明顯差異？原因就是，我們認定有三個國家跟我們有邦交，但是投票的時候是要支持大陸。頭一個是墨西哥，第二個比利時，第三個是馬來西亞（有領事關係）。我們駐在那裡的使節，以及我們從各方面得到的情報都表示如此。而美國始終認為，這三個國家會支持我們。這是估票頭一個大的差距。第二個大的差距就是蘇聯的態度。我們認為蘇聯還是全力地支持大陸，美國認為不然。他們在聯合國走廊上聽到的謠言，說是蘇聯會指使《華沙公約》集團的成員，投棄權票。那這個數目很大，這個出入會十來票。所以美國一直是用樂觀的方式估票，我們始終是用悲觀的態度估票。那現在回首來看，美國代表團很可能奉到美國國務院的指示，就是要從寬估票，就是季辛吉下的命令，要從寬估票，希望我們就沉迷在樂觀的幻想中。可是我們的估票是很務實的，最後沒有什麼差別，就是如此。

至於今日，政府持續致力於參與聯合國，則是由於聯合國的功能已有變化，自 1990 年波斯灣戰爭以後，她已在維持和平安全方面有了貢獻；加上國際議題日益複雜，聯合國主導討論，我國在這一體系之外，實在是極為不利。因此，我們要設法重返，但不可諱言，這是一項極端困難的任務。

退出聯合國，對於我國外交有很大的衝擊。一年內，先後有比利時、祕魯、黎巴嫩、盧安達、塞內加爾、賽普勒斯、馬爾他、墨西哥、阿根廷、希臘、多哥、日本、馬爾他、馬爾地夫、馬達加斯加、盧森堡等十五國與我斷交，而與中共建交。[33]

我一直不大同意弱國無外交，我覺得越是弱的國家越需要外交。我們的情況又跟別的弱國不一樣，別的弱國只是弱，但她沒有一個長期對付她的敵人，我們有一個中共。中共說你必須承認我們是唯一中國的代表，不可以有中華民國，別的國家需要選擇。因此我們千方百計要維持跟友邦的邦交，出錢也好、出力也好。有很長的一段時間，民進黨罵我們凱子外交、金錢外交，他們2000至2008年執政時，凱子外交更厲害。等到那個時期的檔案公布，你就可以知道罵人的人，自己做的時候也是一模一樣。

另外，說到出力，出力不比出錢差。我們派出去的技術人員光著腳踩在泥地裡，給當地的老百姓示範怎麼樣可以從他們的土地裡種出水果、蔬菜、稻米。這讓當地政府印象深刻，他們知道自己不是無助的，只要努力就可以種出東西來。依我的看法，人力比物力更重要。老實說，這些人力有好的也有不好的，人的五個手指頭不一樣長。我們也有技術團隊的人在海外亂搞，跟當地的女孩子生了很多混血兒，這對我們很不利。人的選擇很重要，我們那

33 錢復，《錢復回憶錄》，卷1，頁167。

時候很難選，因為去的都是落後地區，生活水準都比臺灣差，衣食住行不靈光，大概是在臺灣無法生活的人才會去。各種各類的人都來了，所以這裡頭很多問題。

十、點評

國務卿魯斯克（Dean Rusk）評價蔣中正總統：常對自己的國際影響力、臺灣的角色以及大陸的動態有不切實際的幻想。而陶涵（Jay Taylor）則認為蔣公「戰術上是個悲觀主義者，不過從來不放棄。他義無反顧地堅持目標，因此在關鍵時刻是個天真的樂觀主義者」。我讀蔣公的日記，我認同陶涵的話。魯斯克跟葉公超先生是「哥們」的朋友，蔣公把葉先生罷黜了，魯斯克很不高興。

不是蔣公的性格對美國的聯合國「中國代表權」政策產生重要影響，美國的聯合國「中國代表權」政策是基於她最大的大政方針，要跟中共交往。所以我們變成了絆腳石，一定要踢開，跟蔣公的性格無關。你坐蔣公的位子，或朱博士坐蔣公的位子，一樣都要踢開。

有論者認為蔣公的決策有「個人外交」（即偏好「非正式管道」）的傾向。我的看法是：當然有。比如他對於蔣夫人，抗戰的時候用宋子文常駐在華盛頓，對於大使胡適和魏道明完全不重視，是有這個傾向。不過到臺灣來以後比較好，這個改變了很多。

哪些人對於蔣公在「中國代表權」議題的決策中，產生重大影響？在我的印象中，我個人感覺有幾個人：第一個是他的祕書長張羣先生；第二個是他一直很重視外交政策的顧問黃少谷先生；第三個是嚴家淦副總統兼院長；第四個你們想不到，是余井塘先生。余井塘你們大概都沒有聽過吧？他做過內政部部長，做過行政院副院長，他是CC 派[34]到臺灣以後最重要的一個角色。CC 派在立法院國民黨的委員中間還是大多數。為什麼我這麼提呢？就是我曾經奉命把代表權問題的來龍去脈，最後的決策去看余老先生，向他報告，取得他的認同。我也回報了老總統，我覺得這一點可見得老總統對於立法院，對於 CC 派還是非常地重視。那麼前面三位是當時周部長遊說最主要的對象，他們三位都對蔣公發生了影響。以後我被指派去看余老先生。

對於「國共不兩立」的看法，有論者認為「國共不兩立」是蔣公的堅持。其實並非是蔣公主動提出的，而是被動地不得不為。因為毛澤東早在 1956 年便已經放話：只要臺灣在聯合國的一天，中華人民共和國可以等一萬年都不進去。

依我對蔣公的近身觀察，剛剛所說「國共不兩立」真的不是蔣公主動提出。「國共不兩立」其實是「漢賊不兩立」。應該是如此。所謂「國共不兩立」、「寧為玉碎、

34 關於「CC」的由來有兩種說法：其一，「中央俱樂部」英文譯為 “Central Club”，簡稱 CC；其二，陳字的漢語拼音 “Chen” 以 “C” 打頭，故以 CC 代表陳果夫、陳立夫，以陳氏兄弟為首的派系就稱 CC 系。此處是第二種說法。

不為瓦全」、「漢賊不兩立」，這個話說得最多的是沈昌煥先生。大家都把這個話硬加在蔣公的身上。

事實上蔣公有相當大的彈性。那麼之所以 1971 年能夠對於雙重代表案得到協議，是沈昌煥先生當時外放在泰國做大使，他根本沒有介入。可是最後也就是 8 月 6 日，蔣公在他陽明山的住所，請使節們喝茶談聯合國的事情，已經對於代表權有了很好的有彈性的決策。最後蔣夫人講了一句話：「國有國格，人有人格。」我們大家都感到挫折。所以，可能蔣夫人在這個地方也有一些影響。

圖 1-4 錢復新任新聞局長交接典禮，左為卸任局長魏景蒙，中為監交人政務委員周書楷（1972 年 6 月 1 日），錢復提供

圖 1-5　錢復代表主持國慶酒會，錢復提供

至於蔣公與經國先生在「國共不兩立」上看法是否一致？我認為基本上那個時候兩岸老死不相往來是基本的政策。可是現在看起來呢，好像蔣公的時代和經國先生的時代，大陸都有派人來到臺灣傳話，而且彷彿也都有機會讓蔣公和經國先生知道傳話的內容。所以到底真的怎麼樣，要看他們的日記了。

還有中華民國有無可能接受「一國兩席」這種類似蘇聯在聯大擁有多席的方式，以解決聯合國中國代表權爭議？我們在 1971 年是接受的，但是我們也確實地知道，中共不會接受。所以等到 1971 年如果複雜的雙重代表案通過，中共不來，第二年，1972 年所提的就是驅逐蔣介石 clique（集團），這一個提案。可能 1972 年不通過，1973 年；1973 年不通過，1974 年；1975 年……早晚這個是會通過的，那時候我們就被趕走了。

十一、總論我國之權變及退出的前因後果

在二十二年聯大保衛戰中，時常看到政府要員提到「國共不兩立」或「兩個中國」的安排是違反「國策」。但是也有人認為「國共不兩立」並不是國策，僅為一種政策而已。當時的國策「反共抗俄」、「復國建國」，那是基本國策。也有的時候說「三民主義」是我們的基本國策。

至於若我國於 1966 至 1968 年間接受「研究委員會案」是否會有不同結果？我認為：還是跟我講的一樣，研究委員會案如果讓中共進來我們還在裡面，她不來。不來，再提驅逐我們出去的提案。

墨菲特使來臺時，曾承諾保住中華民國安理會席次，但後來尼克森政府不買帳。這個尼克森是一個老奸巨猾的角色，他也知道我們中國人尊老敬賢，所以派一個資深的外交官，年紀也很老了，來這裡哄哄我們而已，真正是這樣的。

我認為，中華民國能夠長期留在聯合國中，最重要的因素當然是我們自己善盡會員國的責任，也是讓有一些國家覺得不公平嘛，一個善盡會員國責任的國家，你把它趕出去，這不公平嘛。美國究竟為何要支持中華民國呢？那是她的大戰略。那個時候韓戰，韓戰以後又有越戰，她要用臺灣來牽制大陸，就像今天用日本釣魚臺來牽制大陸；用菲律賓、越南在「南海問題」牽制大陸，是一模一樣的。

綜觀二十二年聯大奮戰史中，對於我國的聯合國政策我認為：應該還可以做得再好一點。事實上，那個時候，我們如果多注意一些比較小的國家，聯合國是票嘛，一票一票都重要。對小國的外交重視一點，好好地處理好，那我們也許可以聯絡很多的小國，讓我們在聯合國的基礎更鞏固一點，而不是僅僅靠一些大國。

關於這個小國的部分，非洲、拉美都有。那個時候這些國家的總數在聯合國裡差不多已經到了半數。一些資料是說拉美國家、新興國家對我國投票的情況一直比較不太穩定，非洲國家比較穩定。非洲說老實話也不是那麼穩定，你看 1970 年的表決，非洲已經很多的邦交國都投票反對我們。但是好像外交當局從來沒有檢討過這個事情。比如說甲國我們派了大使，她投棄權，有沒有檢討大使的責任？所以我一直認定我們外交的挫折有很大一部分是人謀不臧。人謀不臧就是為政者 no accountability，對於下面的人沒有課以責任，做不好就該換。

我在《回憶錄》（卷 1，第 166 頁）提到：若 1971 年中華民國沒退出聯合國，「我們能繼續留在聯合國內多久，仍不容樂觀」。中華民國退出聯合國真的是不可避免的結果，因為如果不退出，下一步一定是阿爾巴尼亞案通過，表決的結果就是我們被驅逐出去。

附錄：我國的聲明

附件 1-1　1971 年聯合國大會中外交部周部長書楷在我國席次保衛戰（10 月 18 日）總辯論上之英文聲明中譯文 [35]

中華民國外交部周部長書楷在本項目辯論程序中所作之聲明，係於 10 月 18 日下午第一九六九次全體會議中發表，其原文為求爭取友邦易於了解支持並避免傳譯員唸錯起見係用英文，其全文及中譯文如下：

外交部周部長書楷在聯大第二十六屆常會中參加我代表權案總辯論之英文聲明中譯文

主席先生：

本人在此次聲明中將試以歷史的眼光來透視所謂中國代表權問題；同時將依照《聯合國憲章》所揭櫫的宗旨與原則，對此問題加以觀察與剖析。

首先，本人應立即說明，本人所有幸代表的中華民國，其在聯合國所享有的地位，乃是憑藉其在二次大戰期間對於爭取和平與自由所作的種種貢獻所獲致。

當 1931 年在中國境內引發的戰事演變成為全球性的

35　資料來源：外交部編印，《中華民國聯合國第二十六屆常會代表團報告書》（臺北：外交部，1972）。

衝突時，中華民國乃成為簽署 1942 年〈聯合國宣言〉的主要同盟國之一。由於我們領袖蔣總統的高瞻遠矚與不屈不撓的意志及我們人民的勇敢與堅定，更因吾人與各盟邦之合作無間，終於在太平洋戰爭中贏得勝利。

但是中華民國矚望戰後的世界，憧憬所有人類能在法治之下和平生存。因此吾人曾積極參加敦巴頓橡園會議。中華民國更為締造聯合國之金山制憲會議的四個召集國之一。從那時起，中華民國一直忠實地履行《憲章》下所有之義務，縱使在極端艱困之處境下，亦始終全心全意為和平而努力。

關於此點，吾人或尚憶及在二次大戰期間，中華民國已喪失其大部分領土且其與亞洲其他部分之海陸交通亦被斷絕，可是當時並無人懷疑中華民國政府代表中國人民在各項國際會議中發言之權利，而當時被視為中國人民的真正代表者乃係設在重慶的中華民國政府，而非設在南京的傀儡政權。中華民國是聯合國創始會員國之事實，在大會中曾一再被提及，即今晨哥斯大黎加外長發言時亦曾強調此點。

參加創設聯合國的政府，即本人有幸代表之同一中華民國政府，其領袖、制度或政策的延續從未中斷，其法統亦迄未變更。中共叛徒雖自 1949 年起即竊據中國大陸，然此一事實並不影響中華民國的合法地位。在中國人民的心目中，中華民國政府乃是中華民族精神的象徵，是億萬被奴役的中國同胞希望所寄的燈塔，是中國文化與文明的代表，也是全世界愛好自由的中國人精神上的重心。

反過來說，中共偽政權從未獲得中國人民的同意，卻始終以恐怖、殘暴、監視、與威脅種種手段，以維持其政權。無論就文化體認、社會結構以及政治目標而言，中共均與當時參加創立聯合國的中國完全不同，誠如本代表團一再闡明，中共在本質上及宗旨上均屬非中國的，故決不配被視為偉大中華民族的真正代表。

多年來阿爾巴尼亞、阿爾及利亞、古巴以及與彼等同屬一類之國家更不斷要求「恢復中共在聯合國之合法權利」。誠如本人業已說明，自從 1944 年《憲章》制定迄今，中華民國在聯合國的權利從未中斷，「恢復權利」一詞所指為何實令人費解。本人認為如欲恢復權利，則大陸上千千萬萬被奴役人民的權利包括其言論集會自由的權利、居住遷徙的權利、宗教信仰的權利、甚至於沉默的權利必須予以恢復。

阿爾巴尼亞、阿爾及利亞、以及其他中共僕從們的整個意圖在於排除中華民國出會，此實為一項極端嚴重之事，蓋其對本組織所有會員國均有長遠之影響。因先前有人發言提及《憲章》第六條的問題，本人茲再將該條規定誦讀如下：「聯合國之會員國中，有履次違犯本《憲章》所載之原則者，大會經安全理事會之建議得將其由本組織除名。」

此位發言者對該項條款似有曲解。

顯然地，排除一會員國必須基於二項明確的要件：

其一該會員國屢次違犯《憲章》；其二經由安理會建議。

現大會被請求排斥之中華民國為聯合國之創始會員國從未屢次違犯《憲章》，且始終小心謹慎地履行《憲章》所規定之一切義務，因此排除中華民國的想法，不僅荒謬抑且不可思議。此固為法理之爭辯，實亦為對本組織前途具有深遠後果之一項問題。

阿爾巴尼亞及其他中共代言人，妄謂恢復中共所謂之合法權利對「維護《聯合國憲章》及聯合國依《憲章》所須致力者均屬必要」，本人認為此乃一種極其荒謬之聲明，因而懷疑此是否為彼等由衷之言。聯合國之宗旨在於維持國際和平與安全，以免後世再遭慘不堪言之戰禍。欲達此項目的，《憲章》規定會員國應避免使用武力或武力威脅侵害其他國家之獨立與領土完整；力行容恕，彼此以善鄰之道和睦相處；增進及激勵對於全體人類之人權與基本自由之尊重，並以和平方法解決國際爭端。

中共政權根本否定此等基本的《憲章》原則，它認為戰爭不但不可避免，而且確有需要。毛澤東之指定繼承人林彪——其命運現已成為各方猜測的對象——一向認為戰爭是「一所偉大的學校」能夠「鍛鍊人民，推動歷史前進」。所以該政權迷信武力與暴動。它煽動武裝叛亂，助長「人民戰爭」，以反對各國現存的政府。它是世界上從事政治滲透與顛覆活動的先鋒，也是最勤勉的實行者。中共在大陸上一直設有，且現仍設有游擊戰訓練中心，其學員為來自世界各地尤其是來自亞洲、非洲以及拉丁美洲的青年，他們接受如何從事破壞與游擊戰術的訓練，以便最後用之於本國。毛澤東教義的精隨可以下面一句常被引用的話總括說明：

「以武力奪取政權，以戰爭解決問題，乃是革命的中心工作與最高形態」。

北平近來對於某些國家的親善姿態，決不能被視為是其基本外交政策之改變。它繼續向南越、寮國以及高棉的共軍提供軍事援助。在北韓方面，唆使金日成對大韓民國施以更大的軍事壓力，並現正以走私的方式對在泰國、馬來亞、印尼及菲律賓山林沼澤中的叛亂份子不斷提供軍火與武器。

1951 年，中共偽政權曾因參加韓戰被判定為侵略者，此項譴責在聯合國之卷籍上現仍斑斑可考。這樣的一個政權顯然無法為一個致力維持國際和平與安全的體系所容納，倘竟予容納，無異加惠侵略，破壞國際關係中之法治，並根本否定聯合國之為今日世界道德力量的任何說法。

在本大會中，認為中共在聯合國內較之其在聯合國外有助於世界和平者，不乏其人，彼等喋喋不休，謂聯合國需要北平加入，俾可對於裁軍及控制核武器等艱鉅問題謀求解決。

本代表團認為，持這種見解者，其對中共本質之缺乏瞭解已至可憐的地步。彼等為北平吹噓，認為其對解決當今若干棘手問題將能有所致力。此點實不值一駁。蓋吾人誠難體會一個醉心於以武力改造世界的政權何能對國際和平有所貢獻。北平之有意於聯合國，在於欲改造本組織，使之成為其執行政策的工具，藉以擴大其侵略活動的範圍。共匪入會足以破壞聯合國，正如其能分裂共產國際破壞該集團曾大肆誇張的團結一致一樣。

在任何情況下，為要容納中共而放棄《憲章》之宗旨與原則，乃極端危險之事。《憲章》是本組織的根本大法，既已玩弄《憲章》之後，即無法不使聯合國本身受到無可彌補的損害。

中華民國代表團深切瞭解，當前世局危機的困擾，以及核子浩劫的恐懼，已使世人在心志中渴望正常化，並祈求獲得一全面性的解凍。但吾人以為和平並不僅因人們對其祈求渴望而實現。以犧牲重大原則而勉強獲致的和平，其結果必將導致災難。史跡斑斑，可為殷鑑。

世人誠不應為目前中共所偽裝的親善姿態所迷惑，且應牢記僅僅在三年以前，毛共政權曾毫無顧忌地掠劫在北平的外國使館，使若干國家的外交人員受盡折磨、侮辱與虐待。此種行徑實違反了文明國際行為的一切規範。縱以長遠而論，是否有任何國家能與該政權發生任何具有實質意義的關係，亦令人有所懷疑。

然而，仍有若干國家雖在他方面廣聞博識，但對中共依舊存有極大的幻想。彼等自以為已覺察到中共在政策方面的一顰一笑認為是趨向成熟的轉變，但彼等似已忘卻在過去二十年中北平的政策不知有過多少次類似之轉變，時而強硬，時而緩和，完全依所謂當時客觀環境的需要而定。且其所謂政策之改變，均係戰術性的改變，而非基本目標方面的改變。須知毛澤東思想的要義為世界革命與統治世界，現在如此，將來亦復如此。

正因如此，北平對於美國以及其他國家表面上的態度轉變，決不能被視為是其基本政策的改變。中共的新姿態無疑地是欲利用時下美國輿論中綏靖孤立主義者的情緒，以迫使美國的勢力從亞洲完全撤退。事實上，北平方面從未隱瞞其目前姿態的策略性。著名的香港中共文匯報，為了針對尼克森總統之訪問中國大陸，曾於本年 7 月下旬特別公佈了自毛澤東著作中蒐集來之二十四條語錄，而冠之以「毛主席論與敵人鬥爭的各種政策與戰略」。因此，對毛共而言，誰是他們的敵人或應如何去衡量他們的外交姿態，至為顯然，毫無疑問。

尤堪玩味者，該論集所節引者大多數屬於 1930 年與 1940 年代共產黨藉名謀取國家團結與國民政府——即中華民國政府——談判時期發表之言論。1930 年代之口號，為抗日聯合陣線。共產黨曾允諾將八路軍編入國軍，歸由最高統帥蔣委員長節制。以後之事實旋即證明共產黨不與入侵者作戰，反而利用機會擴張其本身的勢力。他們不久即公然反抗國民政府，並在中國西北部建立叛亂政權。

1940 年代共黨份子復再倡言為建立一個「強大、聯合及民主之中國」，而與國民政府談判。共產黨再度趁機擴增其軍隊，而當其利用東北蘇俄佔領軍鹵獲交下之日軍武器加強裝備之後，共產黨即已準備停當，隨時對國民政府之權力發動挑戰。1949 年他們席捲了整個中國大陸。

這就是我政府意欲與中共合作之一段悲劇。今天所有心想可與中共基於相互利益謀取合作者，均應記取此一悲劇的教訓。

共產黨竊據中國大陸至今已廿二年。中國社會經其改造後，已變得面目全非，廣大的國土已變成了一個龐大的奴隸營。千萬人已在剷除反革命份子之名目下遭受屠殺。這是一種什麼統治，它非要藉如此大量屠殺不可？毛澤東、林彪、周恩來及其嘍囉們，究竟是何等人物？他們此時可能正對試圖逃離共產「樂園」到香港及其他地方尋求自由的中國同胞施以射殺，北平政權此種滅絕種族之嗜性，當然，已為廿多年來首次允許外國記者及「專家」逕赴中國大陸而引發之一片歌頌聲所淹蓋。

這些在大陸上的悲慘情況，與中華民國臨時基地之臺灣省情形，適成一種鮮明的對照。在臺灣廣大的民眾享受快樂與富裕的生活。這裡廣大民眾所享之生活水準，為全亞洲最高者之一。中華民國 1971 年對外貿易計達四十億美元，與中共截至 1970 年為止所創對外貿易之最高額相等。凡此均足以顯示：在自由與安定之情境下，中國人民所能獲致之成就。

本人相信，在本人聲明中所引述的事實，已足以證示中共政權與《聯合國憲章》所揭櫫的進步與和平之範式是如何顯明地背道而馳。它對世界脆弱地區國家之獨立與自由構成一種強大而殘暴的威脅。它罔顧人類的尊嚴與價值。它進入聯合國終會使聯合國組織整個癱瘓。

過去廿年來，中共政權對聯合國極盡輕蔑之能事，它對聯合國為維持最低限度之國際秩序所作之每項重要措置，輒加以惡意中傷。它抨擊聯合國維持和平之努力。它叫囂澈底及完全的「改造」聯合國組織，使成為其所欲見之型態。倘大會竟屈從於以北平中共政權取代中華民國聯合國會籍的要求，勢將鑄成一向悲劇性的大錯，以致萬劫不復。如竟聽任阿爾及利亞、阿爾巴尼亞及其同夥國家得以逞其所欲，則吾人即將面臨集體侵略的時代。本人認為此事實亦聯合國瓦解之開端。

因此，主席先生，讓大會多數會員國以堅定明確的措辭宣佈：確認中華民國在聯合國之代表權一事之極端重要性。讓大會斷然否決阿爾巴尼亞、阿爾及利亞及其他國家要求從聯合國排除中華民國的決議草案，讓大會依照《憲章》原則審議所謂中國代表權問題。關於本案之任何其他處理方式均屬非法，所有聯合國組織之忠實會員國均應堅決有力地加以拒絕。

圖 1-6　經國先生接見美國參議員史東（Richard Stone, 1977 年 11 月），錢復提供

圖 1-7　臺北松山機場中美斷交記者會（1978 年 12 月 27 日），錢復提供

圖 1-8　歡送美國會議員 Melvin Price 訪華（1979 年 11 月 13 日），錢復提供

2　龔政定大使訪問紀錄暨追憶楊西崑次長

時　間：2016 年 5 月 18 日下午 2 時至 5 時
　　　　7 月 6 日上午 10 時 20 分至下午 2 時 20 分
　　　　7 月 27 日上午 11 時至下午 2 時

地　點：對外關係協會三樓會議室
　　　　（臺北市信義路路三段 147 巷 17 弄 2 號）
　　　　外交部 125 室（退休人員聯誼室）

訪　談：朱浤源　楊力明

記　錄：劉宗翰　許舒棠

整　理：楊力明　朱浤源　劉晶華　朱麗蓉

簡歷

1934 年 8 月 5 日	出生於捷克，江蘇省武進縣人
1958 年	國立臺灣大學外國語文學系畢業
1961 年	國立政治大學外交研究所碩士
1961 年	歷任外交部歐洲司、禮賓司薦任科員
1963 年	駐上伏塔大使館三等祕書
1966 年	駐盧安達大使館三等、二等祕書
1968 年	外交部非洲司科長
1972 年	駐多哥大使館一等祕書
1972 年	駐薩伊大使館一等祕書

1973 年	駐象牙海岸大使館參事銜一等祕書
1976 年	駐法國新聞處主任
1980 年	駐法國代表處代表
1990 年	外交部歐洲司司長
1994 年	駐布吉納法索兼駐聖多美普林西比及賴比瑞亞大使
2002 年	從布吉納法索退休

訪問紀錄

一、早年經歷

由於父親龔駿在外交部服務，二次大戰前被派到東歐駐捷克公使館工作，我就出生在捷克布拉格，1939 年德國佔領捷克，我國關閉公使館，我父親就被調到駐羅馬尼亞公使館服務。

後來我父親被派到駐法國大使館工作，我在法國讀小學及中學，中學沒有念完，就回到臺灣。回到臺灣後，進入建國中學，並考進臺灣大學，大學畢業後當兵後，再考入政治大學外交研究所。1961 年參加第二屆外交特考，獲得錄取，進入外交部後，最先在歐洲司工作。

二、第一次派赴非洲工作

進入外交部工作後，遇上非洲新興國家大多數是法語國家，因此兩年後就奉派到駐上伏塔大使館工作，職務是三等祕書，當時館長是芮正皋代辦，他在 1965 年升任大使。

上伏塔（Haute-Volta）是西非內陸國家，位於撒哈拉沙漠以南，與馬利、象牙海岸、迦納、多哥和尼日為鄰，因居伏塔河上游，因而被稱為「上伏塔」。氣候乾燥炎熱，一年雨季只有三個月。上伏塔像其他非洲國家一樣，包含很多部落，但是特點是最大的部落摩西族（Mossi）超過全國人口 50%，所以國家比較穩定。摩西族有歷史與文化，他們對不同種族與宗教都能容忍，國內沒有種族衝突，對天主教及回教都能容忍，天主教節日放假，回教節日也放假。上伏塔天然資源少，人民多從事農業及畜牧業。

上伏塔是 1960 年 8 月 5 日自法國獨立。1961 年 12 月 14 日與中華民國建立外交關係。1963 年我就奉派到上伏塔（英文名 Upper Volta，後來改名「布吉納法索」Burkina Faso）工作，去了兩年半。1964 年 5 月經濟部長楊繼曾抵上伏塔訪問，與伏國經濟部長愛德華・亞默可簽訂技術合作協定，開啟兩國之農技合作。根據該協定我們將派農耕隊在首都附近的波爾比（Boulbi）農業訓練中心設立示範區，為期兩年，試種水稻等。

1965 年 4 月我參加赴非技術合作訪問團，擔任翻譯工作。訪問團訪問喀麥隆時，不幸碰到車禍，曾協助照料因車禍受傷之人員。[1]

---

1 編按：請參閱本訪錄附件 2-4 大使的「補述」。

接著我被派在駐盧安達大使館工作，職務仍是三等祕書，後來升任二等祕書，當時館長是丁懋時大使，接續的是沈祖潯大使。

Ruanda 與鄰近的 Urundi 原屬於德國，第一次大戰德國戰敗後，該兩地變為比利時的託管地。1962 年兩地分別獲得獨立，改名為盧安達（Rwanda）及蒲隆地（Burundi）。

盧安達是東非內陸國家，位於赤道附近，因地勢較高，氣候宜人。盧國面積二萬六千多平方公里，比臺灣還小，但人口有好幾百萬之多，可能是非洲人口最密國家之一。

盧國人民多從事農牧業，但常糧食不夠，生活困苦。盧國對外交通困難，國內沒有鐵路，當時首都有一小機場，跑道是泥土地，後來比利時援助修建新跑道，首次有噴射機降落，曾經是盧國一件大事，大家都停下工作到機場參觀。盧國所有物資進口，都是從肯亞經烏干達陸路運進來，公路常因不同原因中斷，因此國內常發生缺貨情形，連最普通的用品如電燈泡及原子筆等有時都買不到。

當時在盧國資訊的取得並不容易，當地沒有報紙，沒有電視臺，只有廣播電臺，每天必須要聽新聞廣播，但是不夠，所以我買了一臺大收音機，短波可收聽歐洲的新聞廣播，有時也可以收聽到臺北中國廣播公司向海外的廣播，這已經不容易，因為在西非收不到。國內的報紙要十天才能收到。

那時兩國的關係很好，盧國政府也積極在國際間支持我國。兩國也進行若干合作計畫，當時我國有農耕隊、手工業隊及釀酒隊，三個技術團在盧國工作，訓練當地人民，協助改善生活。

盧安達有兩個大部落，胡圖族（Hutus）及圖西族（Tutsis）。我在盧國時，是胡圖族統治，圖西族領導階層流亡在鄰近國家，兩族關係一直很緊張。1994 年發生大屠殺，胡圖族極端分子屠殺圖西族，雙方共有五十萬到一百萬人被殺傷，圖西族領導階層即進入盧國接管政權，現在是圖西族統治。

三、非洲先生楊西崑訪問非洲各國

1952 年開始，楊西崑大使藉著在聯合國託管理事會任職的身分，代表聯合國訪問西非的英、法託管地，也開始與其後獨立之非洲國家領袖建立友好關係。

1959 年楊西崑大使出任外交部亞西司司長，其後升任外交部常務次長及政務次長，並開始經常赴非洲各國訪問。（有關楊次長與我國聯合國席次保衛戰的 1971 年在大會中的成果，請參閱附件 2-1 與附件 2-2。）

（一）楊西崑大使訪問非洲的目的

楊大使訪問非洲國家的目的是：加強我國與各該國家的外交關係，鞏固邦交，並爭取各該國家對我國在聯合國代表權案的支持，同時由於我國已開始與非洲國家進行技術合作，尤其是農技合作，而技術合作已成為我與非洲國家關係之重要項目，因此楊大使每次必定實地瞭解合作計畫的進展情形，視察我派赴非洲農耕示範隊的工作，並慰問我工作人員。此外，在華僑較多的國家，還要前往宣慰僑胞。1971 年我國退出聯合國後，楊大使仍然訪問非洲，表示我國與非洲國家的交往，是純基於友誼，並非只為聯合國一票。

楊大使每到一國訪問，都受到該國的熱烈歡迎，除會晤外交部長及其他有關部長外，國家元首必定予以接見，多年來楊大使與他們已建立深厚友誼，訪問期間也備受禮遇，每次車隊都有警車開導。但是在每一個國家停留的時間只有兩三天，到達後要拜會，要參加座談會、檢討會、記者招待會、酒會、餐會，有僑胞的地方，要見面及講話，此外還要視察農耕隊及大使館，有時還要主持非洲地區的使節會議，因此每天從早忙到晚，訪問日程非常緊湊。

（二）隨楊大使訪問非洲六次

我隨楊大使去非洲訪問，總共有六次。其中前四次是我國在聯合國時，兩次在退出之後。

（1） 兼顧聯合國席次保衛戰

第一次是 1962 年隨楊大使，以外交部亞西司司長身分，訪問非洲及中東國家。

第二次是 1970 年 1 月隨楊大使，以總統特使身分，參加喀麥隆獨立十周年慶典。十年前楊大使曾隨經濟部楊繼曾部長，參加喀國的獨立慶典。

第三次是 1970 年 6 月至 9 月隨楊大使，以總統特使身分，到非洲二十七個國家訪問，其中有二十個邦交國，加上模里西斯及迦納是去視察我國農耕隊，其餘是去宣慰僑胞或過境，是訪問國家最多的一次，前後三個半多月，也是訪問時間最長的一次。（見圖 2-1 至 2-5）楊大使於訪問期間，並參加馬達加斯加獨立十周年慶典、馬拉威共和國四周年慶典及象牙海岸國慶閱兵典禮。

圖 2-1　隨楊西崑大使抵馬達加斯加訪問（1970 年 6 月 23 日），龔政定提供

圖 2-2　隨楊大使抵模里西斯訪問（1970 年 6 月 27 日），龔政定提供

喀麥隆在非洲很重要，跟我國建交十年。可惜，就在 1970 年（到訪當年，見圖 2-3）斷交。

圖 2-3　隨楊大使晉見喀麥隆總統艾依卓（1970 年 7 月 31 日），龔政定提供

圖 2-4　隨楊大使拜訪尼日政要（1970 年 8 月），龔政定提供

圖 2-5　隨楊大使晉見尼日總統狄奧里（1970 年 8 月 5 日），龔政定提供

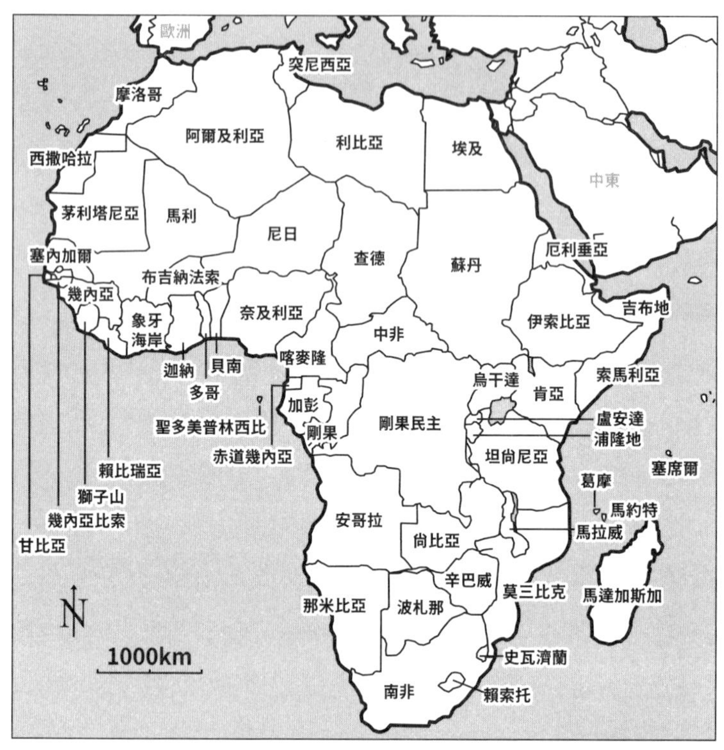

圖 2-6　非洲地圖，民國歷史文化學社編輯部依主編提供資料繪製

第四次是 1971 年 7 月至 9 月隨楊大使，以總統特使身分，到非洲二十一個國家訪問。楊大使於訪問期間，並與象牙海岸財經部長簽訂中象貿易協定，另在南非約翰尼斯堡主持駐東南非使節會議，在剛京金夏沙主持駐西非使節會議。

圖 2-7　隨楊大使晉見模里西斯總理藍姑覽（1971 年 7 月 23 日），龔政定提供

圖 2-8　楊大使在駐馬大使館贈勳馬達加斯加人士（1970 年 7 月 26 日），龔政定提供

圖 2-9　馬達加斯加總統齊拉納在 Antsirabe 官邸接見楊大使（1970 年 7 月 25 日），龔政定提供

圖 2-10　楊大使在駐馬大使館贈勳馬國人士後合影（1970 年 7 月 26 日），龔政定提供

圖 2-11 隨楊大使抵盧安達訪問（1971 年 8 月 11 日），龔政定提供
說明：照片中央面對鏡頭即管傳採大使。

圖 2-12 楊大使與象牙海岸財經部長貝狄耶（Henri Konan Bédié）[2] 簽訂中象貿易協定（1971 年 8 月 31 日），龔政定提供

9 月 4 日到達荷美參加達荷美農業部長之午宴。5 日

2 編按：Henri Konan Bédié 1993-1999 年擔任象牙海岸總統，後被推翻。

晉見達荷美總統主席團的馬加（Hubert Maga），宴會中有達荷美陳厚儒大使作陪。

圖 2-13　隨楊大使參加達荷美農業部長午宴（1971 年 9 月 4 日），龔政定提供
說明：參加宴會有農業部長外交部長。楊大使右邊是陳大使夫人，左邊是農業部長夫人。農業部長可能在跟陳大使談話，還有張祕書，其他是其他部門部長。楊次長左邊第二位即陳厚儒大使。

圖 2-14　隨楊大使晉見達荷美總統團主席（1971 年 9 月 5 日），龔政定提供

9月10日拜訪上伏塔總統魏德哥（Gerard Kango Ouedraogo），上伏塔後來改名布吉納法索。我駐上伏塔大使為徐懋禧。

圖 2-15　隨楊大使晉見上伏塔總理（1971年9月10日），龔政定提供

（2）退出聯合國之後

第五次是1972年4月至7月隨楊大使，以總統特使身分，到非洲二十個國家訪問。我國已退出聯合國，楊大使依然到非洲訪問，且外交部非洲司鄭健生司長首次同行，訪問團陣容更加強，各國政府仍給予熱烈的歡迎。楊大使於訪問期間，並與波扎那外交國務部長簽訂中波技術合作協定。（參以下所附圖2-16至2-29）

REPOBLIKA MALAGASY
Fahafahana — Tanindrazana — Fandrosoana
PRÉSIDENCE
DE LA RÉPUBLIQUE
PROTOCOLE

Programme
du Séjour à Madagascar
DE
S. E. M. H. K. YANG
Vice-Ministre des Affaires Etrangères

Envoyé Extraordinaire de
S.E. M. LE PRÉSIDENT DE LA RÉPUBLIQUE DE CHINE

Du Samedi 22
au Mardi 25 Avril 1972

圖 2-16　馬達加斯加政府印製之楊大使 1972 年訪問日程封面，龔政定提供

SAMEDI 22 AVRIL 1972

08 h. 40 — Arrivée de l'avion à Ivato (vol AF-485)

Accueil par :
DU COTE MALAGASY
M. le Secrétaire d'Etat aux Affaires Etrangères,
M. le Chef du Protocole de la Présidence de la République
Le Représentant du Secrétaire d'Etat, Chef de la Province de Tananarive.
DU COTE CHINOIS
S.E. M. l'Ambassadeur de Chine,
MM. les fonctionnaires de l'Ambassade de Chine.

Les Ressortissants chinois le recevront dans le Hall de l'Aéroport, hors de la zone sous Douane.

S.E. M. H.K. YANG, Vice-Ministre des Affaires Etrangères, accompagné de M. JOHNSON CHENG, Directeur de la Direction des Affaires Africaines, et de M. KUNG SAITING, Chef de Section au Ministère des Affaires Etrangères de la République de Chine seront logés à la Résidence « Le Myre de Vilers ».

Les formalités de débarquement et les bagages seront pris en charge par le Service du Protocole, avec le concours du Transit Administratif.

09 h. 05 — Départ d'Ivato
09 h. 40 — Arrivée à Tananarive
— Installation.
11 h. 30 — Visite protocolaire à M. le Vice-Président Délégué pour les Affaires Etrangères, les Affaires Culturelles, l'Information, le Tourisme et les Arts Traditionnels, Ministre d'Etat aux Affaires Etrangères.
12 h. 30 — Déjeuner intime à sa Résidence

APRES-MIDI
15 h. 30 — Visite à la Mission Agricole Chinoise
20 h. 00 — Dîner intime à l'Ambassade de Chine

圖 2-17　馬達加斯加政府印製之楊大使 1972 年訪問日程內頁 1，龔政定提供

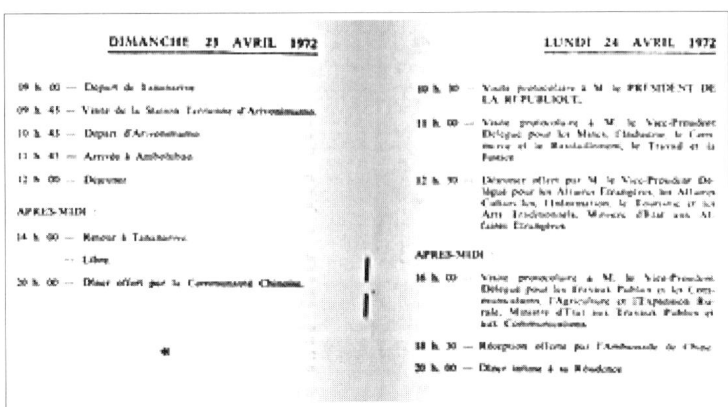

DIMANCHE 23 AVRIL 1972

09 h. 00 — Départ de Tananarive.

09 h. 45 — Visite de la Station Terrienne d'Arivonimamo.

10 h. 45 — Départ d'Arivonimamo.

11 h. 45 — Arrivée à [illegible].

12 h. 00 — Déjeuner.

APRES-MIDI :

14 h. 00 — Retour à Tananarive.

— Libre.

20 h. 00 — Dîner offert par la Communauté Chinoise.

*

LUNDI 24 AVRIL 1972

10 h. 30 — Visite protocolaire à M. le PRESIDENT DE LA REPUBLIQUE.

11 h. 00 — Visite protocolaire à M. le Vice-Président Délégué pour les Mines, l'Industrie, le Commerce et le Ravitaillement, le Travail et la Fonction.

12 h. 30 — Déjeuner offert par M. le Vice-Président Délégué pour les Affaires Etrangères, les Affaires Culturelles, l'Information, le Tourisme et les Arts Traditionnels, Ministre d'Etat aux Affaires Etrangères.

APRES-MIDI :

16 h. 00 — Visite protocolaire à M. le Vice-Président Délégué pour les Travaux Publics et les Communications, l'Agriculture et l'Expansion Rurale, Ministre d'Etat aux Travaux Publics et aux Communications.

18 h. 30 — Réception offerte par l'Ambassade de Chine.

20 h. 00 — Dîner intime à sa Résidence.

圖 2-18　馬達加斯加政府印製之楊大使 1972 年訪問日程內頁 2，龔政定提供

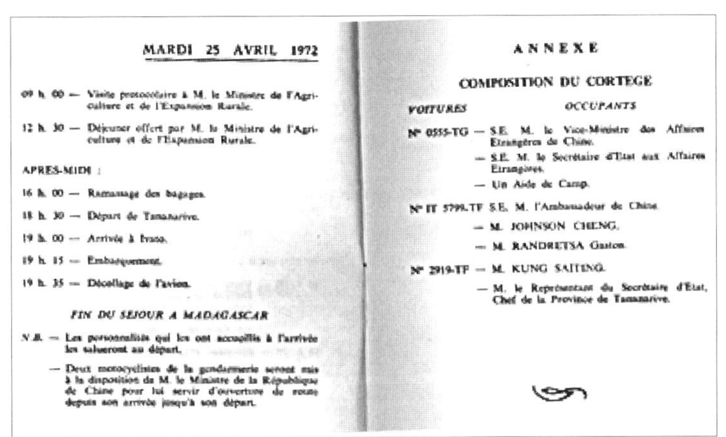

MARDI 25 AVRIL 1972

09 h. 00 — Visite protocolaire à M. le Ministre de l'Agriculture et de l'Expansion Rurale.

12 h. 30 — Déjeuner offert par M. le Ministre de l'Agriculture et de l'Expansion Rurale.

APRES-MIDI :

16 h. 00 — Ramassage des bagages.

18 h. 30 — Départ de Tananarive.

19 h. 00 — Arrivée à Ivato.

19 h. 15 — Embarquement.

19 h. 35 — Décollage de l'avion.

FIN DU SEJOUR A MADAGASCAR

N.B. — Les personnalités qui les ont accueillis à l'arrivée les salueront au départ.

— Deux motocyclistes de la gendarmerie seront mis à la disposition de M. le Ministre de la République de Chine pour lui servir d'ouverture de route depuis son arrivée jusqu'à son départ.

A N N E X E

COMPOSITION DU CORTEGE

VOITURES *OCCUPANTS*

Nº 0555-TG — S.E. M. le Vice-Ministre des Affaires Etrangères de Chine.
— S.E. M. le Secrétaire d'Etat aux Affaires Etrangères.
— Un Aide de Camp.

Nº IT 5799-TF S.E. M. l'Ambassadeur de Chine.
— M. JOHNSON CHENG.
— M. RANDRETSA Gaston.

Nº 2919-TF — M. KUNG SAITING.
— M. le Représentant du Secrétaire d'Etat, Chef de la Province de Tananarive.

圖 2-19　馬達加斯加政府印製之楊大使 1972 年訪問日程內頁 3，龔政定提供

1972年6月6日楊大使參加多哥外長洪來岱（Joachim Hunlede）夫婦官邸之晚宴。

圖 2-20　隨楊大使參加多哥外長晚宴（1972年6月6日），龔政定提供

6月7日視察米心多威（Mission-Tove）工作之我國農耕示範隊。多哥也有十幾位農技團團員在當地，隊長姓廖。農技團經費由國合會編列，由非洲司第三科經辦。

圖 2-21　隨楊大使視察駐多哥農耕隊之一（1972 年 6 月 7 日），龔政定提供

圖 2-22　隨楊大使視察駐多哥農耕隊之二（1972 年 6 月 7 日），龔政定提供

圖 2-23 隨楊大使晉見達荷美總統團主席（1972 年 6 月 8 日），龔政定提供
照片中人士從右至左：陳厚儒大使、達荷美總統、楊大使、我、鄭司長健生。

隔天我們又抵達尼日，晉見總統狄奧里。

圖 2-24 隨楊大使晉見尼日總統（1972 年 6 月 9 日），龔政定提供
說明：後面屏風是尼日總統訪華時我國贈送的，擺在辦公室，所有貴賓都可看到我們送的屏風。旁邊另有禮賓司長陪同，並有我駐尼日大使李南興。

REPUBLIQUE DU NIGER
FRATERNITE - TRAVAIL - PROGRES

SEJOUR A NIAMEY

DE SON EXCELLENCE M. H. K. YANG

PREMIER VICE-MINISTRE DES AFFAIRES ÉTRANGÈRES

Envoyé Extraordinaire

du Président de la République de Chine en Afrique

DU 9 JUIN AU LUNDI 12 JUIN 1972

圖 2-25　尼日政府印製之楊大使 1972 年訪問日程封面，龔政定提供

VENDREDI 9 JUIN 1972

0 h 55 — Arrivée en provenance de Cotonou par RK 24 de Son Excellence Monsieur YANG, qui sera accueilli par Son Excellence Monsieur le Ministre des Affaires Etrangères, et par :

MM. le Chef du Protocole

l'Ambassadeur de Chine à Niamey.

9 h 30 — Visite de courtoisie au Ministre des Affaires Etrangères.

10 h 00 — Visite de courtoisie au Ministre de l'Economie Rurale.

圖 2-26　尼日政府印製之楊大使 1972 年訪問日程內頁 1，龔政定提供

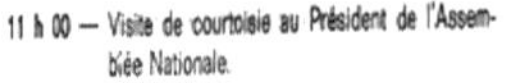

11 h 00 — Visite de courtoisie au Président de l'Assemblée Nationale.

16 h 00 — Audience accordée par Son Excellence Monsieur le Président de la République.

20 h 30 — Dîner offert par Son Excellence Monsieur le Président de la République.

SAMEDI 10 JUIN 1972

10 h 00 — Visite de courtoisie au Président de la Cour Suprême.

10 h 30 — Visite de courtoisie au Président du Conseil Economique et Social.

17 h 00 — Visite de la ferme du Président.

19 h 00 — Réception offerte par le Ministre des Affaires Etrangères dans les jardins du Musée National.

圖 2-27　尼日政府印製之楊大使 1972 年訪問日程內頁 2，龔政定提供

DIMANCHE 11 JUIN 1972

9 h 00 — Visite du projet à Saga.

19 h 00 — Réception à l'Ambassade de Chine.

18 h 00　黃大使來臨時官邸拜會

LUNDI 12 JUIN 1972

Départ pour Malanville (Dahomey) par la voie terrestre.

圖 2-28　尼日政府印製之楊大使 1972 年訪問日程內頁 3，龔政定提供

緊接著又轉赴象牙海岸。

圖 2-29　隨楊大使拜訪象牙海岸外長（1972 年 6 月 12 日），龔政定提供

第六次是 1973 年 6 月至 7 月隨楊大使，以總統特使身分，到非洲八個國家訪問，所訪問的國家大多數是位於中西非的法語國家。

我隨楊大使到非洲訪問，主要的工作是在法語國家擔任傳譯，因為非洲國家獨立不久，懂英語的人仍很少，另一工作是妥善安排行程，使楊大使每次能順利完成行程。

（三）楊大使訪非行程的安排

楊大使每年到非洲去訪問，有幾次行程是我安排的。

由於從臺北到非洲沒有直接飛機班次，通常是經過歐洲再南下非洲。但是到了非洲，交通更不方便，空運方面，航空公司少，航線少，班次少，且不穩定，常有臨時改變情形，加以非洲與原屬國的航線較多，非洲國家間的航線反而少，有時雖然是鄰近兩國，但是沒有直接航線，需要繞道好幾個國家才能到達。[3] 此外，選擇所搭乘班機時，以中途不停靠與中共建交的國家者為原則，以免遭受騷擾。[4]

陸路方面，要考慮遠近距離，道路狀況，非洲內部很少有柏油路，多是土石路，有所謂「算盤路」，不能太快，有狀況應變不來；太慢，顛得太厲害。其次，車輛狀況必須良好。最後，至少須有兩部車同時行駛。如果要跨越國界，須先瞭解邊界開放時間，及通過有無特殊困難。

即使行前都已安排妥當，到達非洲後，飛機班機常誤點，有時臨時取消，有時非洲國家元首臨時出國，需延後往訪，有時要包小飛機前往，有時非洲國家元首也會派專機迎接楊大使。無論如何，需要修改行程並通知有關大使館，一路上經常為調整行程而忙。此外，每次坐飛機，一定要等行李上飛機才上飛機，下來也要看行李到了沒。

通常訪問國家的日程是大使館與駐在國政府共同安

---

3 龔註：例如 1965 年我從上伏塔調到盧安達，我要坐飛機從上伏塔飛到象牙海岸、喀麥隆，再到剛果，再到蒲隆地，再到盧安達，走了十幾天。因為不是每天有飛機，到歐洲反而比較快，飛機票非常貴。

4 龔註：絕對不經過坦尚尼亞、迦納、馬利、幾內亞、親共的法屬剛果等，因為那時有問題的話無法解決。坦尚尼亞現在也給我們免簽了。以前我們不敢去，時代變化太快了。法國在非洲有個領地叫馬約特（法語：Mayotte）很小，也給我們免簽，但是太少人去，移民官也搞不清。我要去的話先跟法國在臺協會通知一下，不通知的話他不知道會問你。

排。如果要去視察農耕隊，農耕隊離首都很遠而道路狀況不佳，那就安排坐 land rover 車，座車沒冷氣而氣溫在攝氏四十多度時，不能說不辛苦，但農耕隊工作人員看到有國內長官冒暑來訪，士氣大振。另外有一次在賴比瑞亞坐小飛機，到內地去視察農耕隊。到了目的地看不到機場，小飛機先低空飛行一次，告訴老百姓有飛機要降落了，你們趕快離開，第二次就降落在一條公路上！

等行程安排好了，還要辦理訪問及經過國家的簽證，有時要辦理差不多三十個國家的簽證，有一部分可以在臺北辦，有一部分需要到國外辦，所以一路上還要為辦理簽證而忙。由此可知行程安排是重要的工作。

四、非洲國家和原屬國關係與我國聯合國席位之戰

非洲國家獲得獨立後，原英屬地國家大多數與中共建交，原法屬地國家大多數與我國建交，此一情形可能與 1949 年英國已與中共發展關係，而法國仍與我有邦交有關。

事實上，非洲國家有時也有它們自己的主張。例如 1964 年法國與中共建交前，已有若干國家如幾內亞、馬利及布市剛果〔現在的剛果共和國〕與中共建交，1964 年後雖有若干國家轉而與中共建交，但大部分國家仍與我維持邦交，與法國關係最密切的象牙海岸，仍繼續堅決維持外交關係，並在聯合國支持我代表權。比利時在聯合國只接受一個中國政策及由中共為合法代表，但當時我

們跟原比屬的剛果有外交關係，所以剛果支持中華民國代表權。

在原英屬地國家方面，也有馬拉威、獅子山、甘比亞以及南部非洲的波札那、賴索托、史瓦濟蘭等國與我國建立外交關係，後者三國可能是因為與南非共和國關係較密切，而南非在聯合國是支持我們的，但南非因實施種族隔離政策，在國際間是相當孤立。由此可見，非洲國家一方面會受到原屬國的影響，一方面也會有自己的主張，而採取與原屬國不同的立場。（參見附件 2-3）

五、退出聯合國後楊大使新外交模式的開展

1972 年我國退出聯合國後，非洲先生楊西崑大使再一次訪非，楊大使說：「到了非洲我有一種親切感，非洲友人也都把我看做自己人。」「這次友好訪問，如同過去一樣，感謝非洲各國對我國一向有力支持，但我們這次退出聯合國了，仍然訪問非洲國家，表示我國與非洲國家的交往，是純基於友誼，並非只為聯合國一票。這次訪問陣容加強，有外交部非洲司司長鄭健生同行，正可告訴非洲友人，我們對彼此友誼的重視。無可否認的，中共的笑臉攻勢，以金錢為餌，非洲的盧安達、塞內加爾以及模里西斯，先後與他們建立外交關係。但我們仍然維持住在盧、塞兩國的農耕隊及其他技術人員，希望藉著他們的力量，減少中共對他們的影響力。」

余思宙在〈楊西崑再訪非洲〉中報導：楊西崑表示：

「雖然這些國家與中共建立外交關係，但他們都體會到與中華民國合作，是種愉快的經驗，例如，在我國蔗糖技術人員的協助下，盧安達糖廠的產品已可與鄰國的媲美；受聘在利比亞工作的我國醫護及技術人員，都有優異的表現，這些政府都明白。」

「與中華民國交往，沒有任何後顧之憂，因為我們沒有任何政治陰謀。」除了農技合作外，楊大使認為：「我國與非洲各國貿易關係，遠景光明，他說非洲友邦與歐洲共同市場有密切聯繫，我們可利用此關係打入西歐市場。」

「馬拉威總統訪華後，希望我們協助該國發展中小型商業。我國商人也曾與史瓦濟蘭、模里西斯有關方面接觸，探討貿易。計畫在薩伊共和國設立一百貨公司，以此為據點，向非洲友人介紹我國產品，促進彼此的商業關係。」[5]

六、第二次派赴非洲工作

1972 年 8 月我被派到駐多哥大使館工作，職務是一等祕書。

多哥（Togo）是一個很小的國家，國界長長的，旁邊的達荷美也一樣。多哥原是德國保護國，一戰後德國戰敗，被瓜分為東西兩部分，成為法、英兩國的託管地，西

5 余思宙，〈楊西崑再訪非洲〉，《中央日報》，1972.4.18。

部於 1957 年併入迦納，東部於 1960 年獨立。多哥除農業及畜牧業外，也有些磷礦。

多哥是 1960 年 4 月 27 日與我國建立外交關係。1964 年 9 月 14 日多哥副總統兼財政部長宓雅齊抵臺訪問，邦交很好。但是我到任不久，多哥政府就突然宣布與中共建交，駐多哥張平群大使離任，我政府撤回所派農耕隊，我留下來處理結束有關事務，最後離開，被調到駐薩伊大使館工作。

薩伊（Zaïre）原稱「剛果」〔現在的剛果民主共和國〕。剛果河北岸原來有些小王國，19 世紀法國控制這地區後，成為法屬剛果，剛果河南岸原來也有些小王國，其中一個叫 Kongo，19 世紀比利時控制這地區後，加上其他控制的地區，合成為比屬剛果。1960 年兩地區分別獲得獨立，都稱剛果，因而出現兩國同名的情形，為便於分別起見，兩國分別在國名之後附加首都名稱，原法屬剛果成為布拉薩市剛果 Congo（Brazzaville），原比屬剛果成為金夏沙市剛果 Congo（Kinshasa）。

兩個剛果獨立後，都與中華民國建立外交關係。1963 年布拉薩市剛果發生政變，新政府首長思想左傾，主張推行所謂科學社會主義，轉而與中共建交，在聯合國贊成阿爾巴尼亞案。金夏沙市剛果一直到 1971 年與我國維持外交關係，他們的總統曾來華訪問，在聯合國支持中華民國代表權。

金夏沙市剛果於 1971 年 10 月改名為薩伊，1997 年

5 月又改名為剛果民主共和國。薩伊在非洲中部，面積很大，原來是比利時屬地。

我到達薩伊後，薩國政府也突然宣布與中共建交，駐薩伊丁懋時大使離任，我政府撤回所派農耕隊，所進行的計畫沒完成也沒辦法，我再留下來處理結束有關事務，最後離開，被派到駐象牙海岸大使館工作。那時駐象大使館館長是芮正皋大使。

象牙海岸（Côte d'Ivoire）位於西非，盛產可可。象國獨立後是一個安定與繁榮的國家，在西非也是一個舉足輕重的國家。

1963 年我與象國簽訂農業發展技術合作協定後，我農技人員一百多人分散在象國各地，從事農耕示範推廣工作，是我國派到非洲國家人數最多的農耕隊，我國在象國南部大埠（Dabou）尚設立良種繁殖及供應中心。1963 年兩國還簽了手工藝技術合作協定。此外，有若干來自臺灣及香港的企業家在象國經營小型工廠。

1971 年我國退出聯合國後，象總統仍堅決與我維持關係，並在國際間支持我國。

七、派赴法國工作

我於 1976 年派駐法國。法國是 1964 年承認中共，當時法國工商界熱中於中國大陸的市場，文教界忙於與中國大陸進行文化交流，雙方全面展開政治、經貿、文教各項關係。

由於蘇聯一直是對歐洲安全最大威脅，當時有一種論調，認為中共雖然是一個共產政權，但因為與蘇聯關係緊張，似可利用中共的力量來牽制蘇聯，因此朝野全力促進並維護與中共的關係。在此情況下，法國各界盡量避免與我國往來，以免影響與中共的關係。同時依照一般傳統觀念，兩國斷絕外交關係，表示兩國已處於敵對狀態，法國各界也不敢與我往來。最後，法國在亞洲從越南撤出後，注意力已不在遠東，中國大陸除外，對遠東其他地區的發展也沒有興趣。

當時法國與我國往來極少，法國簽證很難辦，我國學生也很少到法國去留學。

面對此一情勢，我就使用各種方式，利用各種機會，使法國各界尤其政界人士瞭解我國實際情況，並指出我國與法國並非處於敵對狀態，兩國可以發展實質關係，對雙方都有利，且不會影響法國與中國大陸的關係。經多年不斷說明，解釋與分析，法國各界開始思考與觀察，法國工商界首先發現亞洲有「四小龍」的興起，而臺灣是其中最重要的成員，法國政府也開始放寬對我國的限制，先簡化簽證手續，取消通行證而將簽證恢復蓋在護照上，後來並改在臺北核發，1980 年起逐步採取措施，先後在臺北設立經貿辦事處及文化科學辦事處，以利雙方關係的發展，法國銀行也來臺北設立分行，我國也有銀行在巴黎設立分行，此時我國觀光客到法國去也方便多了。

法國是文化大國，對自己的文化非常自豪，另一方面對中國文化也非常仰慕。我與法國雙方留學生也越來越多，臺灣到法國學文學、音樂、藝術的學生很多，文化藝術團體也開始到法國演出，文化交流逐步展開。

1989 年天安門事件後，法國對中共政權的幻想完全破滅，另認識我國是一個值得交往的國家，因而與我國一步一步的發展各項實質關係。

八、在歐洲司工作

1990 年至 1994 年我在歐洲司工作三年半。當時歐洲司工作的重點是：不斷推動與歐洲各國以及歐盟的各項關係。我國與教廷有正式外交關係，與拉脫維亞（Latvia）有總領事關係，其他國家都沒有邦交，因此一方面必須鞏固與教廷的關係及加強與拉脫維亞的關係，1992 年拉脫維亞總理高德曼尼斯（Ivars Godmanis），應我政府邀請率團來臺訪問。另一方面須與無邦交國家及歐盟增進相互瞭解，逐步商談可能進行的方案，使各該國家及歐盟與我國的實質關係能在較正常情況下進行。

經過多年的努力，歐洲國家及歐盟也開始瞭解我國在亞洲的地位及我國的經濟實力，除派員來我國考察外，並在臺北設立辦事處。1991 年法國工業部長傅魯（Roger Fauroux）來臺訪問，開啟歐洲現職部長來我國訪問之例，歐洲其他無邦交國家如德國、義大利也跟進，同時我國部長級官員也可以到歐洲，與有關部長磋商事宜，使我國與歐洲無邦交國家的官方關係提昇到部長級層次。

此外，各國政界重量級人士也紛紛來臺，實地瞭解我國情況。1992 年英國前首相柴契爾夫人（Margaret Thatcher）及法國前總統季斯卡（Valéry Giscard d'Estaing）曾分別來臺訪問。此一情勢大有幫助我國與歐洲國家及歐盟經貿、文教、科技等實質關係的發展。

九、第三次派赴非洲工作

1994 年布吉納法索與我國復交後，我出任駐布大使，這是第三次派赴非洲工作，也是第二次到這個國家服務。布吉納法索以前叫上伏塔，1984 年改名為布吉納法索，意思是「君子之國」。

1994 年 7 月 22 日兩國簽訂政府間混合委員會權限、組織及功能議定書，規範每年輪流在兩國舉行會議，檢討合作推動情形及規劃未來合作計畫。

我國為改善布國人民生活，派有農技團及醫療團到布國工作。農技團在推廣大面積水稻田，並訓練農民，成績輝煌。醫療團有四位醫生及一位護士，其中還有人學了些土話，可以跟病人做簡單溝通，他們老百姓，一傳十，十傳百，我們醫生的名氣因此愈來愈大。醫療團也常利用禮拜六、禮拜天到鄉間去義診，老百姓排長龍，我們醫生給他們做簡單診療，給他們提供一些藥品，效果很好。

如果醫院很遠，他們鄉下人生病怎麼辦？他們就躺在一個板車上，用驢子拖，有時要拖幾天才到達醫院，我國就決定送五十輛救護車給他們，救護車上面寫著中華民國政府贈送，而且印有兩國國旗，救護車救了不少命，有老百姓見到我就說謝謝。

在偏遠的地方，什麼都沒有，生病就沒辦法了，我們就有一個多設醫護站的援助計畫，只要有一個小房子，你們如果能找到一位受過最基礎訓練的護士，我們就提供些藥品，這樣也可以做些簡單治療。

我在布國幾年後，就成為最資深的大使，因而出任外交團團長。布京外交團不大，只有二十二個大使館，但除我國外，只有一國與我有邦交，其餘二十國都沒有邦交。我出任外交團團長後，仍獲得各國大使的支持，我主持的會議他們都支持，我舉辦的活動他們都參加，我所擬的致詞稿他們也都沒有意見，使我能順利完成團長的任務。

當我 2002 年離任時，布國政府贈送勳章給我，贈送勳章通常每個大使離任都有的，不過我得到的是高一級，名稱是司令級國家勳章，一般大使沒有這樣高。此外，布國總統說要幫我蓋一棟房子，我呈報外交部，外交部答覆說，跟公務有關的禮物不能接受。我就跟總統講，很抱歉，我不能接受，我謝謝他的好意，這樣也很好，我很感謝他。

我在駐布國任內並兼駐聖多美普林西比，在聖國兼任一年多。聖多美普林西比（São Tomé e Principe）是由兩個大島組成，位於非洲中西部幾內亞灣，有許多高山，海水非常乾淨沒汙染，自然美，鄰近國家的歐洲人常到此度假。聖多美原來是葡萄牙人到遠東來的中間站，被葡萄牙統治五百多年，當地人很多是過去非洲抓來的奴隸，也有從非洲大陸移民過來的，人們很善良，是一個可愛的國家。

那時我們派有醫療團及農技團在聖國工作。後來還有消滅瘧蚊專家，聽說效果不錯。專家去了發現非洲瘧蚊與臺灣早期瘧蚊的習性不一樣，所以最初遭遇到困難，後來研究聖多美瘧蚊是甚麼樣，生活習性如何？後來研究出來了，現在效果很不錯，瘧疾減少了。

講到瘧疾，在非洲發生率很普通，幾乎每一個人要犯好多次。瘧蚊有好多種， 通常是早晨和傍晚出來，出現的時間也不一樣，要注意防範，身體保持健康，室內一定要乾乾淨淨。瘧蚊的細菌會潛伏兩年，每次國內有人來非洲，我都提醒他們兩年內，如感到不舒服，馬上去檢查，看是否有瘧蚊細菌，只要知道是瘧疾，吃藥就會好，就怕不知道。

布吉納法索講法文，聖多美講葡萄牙文，但高層人士也講法文，因為他們與附近講法文的加彭往來頻繁，兩種語文是拉丁語系，差別不太大，學習葡萄牙文並不困難。

此外，我還兼駐賴比瑞亞（Liberia），但是沒有去赴任，因為賴國總統雖已同意，後來又要求我政府派專任大使駐賴。我曾隨楊大使多次訪問賴國，1967 年並隨總統府張羣祕書長赴賴國參加總統、副總統就職大典。

十、後語

楊大使一生都為公事忙，在部裡也是一樣，每年到非洲兩、三個月，聯合國一個月，都是為了維護我在聯合國的代表權。

非洲情形非常複雜，每個國家自然環境不一樣，歷史背景也不一樣，我們要用功才能了解。楊大使非常了解非洲國家，了解對方才能跟人談事情，辦外交不只推銷自己，也要知道人家的問題。非洲這些國家政要對他都很感謝，長久以來都變成好朋友，推動工作比較方便，所以多少年來非洲的工作都是他在推動。

非洲過去有過輝煌的歷史，但後來黑奴販賣，人口嚴重失血，加以被殖民一世紀，因此經濟發展較其他各洲落後，人民生活困苦，例如在乾旱地區或有戰亂，有時就會發生飢荒，老百姓沒有東西吃，一天只吃一餐，如情況嚴重，兩天吃一餐。非洲國家獨立後，雖努力建設及發展經濟，但仍需要外面援助。

我國對非洲國家也提供一些援助，一方面是為鞏固邦交，一方面是基於人道立場，主要是提供技術援助。我國所派遣的技術人員，不但素質高，且有高度工作熱誠，他們每個人都知道並不是為了拿些美金，而是為國家做事，幫當地人做事，雖然辛苦一點，但感到很有意義。

愛滋病到處有，但我從沒接觸過我們技術團人員有這樣的問題，至少布國沒有。我除了隨楊大使訪問非洲各國，還有參加技術合作考察團兩三次，共十幾年， 大家都滿正常。

臺灣有愛心活動，到東非肯亞、馬拉威，非洲小朋友沒鞋子穿，臺灣運舊鞋子給他們，民間團體像慈濟功德會也常到非洲提供援助，到過布國捐了一批輪椅。有一次我到臺灣南部演講，遇到有位教授每年暑假都到馬拉威上課，教導公共衛生課程。這些愛心活動都非常值得鼓勵。

附錄一　追憶楊西崑次長

附件 2-1　楊西崑次長簡歷 [6]

楊西崑次長與非洲結緣於他早年在聯合國託管理事會工作任上。當時非洲各國分屬英、法、德、西、葡、義等國託管地。他因長期業務接觸，與非洲各國領袖建立深厚友情，後來幫助各國獨立，贏得「非洲先生」的美譽。聯合國託管理事會成立於 1945 年，是聯合國負責監督託管領土行政管理的機構，成立宗旨是為了去殖民化，使託管領土朝自治或獨立的方向發展。楊西崑於 1948 年出任中華民國駐聯合國代表團專門委員會。1952 至 1955 年擔任聯合國託管理事會西非視察團成員，經手處理繁雜的託管地事務，因此與非洲被託管地的政治領袖，乃至各階層均建立十分密切的關係。

1955 年 10、11 月期間，以聯合國託管理事會視察

6　本附件之製作，廣泛參考中央通訊社報導等資料，但做大幅度重編。

團成員及中華民國代表身分楊西崑、與比利時代表 R. Scheyven、海地代表 M. Dorsinville、美國代表 E. G. Mulcahy（團長）參訪英法託管地——喀麥隆。10 月 18 日，視察團抵達雅溫德（喀麥隆首府）。

1959 年 12 月 18 日，中華民國慶賀西非喀麥隆共和國獨立，特使團團長楊繼曾偕臺北紡織公司副總經理蔡元、亞西司專員丁懋時等人啟程赴喀麥隆。特使團成員還包括新任亞西司長楊西崑。

非洲自 1960 年起，各殖民地相繼獨立。楊西崑擔任外交部亞西司司長，隨即奉派隨特使團參加喀麥隆獨立慶典。他在任內積極推動「先鋒案」援非計畫：派遣農業技術人員指導非洲農民栽種稻米、手工編織，改善當地人民的生活，又促進與非洲國家的邦交，也提升我國的國際地位。楊西崑著眼於 1960 年代開始之非洲國家獨立浪潮，洞燭機先認為我國首先應加強與非洲新興國家建立外交關係，並鞏固雙邊關係，以爭取該等國家在聯合國內對我國代表權之支持。他自 1960 年起推動以農業技術合作為主的「先鋒案」農技援外計畫，同時在國內設立海外技術合作委員會，陸續與各新興的非洲友邦進行合作，廣獲歡迎與支持，有效增進並鞏固我與非洲相關國家的邦誼。

自從「先鋒案」推動後，楊大使即每年均赴非洲友邦訪問，每次訪問均在非洲停留相當長的時間，甚至長達數月，一方面洽請他們在聯合國大會上支持我國代表權案，同時洽談執行我國與各友邦農業技術合作的工作，透過楊大使的深耕經營，使得我國在聯合國大會歷屆年會中代表權案的投票有顯著的進展，也因此得以維繫我國在聯合國席次，對於我國在穩定情勢下，持續國家建設與經濟發展，均有關鍵重要性。這是楊西崑大使窮十年歲月，踏遍非洲每一個角落所換來的成就，也為楊大使換得「非洲先生」的美譽。

楊西崑在擔任外交部常務、政務次長的十七年間，經常以總統特使身分出訪非洲，奔波各國與紐約之間，爭取友邦支持我在聯合國的席位。

例一：1962 年 4 月 23 日，參加中華民國政府所主辦非洲農業技術人員講習班的學員，他們是來自十一個非洲國家的二十五名農業工作人員，除了研究中國的歷史文化，和農業概況之外，還分成二組到農場和農林改良場實習，研究農業推廣，農會業務等，實習六個月。

例二：1962 年 6 月 15 日，非洲烏干達總理外交顧問聶彭皋博士和烏干達人民大會黨青年團組織部主任艾貝克從香港飛到臺北和他們的友好訪問團會合，中華民國外交部亞西司司長楊西崑在機場歡迎。

例三：1962 年 8 月 11 日，中華民國派往非洲賴比瑞亞的第一支農耕示範隊，在貝丁農場首次試種的水稻產量豐碩，這是中華民國農業技術協助友邦國家所獲的輝煌成果。

例四：1963 年 3 月 5 日，中華民國第三批兩個農耕示範隊分別前往非洲象牙海岸及達荷美（現為貝南），作為期兩年的農耕示範工作。

例五：1963 年 8 月 19 日，來華訪問的象牙海岸新聞部長狄安等人到經濟部拜會楊繼曾部長，並商討如何促進中象兩國貿易問題。

例六：1963 年 9 月 13 日，來華訪問的多哥外交部長艾拜達瑪到桃園參觀土地改革資料和石門水庫。

例七：1963 年 10 月 21 日，在達荷美工作的中華民國農耕示範隊指導當地實習農民收割水稻。

例八：1964 年 10 月 1 日，馬拉加西（現為馬達加斯加）首任駐中華民國大使賴都興偕隨員四人飛抵臺北履任。

例九：1965 年 4 月 25 日，賴比瑞亞副總統陶伯特由外交部次長楊西崑陪同在稻田旁參觀新式殺蟲噴霧器的使用情形。

例十：1966 年 2 月 19 日，多哥駐美大使兼聯合國常任代表艾嘉峰博士由楊西崑陪同，拜會行政院院長嚴家淦。

例十一：1966 年 3 月 10 日，美國國務院主管遠東事務的助理國務卿威廉彭岱由香港飛抵臺北訪問三天。威廉彭岱曾經在美國國會報告中指出：「由中華民國執行，美國出資的方式，使得援助非洲及其他國家的農業計畫獲得計畫效果」。

例十二：1967 年 5 月 15 日，盧安達共和國國會議長畢加孟巴卡由香港飛抵臺北訪問一週。

例十三：1967 年 7 月 6 日，上伏塔共和國外交部長左羅美與教育部長藍光德由香港飛抵臺北，來華作為期九天的訪問。

例十四：1968 年 2 月 8 日，剛果外交部次長翁巴由香港飛抵臺北訪問六天。

例十五：1968 年 11 月 12 日，象牙海岸最高法院院長包尼博士夫婦訪問。

例十六：1969 年 3 月 23 日，塞內加爾農村開發部長狄安等一行三人，來華訪問一週。

例十七：1970 年 5 月 4 日，賴比瑞亞共和國副國務卿卜萊特及夫人搭機來華訪問八天。

例十八：1971 年 2 月 21 日，剛果民主共和國農務部長安德烈來臺訪問。

例十九：1971 年 7 月 10 日，中查兩國經濟暨技術合作協定在經濟部簽字，由我國經濟部長孫運璿與訪華中的查德共和國農業部長紀加登分別代表主持。

例二十：1972 年 10 月 17 日，甘比亞總統賈瓦拉伉儷由我外交部次長楊西崑陪同，親臨中非技術合作大樓，為非洲文物陳列館主持揭幕剪綵。

例二十一：1973 年 3 月 12 日，中非共和國外交部長卜篤洛，結束在華五天的訪問，於離華前在機場貴賓室與我外交部長沈昌煥簽署聯合公報。

例二十二：1976 年 2 月 15 日，我國駐馬拉威農耕隊協助馬國興建完成的一座水利工程。

例二十三：1977 年 8 月 4 日，中華民國外交部次長楊西崑與賴索托外交部長莫拉波共同簽定「農技合作延長三年」的協議。

例二十四：1980 年 3 月 17 日，我國行政院長孫運璿參觀馬拉威杜馬西示範農場，視察水稻種植情形。

例二十五：1980 年 3 月 20 日，我國行政院長孫運璿視察賴索托王國的中華民國農耕隊示範區。

1978 年 12 月 15 日，美國與中華人民共和國簽署《中美建交公報》，1978 年 12 月 16 日，美國總統卡特宣布自 1979 年 1 月 1 日起，承認中華人民共和國，並終止與中華民國政府間的官方關係。

楊西崑銜蔣經國總統之命，代表臺灣與美方談判。在當時非常困難的情況下，他帶領我方人員折衝樽俎，《臺灣關係法》終能經美國國會通過，並由卡特總統於同年 4 月 10 日簽署成為美國法律。美國在臺協會首任理事主席丁大衛在回憶錄中，讚揚楊西崑是非常適合的談判人選，不但具備豐富的談判經驗，在臺灣也有良好的人緣與知名度。

1978 年楊西崑於 12 月 22 日代表我國赴美判案，並促成《臺灣關係法》的誕生；他主持我國駐美大使館最後一次降旗儀式時，引用麥克阿瑟將軍名言："I shall return"。

1979 年 9 月楊西崑出任我國駐南非共和國大使，促成兩國友好合作關係登上高峰，南非政府更於 1980 年 3 月邀請當時的行政院長孫運璿訪問南非，南非總理波塔也於同年 10 月回訪臺灣，這兩次的外交盛事均有賴楊大使幕後運籌帷幄，使能水到渠成。楊大使持節南非十年，由於早年聯合國託管理事會所建立之深厚人脈，南非政府與其他非洲國家互動時，也甚為仰賴楊大使的非洲經驗。南非首都普利多里亞市更破天荒頒贈楊大使榮譽公民之殊榮，這是斐京二百多年歷史中的第二位，更是外籍人士中的首位。楊大使於 1989 年卸任榮歸，他大半生僕僕風塵，來去非洲，是忠於自己的理想與志業的中華民國外交先鋒。

楊大使在 2000 年 1 月以九十歲高壽去世。

附件 2-2　楊西崑次長年表[7]

- 1912 年

  出生。

- 1937 年

  北京大學外國文學系畢業。

- 1948 年

  出任我國駐聯合國代表團專門委員。

7　本附件之製作，參考自中央通訊社報導。

- 1952 年至 1955 年

  以聯合國託管理事會視察團成員身份，參訪非洲英法託管地。
- 1959 年 11 月 19 日

  出任外交部亞西司司長。
- 1959 年 12 月

  陪同楊繼曾經濟部長慶賀西非喀麥隆共和國獨立（1960 年元旦）。
- 1961 年 5 月 31 日

  率領我國經濟訪問團訪問非洲，團員包括農業專家張訓舜、祕書長李光億和貿易專家何欽羽。
- 1961 年 9 月 11 日

  擔任我國聯合國第十六屆大會出席代表之一。
- 1962 年 9 月

  擔任我國聯合國第十七屆大會副代表。
- 1963 年 6 月 13 日

  出任我國外交部常務次長。
- 1963 年 8 月 13 日

  參加我國經濟部長楊繼曾與肯亞共和國土地資源部長沙吉尼，在臺北簽訂聯合公報儀式。
- 1964 年 6 月 27 日

  以外交部常務次長兼非洲司司長楊西崑，參加馬拉威的獨立慶典，此行順途訪問賴比瑞亞、獅子山、象牙海岸、上伏塔、尼日、多哥和達荷美，一個月後回國。

- 1964 年 11 月 20 日

  前往非洲各國訪問。
- 1965 年 2 月 15 日

  前往非洲作第十五次訪問。
- 1965 年 8 月 2 日

  前往非洲各友邦國家作為期約六週的訪問。
- 1966 年 1 月 6 日

  查德共和國國慶紀念，並在非洲停留半個月。
- 1966 年 6 月 26 日

  前往非洲作第十八次的友好訪問。
- 1967 年 7 月 9 日

  以特使身分訪問非洲友邦。
- 1967 年 7 月 27 日

  於訪問歐洲期間，代表我國與馬爾他總理奧李維簽訂中馬兩國建立外交關係聲明。
- 1967 年 9 月

  出席第二十二屆聯合國大會。
- 1967 年 12 月 22 日

  隨總統府祕書長張羣赴賴比瑞亞慶賀賴國總統杜伯曼、副總統陶伯特就職大典。
- 1968 年 7 月 6 日

  赴雅典主持我國駐歐及中東地區的使節會議，並以特使身分繼續往非洲各國作為期三個月的友好訪問。隨行者有行政院新聞局長魏景豪、外交部歐洲司長胡世勳、亞西司長蔡葩及祕書石承仁等。

- 1968 年 11 月 12 日

  以代理部長身份，與甘比亞總理賈瓦拉在臺北圓山飯店召開記者會，宣布中甘兩國建交。

- 1969 年 7 月 6 日

  以特使身分赴非洲二十五個國家作友好訪問，並參加史瓦濟蘭王國獨立一週年慶典。

- 1969 年 9 月

  出席第二十四屆聯合國大會，11 月 29 日返國。

- 1970 年 6 月 18 日

  展開為期三個半月的非洲訪問。

- 1971 年 2 月

  以特使身分參加非洲甘比亞獨立六週年慶典。

- 1971 年 4 月 21 日

  以特使身分參加獅子山共和國獨立十週年慶典。

- 1971 年 7 月 19 日

  前往非洲二十七個友好國家訪問兩個月。

- 1971 年 10 月 24 日

  我國宣佈退出聯合國。

- 1972 年 4 月 18 日

  我退聯合國後，以總統特使身分前往非洲訪問二十國，為期三個月。

- 1973 年 6 月

  擔任中華民國訪問非洲特使，為期二個月，於 8 月 1 日返國。

- 1974 年 3 月

  隨嚴家淦副總統慶賀委內瑞拉和巴西兩國新總統就職。

- 1974 年 5 月

  隨嚴家淦副總統訪問中美洲四國。

- 1978 年 7 月 2 日

  以特使身分參加馬拉威共和國獨立十四週年紀念及班達總統領導革命二十週年。

- 1978 年 12 月 22 日

  奉派前往美國，代表中華民國與美國談判兩國關係調整。

- 1979 年 4 月 1 日

  應賴索托王國總理約拿旦的邀請，赴賴索托訪問三天。

- 1979 年 9 月 9 日

  出任駐南非共和國大使，為期二年。

附錄二　聯大資料、非洲各國發言及其他

附件 2-3 中國代表權案聯大 1970 年第二十五屆與 1971 年廿六屆簡介

1970 年是聯大成立二十周年，所以很多首相都到了，如英國首相、中華民國嚴家淦副總統都到了，挪威、美國總統到，衣索匹亞國王到，印度總理、尼加拉瓜總統到，查德、塞浦路斯、達荷美總統等等。

我們支持許多非洲國家獨立，在聯大第二十五屆常會有個重要提案，叫做「充分實施殖民地國家及民族獨立宣言之行動方案」。設立一個委員會，全力推動殖民地國家獨立，草案在大會中辯論，然後表決。表決情形，共產國、亞非國家、拉丁美洲國家、西方國家大部分都贊成。贊成有八十六票，包括中華民國在內。反對只有五票，澳大利亞、紐西蘭、南非都是種族隔離的國家，英國、美國也站在反對的一方。英美也有黑人問題。棄權的有奧地利等。

次年第二十六屆聯合國代表權案，這些友邦非常支持我們。

例如，尼日外長稱：「尼克森宣布美軍逐步撤出越南及將與中共商談之舉開啟和平之新機運，尼日支持中國雙表代表權提議，尤認中華民國二十六年來在本組織以創始會員身分守《憲章》不渝，其行為紀錄應喚起各方崇敬，

尼日與中華民國友誼合作密切，且為自由民主共同目標攜手努力，故堅決反對任何包含排除中華民國成分之方案，同時尼日為顧全大局著想，現不反對中共入會。」[8]

又如馬拉加西，在投票日總辯論時稱：「憲章第四條對會籍有明文條件限制，中共非但迄無願守憲章表示，抑且怙惡不悛仍在一味吹噓其一貫思想理論，故本組織不能歪曲現實引任何藉口以自毀原則，尤其不得擅將忠實創始會員排除，況中國問題唯有大陸七億臺灣一千四百萬及海外一千八百萬中國人民本身才有權作決定解決，本組織自更不能驟加干預，將一直在會之中國合法政府排除，故馬堅決反對包含褫奪中華民國代表權之一切草案，並確認此種排除乃是憲章第十八條第二款所稱重要問題。」[9]賴比瑞亞以前也支持我在聯合國席位。

附件 2-4　龔大使補述

我經常要支援翻譯工作，例如 1965 年 4 月，國內有訪問團來喀麥隆訪問農耕隊，外交部派我協助。我們在杜埃拉（Douala）會合，一行人於 4 月 10 日到了首都耶抗臺（雅溫德，Yaoundé）。駐喀麥隆大使吳世英博士、郭祕書、唐祕書、經參處夏祕書、喀國的禮賓司副司長、農業司司長均在場迎接，受外交禮遇。

8　資料來源：外交部編印，《中華民國聯合國第二十六屆常會代表團報告書》。
9　資料來源：外交部編印，《中華民國聯合國第二十六屆常會代表團報告書》。

4月11日，訪問團出發往南港依波閣（Nanga Eboko）農耕示範隊參加豐收典禮，路程約一八〇公里。從耶抗臺沿路有一段相當好的公路，其他是土路，一路上都是荒地。

經由阿排拉（Obala）前進約莫十餘公里，無法前進，因為前面也有若干車輛停在路上擋住去路。司機前去探查，我才知道是駐喀麥隆經濟參事施家福的用車，與卡車撞個正著。此時車上一個人也沒有。

訪問團馬團長立即將兩車分成兩組，一組繼續參加豐收典禮，一組照顧傷者。我們找兩所醫院都沒結果，後來轉回耶抗臺旅館打電話詢查醫院，回說耶抗臺只有一所醫院，是公立的京都醫院。終於查到三位受傷者的消息。我們到了醫院已經是晚上12點多。三位受傷的人還好不嚴重，施參事人躺在手術臺上不能動彈。醫院做手術縫合，竟然不打麻藥，可見當地醫療資源的缺乏。這也是我們後來在非洲有醫療團的原因。

駐喀麥隆的農耕隊是1964年10月底才派來的，由農業專家董隊長（出身在中央大學，在臺糖農業工程處任太保農場場長起家，又任臺糖派駐越南農業技術顧問），他在短短半年在經濟參事與大使的扶植之下，農耕隊有五甲土地，成績斐然，水稻、蔬菜、西瓜、帶豆、玉蜀黍、茄子、番茄、花生、冬瓜、蘿蔔一應俱全，不獨產量甚好，且品質甚佳，能在這們短的時間內長出這麼多的農產品，不只喀國政府滿意，也是我們政府的驕傲。

豐收典禮就在 4 月 11 日午間舉行，在農耕隊示範園區內陳列上述各種產品，最別緻的是一叢叢的稻穗等等，像是一農產品供應中心。到場的有喀麥隆總統、副總統兼總理、五個部長、政府各級官員與農民五百人，外面還站了幾百人，個個嘉賓都致詞祝賀農耕隊的成果輝煌，值得恭喜，大夥把所有的東西都吃完了，所有的農產品全帶回去紀念，這是農耕隊莫大的光榮。

除了農業，還有漁業，1963 年 12 月與 1964 年 8 月，我國分別派了兩條相當噸位的漁船到喀國來捕魚，並訓練喀國國民，成為遠海捕魚能手，喀國船員隨船訓練。

艾紗萊副總統表示，喀麥隆很窮，因為幾百年來的金礦沒有開發，他們沒有技術、沒有經驗、更沒有經費。他所說的金礦就是指九百萬公頃的土地適合耕種，卻都荒廢，他說：

> 我對農耕隊的工作感到非常興奮，使我國能更隨之改進，貴國給我們的協助，個人非常感謝。並代表本國總統及國民，向貴國蔣總統致敬！

上伏塔也於 1966 年 6 月簽署了擴大技術合作協定。並投入二五〇萬美元，目標擴墾一千五百公頃到鹿達（Louda）及姑河（Canal du Kou）兩墾區。

附件2-5 1971年聯大非洲各國代表在我國席次保衛戰上發言（9月27日至10月18日）的內容[10]

9月27日

喀麥隆外長：

本年4月3日喀國即基於不結盟之神聖原則與中共建交，現欣見有不少國家繼之採取同樣明智步驟，喀政府頗引以自傲，喀認結束過去荒謬現象而以現實取代神話之時機業已來臨。

茅利塔尼亞外長：

極力誇張中共之強大不能再予摒諸會外，繼指責一中一臺之說行不通，要求各方停止一切阻撓行動，俾中共早日「完全恢復權利」，並稱盼尼克森訪問大陸之後，能以智慧接受「中國」之立場，以利和平。

9月28日

剛果民主共和國（金夏沙）外長：

入會之資格為愛和平、守《憲章》，至是否為核子強權並不在條件之內，試觀中共不但從未遵守過《憲章》，亦從未表示過願遵守《憲章》，甚至擁有世界三分之一人口而竟連人權宣言亦未接受，尤其對於非洲等各地

---

10 資料來源：外交部編印，《中華民國聯合國第二十六屆常會代表團報告書》。

國家之主權毫不尊重，到處煽動顛覆干涉他國內政，剛國本身即曾親受其禍，故不能不在未獲保證中共確已放棄此種行徑之前，堅決反對一切包含容納中共入會之草案，尤認中共想進安理會更必須先表示願接受《憲章》約束，現在要先問是否毛澤東接受 1945 年由蔣總統代表全中國所簽字之《憲章》，然後始可考慮中共入會問題，因為中國情形特殊，剛國依親身經驗不能不採此立場。

烏干達外長：

烏國立場以維護普遍化原則為基礎，認本組織長久摒除中共為一大不幸，烏國獨立伊始即經毫無困難與中共建交，故本此精神歡迎許多國家尤其超等強國如美國者現在改變心意而與中共建立關係，烏總統本年 7 月 20 日曾特為此分別致函美總統及周恩來，祝福美總統訪問成功，不僅有益於「中」美關係，且為人類造福，烏盼中共在本屆聯大即取得其在本組織有權取得之席位，故對於中國雙方都反對之所謂雙重代表複雜花樣亦表反對，且深盼各方共同努力，打銷一切足以阻撓此世界五分之一人口來會之花樣。

上伏塔外長：

美總統宣佈訪問北平為一非常舉動，具有重大心理影響，鑒於東南亞久受戰禍，吾人自與越、棉、寮三邦人民同盼此行可開啟重建和平之門，上伏塔固亦認擁有七億人口之中共自取孤立久處會外對本組織弊多於利，但由於中共過去言行與《憲章》逕庭，故不得不投票反對中共入會，上伏塔之一貫立場迭經重申，即對於凡尊重上國主權獨立而不干涉上國內政者，不論大小均願與合作，現在要問中共是否業已改變行為，如已有改變，則上國亦可與各方合作容中共入會，但無論如何，絕不得排除中華民國，上伏塔不認此種排除可以解決任何問題而於本組織及全世界有任何裨益。

索馬利亞外長：

美國與中共間解凍為弛解緊張之開始，索國至表歡迎，惟認美國現既要向中共示好，即不應運用種種花樣阻撓中共來會，索認兩個中國安排行不通，蓋此安排既不現實而違法，且不為中共及「臺灣當局」接受，索認為唯一可行之辦法為立刻排除一切障礙由中共以中國唯一合法政府之身分取得其在大會、安理會及一切專門機關之應有席位。

9 月 29 日

尚比亞外長：

「恢復」中共之「合法權利」是本屆首要項目，盼終能糾正過去二十一年之不公錯誤，尚比亞認為只有一個中國，故堅決反對美國及其伙伴在「雙重代表權」掩飾下之兩個中國政策，尤認美國使用重要問題手法是「無恥」，用意專在阻撓中共來會，如果美國堅持「恢復」中共之「權利」是「重要問題」，則尚比亞將正式動議將美國所提雙重代表權案亦同樣作為「重要問題」處理，蓋雙重代表權花樣將造成危險惡例，後果影響深遠，何況美之兩個中國政策並不反映當前世局現實。

10 月 1 日

奈及利亞外長：

中國代表權問題是大會所面臨之最嚴重問題，幸而現在連過去廿五年來一直阻撓中共來會者都已發現不能再擋住世界輿論潮流而改變原來立場，去年大會投票結果已有多數國家認為不能再將世界四分之一人口摒諸會外之紀錄，奈一貫立場簡單明瞭，即認此非中國入會問題，蓋中國一直在會是安理會常任理事國，中共具有應取得此席位之合法權利無可置疑，此點奈代表團將於審議本案時再加詳細申論。

肯亞外長：

若干國家現已改變對中共政策，肯對此表歡迎，肯亞自獨立以來即曾時常指出排摒中共無益和平，故經一貫支持此土地廣大人口八億之核子強權來會，盼其在聯合國一切機構取得席位之後，以建設性態度及具有決定性之身分貢獻於和平正義及國際了解與發展。

獅子山外長：

普遍化原則在宇譚任內聲勢日盛令人欣慰，獅盼今年能「恢復」中共八億五千萬人之「合法權利」，獅對若干重要而有影響力之大國不怕糾正本身過去二十餘年之錯誤而對中共改變心意之勇氣表讚佩，獅認既然國共雙方均認只有一個中國，現兩政權爭同一中國席位，則聯合會及任何人無權代作安排，除非雙方都表接受，則任何兩個中國或一中一臺辦法均行不通，獅過去承認中華民國，現再經仔細考慮，業已決定改行承認中共為全中國之唯一合法政府，雖然聯合國之中國席位過去二十五年均為中華民國持有，但獅認中華民國已不再有權坐此席位，盼眼前在座之中華民國代表知趣自行退出，獅認其倘不退出即應予排除。

10 月 4 日

象牙海岸外長：

中國代表權問題有中國本國內部性質之一面，亦有其國際性之一面，在其國內方面言，為兩個政權爭為唯一全國性合法代表，在國際方面則涉及各國承認此方為事實政權或彼方為合法政府之情況，美國自乒乓外交以來，提出兩個中國代表權辦法，無疑可贏得許多支持票，吾人不能承認其中一方而說另一方不存在，故此辦法不失為一解決辦法，但有人居心叵測，熱衷於本問題之爭論，而不對其解決方案感興趣，並從而另外唱出種種之論調，象對此等論調殊不能贊同，象認絕不得排除中華民國，倘加排除則後果極嚴重，故經本一貫立場，認為此種排除仍係《憲章》所稱重要問題。

塞內加爾外長：

美與中共關係開始好轉對亞洲遠東和平帶來新希望，以此中共入會已不應再延，塞認本組織應普遍化，各國不分大小一體在會，故認分裂國雙方皆可入會。

坦尚尼西外長：

去年「恢復」中共「一切權利」之提案雖獲多數而被程序花樣所阻撓，但過去幾個月來之發展已更證實坦立場正確，現連中共之反對者都已不乏人開始接受現實，坦深盼本屆聯大能從此而一舉解決此問題，「恢復」中共「一切權利」，並打銷兩個中國方案，坦認今日所面臨者應由誰代表八億中國人之問題，並不涉及會員國入會或除名問題，臺灣只是中國一省，只要「中國人民」來會，即無餘地容納「冒充中國代表者」。

10 月 5 日

達荷美外長（提及尼克森將訪北平）：

由此可知惟有各方彼此容忍纔是通向和平之途徑。

中共入會是當前首一重大問題，吾人故認中共地廣人眾長期孤立受忽視，係違反現實，本組織亦不能永久將世界四分之一人口除外，達國雖不反對中共來會，但同時亦認國家之大小強弱並不計在會員國條件內，中華民國二十多年來忠於《憲章》協助吾人發展不遺餘力，故達國堅決反對排除中華民國，認中華民國有權繼續留會。

10月6日

查德外長：

歐洲東西德已在解凍，美國亦在尋求與中共和解，查向認倘無偉大中國人民參加，不能解決世界和平安全及裁軍等一切重大問題，過去中共未能入會殊為憾事，查認本組織創建時所設定屬於中國之安理會席位，係畀予中國之人民而非給與某一政權，惟亦同時認為在臺灣之中國自由人民應有自決之選擇權利，查德所採立場與去年在大會所宣布者相同，即一面認不能再排擯中共，一面同時認為不能錯上加錯排除中華民國，至中國統一問題則盼國共雙方將來能自行決定解決。

10月7日

盧安達常任代表：

盧向認用各種無理藉口排擯世界四分之一人口不合普遍化原則，故主張中共來會並取得安理會席位，中共人口七億五千萬，土地九百餘萬方公里，是經由「光榮之人民革命」掌握政權，現與全球各洲國家多有邦交，無疑是「世界巨人」，應在會對和平作貢獻，此事既非新會員入會亦不涉及會員除名問題，因中國早經在會，至臺灣一千四百萬人民則盧認當有自由選擇之權。

蘇丹外長：

美國一面在求與中共關係正常化，而一面卻又在此地創出種種花樣阻撓中共來會，係屬自相矛盾，蘇丹決盡全力使此等花樣失靈，並使本屆聯大即辦到從此一舉永遠解決中共「恢復一切權利」問題。

10 月 8 日

迦納外長：

歡迎美國求與中共修好並盼中共來會，迦認中共有「固有權利」在會為安理會常任理事國，並在聯合國一切機構持有席位，至對與此事牽連之中華民國問題，則迦立場迭經重申毋需複述，惟盼本大會能本諸現實覓得解決辦法有以增強對本組織效能之信任，至對分裂國家，迦亦認同樣之現實精神應能造成氣氛，不僅有利於中國代表權問題之解決，迦贊同宇譚建議認分裂國雙方均一視同仁一體在會。

中非共和國外長：

重申主張不使用武力而以商談解決非洲問題之立場，盼非洲各方尊重中非之絕對中立不介入非洲兄弟間之糾紛，繼稱中非確認追求普遍化可能損及本組織之道義力量，中非故不反對容中共入會來共守《憲章》，但絕不能容忍任何包含排除中華民國意味之方案，中華民國參與創建本組織一直信守《憲章》，尤其中非全國上下各階層友誼極篤，中非認絕不能妄加排除褫奪其代表權，且認包含此種排除之任何提議皆是《憲章》第十八條所稱重要問題需三分之二多數決定，故中非共和國支持美案。

10 月 11 日

利比亞常任代表：

中國代表權問題本應在 1949 年中共經其「外長」通知聯合國告以成立「政府」時即隨而解決，但二十多年來出現過許多花樣，使此世界四分之一人口未能取得應有權利，殊屬不智而有違《憲章》，使本組織無能，故利不能支持足以阻撓中共取得權利之任何措施，利認中共來會有益世界和平合作。

多哥外長：

尼克森宣布訪平無疑是求和解之政策表現，多哥向認無中共七億五千萬人參加則無一亞洲問題可解決，茲見美採現實政策甚感欣慰，多贊成中共來會，多國執政黨中央委員會近且曾建議多政府承認中共，惟多哥同時亦本諸對中共來會事所取同一現實立場，確認另方面一千四百萬人之代表權及命運不容葬送，故多哥支持一公平之最後解決辦法，至對越戰裁軍問題，多亦認唯有中國問題先獲解決始可望中共參加達成解決。

10 月 12 日

衣索比亞常任代表：

中共人口七億之多，一切問題無其參加不能解決，故十多年來衣國經一貫主張中共「恢復權利」，現若干方面已對此事改採現實態度，衣國有理由樂觀盼本屆聯大即可一舉解決而不再延阻或妨礙中共以「中國唯一合法政府」之地位來會。

馬拉加西副總理兼外長：

華府與北平間之商談將深切影響全般世局，馬國對此憂多於喜，馬固認七億人不能久處局外，但認迄今並無絲毫跡象顯示北平已改絃易轍放棄其邪惡行徑，馬尤認第三世界一般小國應對中共仍對不干涉他國內政原則持不理會之態度加強警覺，馬綜觀當前局勢，不能不切感一般強權在一昧追求私利而不顧思想目標，亞非國家確應懷抱恐懼注視一切發展，盡力維護本身自決前途之權利，而不任由目前局面造成超等強國操控一切，隨意播弄小國之悲劇，故馬國現在是以此態度注視美方與北平間之商談。至對中國問題，馬國尚有兩項基本考慮：一為華僑派馬者甚眾，一向忠貞不渝，馬對其今後究將傾向中國之民主前途抑極權力量不能不表關切；一為馬政府與中華民國政府一向互相尊重邦交極篤，且在種植稻米及發展手工藝等各方面技術合作，不管世局將來有何變化，馬國均將維持其與中華民國之此種密切外交關係不變，馬政府與人民依本身傳統永不背棄友人，決永遠服膺《憲章》之自由及正義原則，此《憲章》乃係由蔣總統簽署參加創始，事實具在。

10月13日

蒲隆地常任代表：

盼在北平及莫斯科等地將舉行之超等強權極峰會議有助於此等問題之解決，繼稱中共來會將導致新世界均勢，二十年來中共不在會之問題年年辯論，蒲欣見上屆聯大及今夏各項演變顯示已有大多數國家贊成中共「恢復權利」，美總統決定訪問北平，尤為劃時代之和平里程碑使局面丕變，蒲不需多敘理由，蓋現無人不贊成中共「返回本組織」，蒲只切盼其儘早來會以利和平，蒲採此立場係基於本身之「積極中立政策」，且認依《憲章》第二條亦必須尊重中國之領土主權完整，蒲尤盼聯合國能設法一面積極敦促中國之一部分臺灣「返回祖國懷抱」，一面保證大陸方面不採報復行動容其返回家園，蒲深信將來中共「返會」之後，許多重大問題可即在聯合國內求解決。

模里西斯常任代表：

模歡迎美國求與中共關係正常化之努力，模願見中共來會取得其應有之席位而同時不排除臺灣。

阿爾及利亞外長：

美總統宣布訪問北平意味中共孤立之結束，西太平洋之和平實深利賴，當前一切問題無中共來會絕不可能解決，阿認排擯中共既不公正抑亦極為危險，茲見美國毅然採取明智勇敢決定，阿深以為慰，惟認不應同時採程序花樣阻撓，亦無採不徹底辦法達成解決之可能，蓋中國只有一個，臺灣乃中國之一部分，盼各方認清此一現實，了解只有由中共「恢復一切權利」，纔是唯一解決辦法。

10 月 18 日

阿爾及利亞：

中共強大且有核子武器，雖近來與之建交者日夥，但美國求與中共關係正常化之意願非但未反映於其對本案所採立場而自相矛盾，抑且進而造出種種說法，認不保留「蔣席位」是會員除名問題，使原本單純之問題轉為複雜，阿認不能曲解現實而逕因中國有兩政權互爭代表權遂據以分割中國，因臺灣是中國之一部分早經〈開羅宣言〉認定，況臺灣根本從無會籍亦無從牽連除名問題，本組織既不能干涉中國內政，自惟有由中共「恢復權利」並排除「臺灣之代表」，始可解決本問題。

索馬利亞：

中國久已在會是安理會常任理事國，在 1949 年 12 月前由蔣總統領導之政府合法代表，但爾後國民政府即被推翻，中國更名為「中華人民共和國」，中共成立政權後曾立即致函聯合國祕書長及大會，並派張聞天率團來出席大會及安理會，索認此係證書問題，原本簡單應接受人民革命之結果由新政權之代表取代舊政權代表始為合理合法及合乎現實，雖嗣因種種犧牲原則之花樣阻延至今，但現世局變遷，冷戰已在解凍，應可即糾正過去錯誤，臺灣是中國之一部，即臺灣方面亦如此主張，故本案不涉及除名問題，臺灣與大陸之關係只有中國本身纔有權解決，此非《憲章》第六條所稱須先經安理會建議始可提出之除名問題，而是證書問題只須單純多數即可取決，盼通過阿案打銷其他兩案。

10 月 19 日

甘比亞：

本組織成立以來二十五年無日不在災禍之中各種思想壁壘對峙，而爭執最烈者即為本案，現美國已與中共走向和解，甘引以為慰，甘認只有一個中國，盼中國目前之分裂對峙雙方總有一日可和好合而為一，但亦確認在當前現狀下本組織絕不能犧牲一千四百萬人，尤其此刻各方均支持普遍化想分裂國雙方都一體入會之際不可輕言作此犧牲，況在座之國家中已有人不僅有雙重甚至有三重代表權在會，此一先例中國自亦可援引，故甘比亞歡迎中共來會並取得安理會席位，但同時亦認排除任何人之後果極為嚴重，故堅決反對排除中華民國，且認此排除是《憲章》第十八條所稱重要問題，必需三分之二以上多數始能取決。

賴索托：

造成本案難解決之主因有二，一為強權冷戰不休，一為中國本身分裂兩政權對峙，賴認在中國本身雙方未自行覓得解決前聯合國不能介入代作決定，賴與中華民國有邦交且合作密切，尤對中華民國之優良行為表敬佩，賴認本案不能循阿案之冷戰手法求解決，依普遍化原則亦不應納此排彼以削弱本組織，故賴經參加聯署提出雙重代表權案，按《憲章》第六條對除名事有嚴格規定，中華民國不應被除名，此自為《憲章》第十八條所稱重要問題。

10 月 20 日

賴比瑞亞：

賴認唯有中華民國纔是中國在本組織真正合法代表，蓋簽署《憲章》創始本組織者是中華民國，現仍控有相當土地及本國一千四百餘萬自由人民，倘予排除不但不公而且違法，而且其人民為一千萬抑為兩千萬三千萬之數目多寡本不損其合法性，其法統一貫相承繼續存在不容否認，何況只要排除之惡例一開，則今日被排除者是臺灣，明日即輪到其他會員，本組織絕不能創此惡例，任由某一群因某種思想而作政治結合者把持局面，並任其不記得中華民國努力維護此輩人存在原則之紀律而輕言犧牲中華民國。賴必須指出中華民國早經在會，今日在場有多少國家之入會是經中華民國投票支持纔能實現，倘中華民國之在會為非法，則此等國家之會籍豈不亦為非法，由此可見排除之議為違法，賴認本組織絕不能排除一創始會員國以自掘墳墓，此種排除必須當作《憲章》所定最重要問題處理辦法處理，賴尤須指出中共儘管最近與蘇俄交惡，但到底是反民主之共產黨集團分子，而中華民國之民主進步則無可置疑，賴認本問題基本情勢有三，一為各方都說臺灣是中國本土不可分割之一部，二為如此則中華民國絕非流亡政府而是一直在本土實施主權無間之合法主權體，三為中國內戰仍在進行，目前狀態為中國分裂為二，其兩部分之分裂情形在本質上一如兩個德國，賴認中華民國一直合法在會，只有在強權政治抹殺公理之情況下纔會出現排除之議，倘北平方面之有人將排除部分剔除僅言中共來會，吾人固可贊成，但吾人絕不能接受中共來會以排除臺灣為條件之強蠻反現實態度，無人有權可叫合法在會之一千四百萬人離去，至說臺灣不走則中共不來則是預斷結果，吾人應先成立臺灣大陸並存之決定再說，然後看中共是否再嚇詐，賴認要維持東亞和平不能不維持中華民國在會，否則即是製造下次世界大戰，尼克森本人即曾親口宣布必須盡全力維持中華民國在會並信守對中華民國之條約諾言，賴要鄭重指出今日本組織存亡面臨之最大考慮即是排除中華民國問題，賴要在此警告並忠告提出此排除之議者，現吾人既不排除汝等之友人，亦絕不容許汝等排除吾人之忠實友人，否則即是本組織破裂，須知小國之安全存在全仗本組織維護，強權並不須本組織，今日各小國萬不能聽任何強權埋葬小國予以排除出會，否則無異自毀長城，中華民國是一直在本土執行主權之合法主權體無可置疑，此可質諸國際法院以及一切法學家政治學者，無人可提出其欠缺任何立國條件之疑問，盼各方支持中華民國留會之重要問題案，反對排除案，並贊成中共在不排除任何人之條件下來會，本組織前途及世界和平實所利賴。

10 月 21 日

剛果民主共和國（金夏沙）：

處理本案因不能不顧到實在政治情況，1945 年中國內戰以來結果為中國有兩政權分立對峙，乃是一大現實，惟必須首先指出阿提案議題不當，事實上中共從未到會，而本組織廿多年來是由刻在臺灣之中國政府所合法代表，故中共絕無何「恢復權利」可言，剛認目前問題在誰依《憲章》有在會資格，而中共與臺灣雙方既都未控有全部領土，自不能排此納彼作不公平處置，剛堅決反對排除擁有一千四百萬人民之中華民國，認任何排除之議必須三分之二多數始能取決，並認重要問題案應優先表決，剛將投票反對阿案，認阿案不但無理而且危害世界和平安全，至對美雙重案則剛了解美求符合現實之苦衷，認其尚不失為一折衷辦法，不過剛格於本身痛苦經驗不能投票贊成美案，蓋在中共經證明業已改變行徑不再干涉他國內政以前，剛不能支持其入會。

附件 2-6　你所不知道的非洲[11]

打開地圖就可以看到非洲幾乎是四面環海，只有東北部和亞洲連接，這無形中隔絕了一些和外界的接觸。非洲內陸雖然有幾條重要河流，但水位不穩定且激流甚多，不太能發揮運輸的功能，而廣大的撒哈拉沙漠也阻撓了黑非洲和北非的往來。

另一方面，非洲是一個很完整的大陸，幾乎沒有什麼海灣深入內陸，所以非洲內部有些地方受海洋性的影響較少，雨量不多，農業發展受限，如果某年雨量特別稀少，就可能發生旱災及飢荒。

總而言之，廣大的沙漠、炎熱的氣候、內陸缺水以及赤道地區難以進入的原始森林，加上對外接觸不便，使非洲向各方面發展受到不少的限制。

其次是人文地理方面。非洲因為幅員廣大，民族成分複雜，種族繁多。大致而言，北部非洲是阿拉伯人和信仰回教的巴爾巴爾（Berber）族及圖阿雷格（Tuareg）遊牧民族居住的地區；撒哈拉以南是黑人居住的地區，種族非常複雜，如果依語系分類，大致可分為三大族系：居住在非洲西部及中部的蘇丹族系，居住在中南部的班圖族系和居住在東部的尼羅的格族系。而除這兩大區塊外，非洲東部和南部有少數印度人和白人居住。

基於歷史因素，非洲跨界的民族和部落很多，部落

11　資料來源：龔大使 2006 年 10 月 28 日在財團法人龍應臺文化基金會舉辦之國際論壇中所發表之專文。

觀念在多數非洲人民心中已根深蒂固，因此不同民族和部落之間的衝突難免經常發生。北部非洲的阿拉伯人和撒哈拉以南的黑人，因為民族和宗教信仰完全不同而常發生衝突，目前衝突最嚴重的地區在蘇丹，近三年來該國西部達富爾（Darfur）地區已有二十萬人遭殘殺；同屬黑人但宗教信仰不同者也常起衝突，西非奈及利亞北部回教徒和基督徒間就經常發生衝突；另同屬黑人且宗教信仰相同，但部落不同也會引起衝突，如東非盧安達和蒲隆地境內經常發生衝突和屠殺事件，1994 年盧安達境內的大規模屠殺，使全世界震驚。

黑色非洲應有豐富的歷史。在歐洲人到來之前，黑非洲已經產生了無數的王國，它們擁有各自的政府形式和風俗習慣，發展商業和文化，並製作許多精美的手工藝品，有些王國維持了數百年之久，有些則一直維持到 19 世紀末葉。

非洲西部沿海地區的阿散蒂（Ashanti）王國建立於 17 世紀末葉，它建都於庫馬西（Kumasi）並擴展版圖，透過貿易獲取財富，到 19 世紀末葉逐漸被英國人控制。另一個達荷美（Dahomey）王國建立於 1625 年，在阿加巴（Akaba）國王統治時期，疆域擴至大西洋，因和歐洲人進行象牙、胡椒和奴隸的貿易而致富。

在西非內陸尼日河上流地區更產生了具有光輝歷史的大帝國。首先是迦納（Ghana）帝國，它建立於 7 世紀，和北部非洲商業往來頻繁，回教因此傳入。繼而興起的是馬利（Mali）帝國，14 世紀時它的版圖從西部的達卡（Dakar）擴展到東部的高奧（Gao），在曼薩（Mansa Moussa）皇帝全盛時期，曾有無數的文人和藝術家來到馬利帝國，使東布克杜（Tombouctou）成為西非的重要學術中心。而原來屬於馬利帝國的桑海（Songhai）族在 15 世紀建立了桑海帝國，它的財富建立在商業，以來自南方的黃金在此換取來自北方的食鹽，另整頓了尼日河並改善河上的交通，統一了度量衡，但在 1591 年亡於摩洛哥人。此外，在查德湖附近有卡內姆 - 博爾怒（Kanem-Bornou）帝國，它雖然不產黃金，但因位於東方行經非洲的路線上，同時是回教文化的中心，維持了 12 個世紀之久。

非洲東部的衣索比亞地區，也建立了許多王國。在西元 1 世紀時，阿克蘇姆（Axoum）王國就開始發展，向阿拉伯、希臘和羅馬出口象牙、寶石和香水致富，到 4 世紀中葉埃札納（Ezanas）國王皈依基督教，520 到 572 年是阿克蘇姆王國的全盛時期，它的版圖擴展到阿拉伯半島南部，到 8 世紀回教勢力膨脹使它漸趨孤立。其後所建立的阿比西尼亞（Abyssinia）王國一直在抵抗回教勢力的發展，16 世紀雖曾獲得葡萄牙支援，到 19 世紀又需抵制歐洲國家勢力的入侵。此一王國外患不斷，但一直能維持獨立的地位。

在東南非洲的辛巴威，有豐富的銅和黃金儲量，因和阿拉伯人進行貿易，建立了宏偉的大辛巴威（Great

Zimbabwe）石城，是 14 世紀東南非洲的宗教、政治和貿易中心。它到 15 世紀改為姆諾莫塔帕（Monomotapa）帝國，繼續和葡萄牙人進行銅和黃金的貿易，1629 年時將所有礦井轉讓給葡萄牙，帝國一直維持到 1830 年。

這些非洲國家發展得很快，它們有可能把自己的文化推上新的高度，但是 15 世紀末葉，歐洲人開始來到非洲，在沿海地區建立貿易站，從事商業和黑奴販賣，使非洲進入另一個時代。15 世紀鄭和下西洋，也有幾次到達這幾個地方。至今東非海岸據說仍有人自稱是中國人的後裔。

16 世紀西班牙人和葡萄牙人開始運送黑奴到新大陸，後來荷蘭人、英國人、法國人和丹麥人也加入這一行列。到 17 世紀這種運販進一步演變成一種三角貿易，即從歐洲把布匹、槍枝等貨物運到非洲，用這些貨物和當地非洲酋長換取黑奴，然後將黑奴運送到美國南部、加勒比海地區及巴西等地賣給當地農場，所換取的熱帶農產品如甘蔗、菸草、咖啡等再運回歐洲出賣。歐洲人發現這種三角貿易利潤很大，因此貿易不斷擴大，運送黑奴的人數也不斷增加，據估計到 19 世紀為止共運送了一千二百萬至一千五百萬人。

這長達四個世紀的黑奴販賣，使黑非洲人口嚴重失血，而這種以布匹、槍枝換奴隸的做法，也改變了非洲貿易方式和傳統社會，一些非洲酋長甚至把自己的人民賣為奴隸或俘掠鄰近部落人民為奴獲取利益，破壞了傳統社會的結構，加劇了非洲社會的分化，這對黑非洲以後的發展有著深遠的影響。

歐洲各國在非洲劃分範圍時，彼此難免發生衝突，為避免這種情形不斷發生，它們於 1885 年在柏林召開會議，並就此劃定了各國的勢力範圍。他們劃分時完全基於政治考慮，並沒有顧到地理、人種和其他實際條件，也漠視種族或部落的明顯分野，因而埋下以後很多種族衝突的根源。

每一個歐洲國家統治的方式不一樣，英國採用間接統治（indirect rule），培養一批當地幹部來推動行政工作，法國推行同化政策（doctrine of assimilation），培養非洲人變為大法國人。事實上，除了極少數非洲人有參政權外，大多數人對於自己居住的地方都沒有發言的權利，殖民地人民被視為次等人民，沒有尊嚴可言。另一方面，歐洲國家將當地的資源和所產的原料盡量運回歐洲，當地最肥沃的土地也都讓歐洲人佔據了。

歐洲國家在殖民地發展教育的結果，使部分非洲人開始瞭解外界的情形，少數人到歐洲深造時，更接觸到民主的思想，進而認知非洲人民應該有自決的權利，他們回國後開始組織協會，鼓吹自決思想，因而促使英國在 1931 年通過法案給予英國白人殖民地較多的自治權，也播下非洲殖民地走向獨立的種子。

非洲殖民地在第二次世界大戰戰後紛紛獲得獨立。大戰結束時，非洲只有四個獨立國家，其中衣索比亞是非洲最古老的國家，賴比瑞亞、南非和埃及則分別於 1847 年、1910 年及 1922 年獨立。大戰結束後不久，開始有殖民地或保護國獲得獨立，1960 年更有十七個殖民地獨立，到 1993 年厄利垂亞獨立，非洲總共有五十三個獨立國家，其中除阿爾及利亞和葡屬殖民地外，獨立過程大致和平。

非洲國家獨立後，基於歷史因素和實際需要，大多數都和原殖民國保持密切的政經、文教關係。它們採用原殖民國的行政、司法、教育等制度，繼續使用原殖民國語文，出國深造的學生多半前往原殖民國，對外交通也以前往原殖民國最為方便，不但如此，若干國家的貨幣和原殖民國的貨幣更維持著固定的匯率。

非洲國家獨立，擺脫了外國控制，也恢復了自尊，但是獨立不一定帶來和平與繁榮，反而要立刻面對許多問題，有些是舊問題如種族衝突，有些是新問題如人口迅速膨脹。

1963 年非洲國家元首在衣索比亞首都阿迪斯阿貝巴（Addis Ababa）集會，通過非洲團結組織憲章並成立新組織，其宗旨是促進非洲國家間的團結和聯繫，維護各國主權和領土的完整和政治獨立，根除一切形式的殖民主義。多年來，非洲團結組織曾調停無數的邊界糾紛和國家間的衝突，但因力量薄弱，並不能解決所有問題，例如最近蘇丹達富爾地區的情勢嚴重，而非洲團結組織無力解決，已改由聯合國出面調停。

一、非洲現在共有五十三個國家，在聯合國和其他世界性國際組織中已形成一不可忽略的力量，任何議題如果希望在組織中獲得通過，就必須考慮到非洲國家的票數，由此可見非洲國家在國際政治中的地位愈來愈重要。

二、非洲現仍有豐富的自然資源，在礦產方面，不但產品種類多且數量大，黃金、白金、鈾、鑽石、銅、錳、鈷、磷酸鹽等產量都佔世界重要地位，石油的產量也不斷在增加，而赤道地區的原始森林盛產木材，在世界各地資源逐漸缺乏的今天，更使非洲變成一個供應原料的重要地區。另一方面，非洲人的購買力雖然不高，但人口和消費需要不斷增加，已變成一個一般用品和高級工業品的重要市場，各國都在積極拓展這個正在發展的市場。

三、非洲地區的政局不安，時有衝突動亂，一個重要原因是貧窮，現在愈來愈多的國家已體認到不消滅貧窮就沒有和平，如果非洲沒有和平，世界也難安定，非洲局勢動盪不安，可能影響到對各國原料的供應以及各國商品向非洲的推銷，因此聯合國、許多國際組織和區域組織以及較先進的國家，紛紛向非洲各國提供援助和貸款，協助改善非洲人民的生活，努力消滅貧窮。

非洲人民現在終於能掌握自己的命運，但在先天有限的條件下，還需要克服無數的困難，尤其是消除貧窮，才能過一個比較安定的生活。事實上，大多數非洲國家現在已致力於穩定政局及發展經濟，有幾個國家像南部非洲的波札那、印度洋中的模里西斯和塞席爾以及赤道非洲的加彭，表現都不錯，它們的平均國民所得都已達到三、四千美元。

3 訪談陸以正大使

時　間：2016 年 2 月 4 日上午 9 時 30 分至 11 時 30 分

地　點：臺北市忠孝東路四段 206 號 11 樓陸大使公館

受訪者：陸以正大使　　國　剛大使

戴瑞明大使　　陳明哲先生（陸大使昔年學生）

主　訪：朱浤源

陪　訪：劉奕伶　黃種祥　楊力明

記　錄：柯俞安

訪問紀錄（與陸以正、國剛、戴瑞明三位大使）

一、再談 1971 年的聯合國席次保衛戰

（一）現實主義是外交的本質

戴瑞明（以下簡稱「戴」）：我說我們國際政治就是小國沒有發言權，講話不算數的。我們大話很多，常常在喊要進入聯合國，要這個要那個，像蔡英文上臺她第一個就要面對這樣的問題。但是我們要循序漸進的，哪有一下子說要進聯合國就進去的。世界衛生組織的祕書長，我也同他接觸過。他說北京、紐約我都去過了。他說你們臺灣要進到國際組織，就要經過北京，所有外圍也好內圍也好，一切的國際組織，沒有中國大陸的那個〔同意〕，impossible。

這是現實沒辦法，現在美國也很討厭大陸，但沒有用。我大啊，而且大陸也不用武力來解決問題，他是用孔老夫子講的和諧來讓大家和平共存。

你看過我作的筆記沒有？就是我們在聯合國退出前幾天，老布希講的：「你們不通過美國的雙重代表權案，以後臺灣要用任何名義進聯合國，impossible。」這是美國的代表，後來美國的總統講的，你用甚麼方法都沒有用。我說你們一定要看市立圖書館 2008 年，我寫的〈外交老兵談我國退出聯合國真相〉。我花了三個月的時間寫出來。我退休十二年了，我就一直在作這個。所以要進國際組織，你必需要同大陸妥協。

（二）盯票與分工

陸以正（以下簡稱「陸」）：這計畫外交部有補助是吧？我不能亂講。

朱浤源（以下簡稱「朱」）：我們都有作紀錄，再讓您核對、修改。您暢所欲言。

陳明哲（以下簡稱「陳」）：您能講出來，我們聽得都很高興。

朱：沒錯，我們目的就在這，而且希望我們來訪問，大使高興，身體更好。我也跟陸先生提到，希望來訪問讓這邊更旺，大使身體也更好。

陸：謝謝。

朱：今天是主題式的訪問，所以生平就不提，以後慢慢問。

陸：今天是甚麼？

朱：主要是聯合國保衛戰，您也寫過很多關於這方面的事。

陸：我覺得 "It's a matter already known"。

朱：對，基本上都已經知道了。我們帶了一部分的檔案，希望您能再看出一些寫的時候沒有寫到的。因為最近近史所剛好開放檔案，而且開放的部分剛好是聯合國的。如果可以的話我們今天是一個 trial，如果嘗試成功了，我們改天再把檔案印出來，帶給大使們看，所以今天就比較廣泛地提一些意見。今天試擬的議題有點多，主要分成六大主題，戴大使指導很多，像主題三：「個人角色」以及主題四：「盯票」。我們先從第二頁講起。今天戴大使、國大使都在場。

劉奕伶（以下簡稱「劉」）：陸大使的回憶錄裡面有提到，盯票的部分，代表團除了外交部長周書楷之外，正代表是劉鍇、楊西崑、謝東閔、陳質平跟薛毓麒。當時的副代表是張純明、王之珍、林挺生、芮正皋、田寶岱。

大使還提到有三十二人的顧問大團，包含王世明、王孟顯、史攸鑫、宋益清、李士英、李南興、吳世英、周謙沖、拓國柱、胡光泰、郁鳳歧、馬樹禮、孫邦華、陸以正、曾憲揆、張紫常、張甘妹、梁鋆立、陳裕清、陳奇祿、國剛、鈕乃聖、舒梅生、程時敏、溫鳳韶、翟因壽、劉敏棠、蔣勻田、錢復、魏濟民、關鏞、羅龍。

另外有九名祕書：高德根、甯紀坤、張炳南、黃傳禮、張書杞、左紀國、徐士才、曾燕山、戴瑞明。

國剛（以下簡稱「國」）：在裡面，我那時候也是顧問。那時候我們分工是根據語言，還有你的工作性質。像我，負責西班牙文語系國家的聯繫，那時候我負責三個國家，一個阿根廷，一個智利，一個祕魯。這三個因為我們有盯到他，到投票的時候，他不能跑掉。所以說這裡有一段插曲，正好在投票前夕，我發現阿根廷的代表起來了，走出去。走出去我就跑過去問他，我說大使您要去哪兒呢？他說我要去上廁所。不過他告訴我放心，我小便完了就回來。像我們有田寶岱盯到中東那幾個國家，也有像講法文的盯到歐洲，因為那時候歐洲已經沒有邦交了，還有非洲那些。我們是有分工的，在我們去參加會議之前的那天晚上，代表團當天就在分工，第二天早上進會場，每人負責盯幾個，那時候我們還有六十幾個國家有邦交。所以說你要盯著這些代表，到時候他不要跑掉了。結果最後還是有兩個國家跑掉了，中東的國家。那時候田寶岱很緊張阿，因為那是有一票之差都不行的。最重要的就是說要通過重要問題，如果重要問題案不通過，我們就沒戲了。因為根據《聯合國憲章》，他是規定重要問題案只要過半數就可以通過了，但是重要問題案過了以後要三分之二。如果重要問題都通不過的話，下面沒希望。你二分之一都沒有拿到。前面幾年其實已經出現異常，我們就靠重要問題案把他擋掉。那一天是我們最慘痛的一天，從早上去到晚上。

圖 3-1　集體訪問陸以正大使現場（2016 年 2 月 4 日），陳明哲提供
說明：右為陸大使（坐輪椅），陸大使右前方兩位依次是戴大使、國大使；左前方黃種祥博士（正在做紀錄）。

（三）10 月 25 日：決定性的日子

戴：他那個會議好像是下午 3 點鐘開始的，錢復寫的是下午 3 點 40 分，但根據會議的紀錄是 3 點準時開的。

國：不過我們早上就進去了，我們那天沒有喝一杯水，沒有吃一粒米，一直到晚上。到半夜。最後我們吃晚飯叫最後的晚餐。

代表團名單除了外交部這邊決定的，還有外面。譬如說你是駐中東的大使，你一定要參加，因為你跟那個國家的關係比較熟。在中南美洲的一定要參加，在非洲的也一定要參加。總之是在臺北決定的，外交部決定的。大使一定要來。

戴：事實上他是兩個部分，一個是外交部決定我們參加聯合國代表團的名單，這個是要送進去的。另外一個就是外交部，譬如說部長、祕書這些都沒算進去，因為他不能算團員。另外我們代表團還有一些僱員，聘僱的人員，也沒有列進去。所以你為什麼看到有一百多個人就是有這些人。但是我們那張照片上面也只有一部分，也不是全部。

正式代表團是由外交部來決定，哪些人要參加這個代表團。譬如說我是常駐聯合國代表團的成員之一，他一定列進去。我們也有祕書，以祕書來講，那個時候是曾燕山，後來當立法委員，其他我都記不得了。

國：我是聯合國代表團的最後一個團員。

戴：他是祕書顧問啊。甯紀坤是祕書還是你是祕書？

國：他是祕書。左紀國也是祕書。

戴：左紀國還有甯紀坤，還有曾燕山，我是最小的一個，剛派去的。另外還有一本書你可以看，續柏雄，他寫得很清楚但還是不夠。他就是剛出版就跑到我的辦公室來找我。所以你這個代表團的組成，他有外交部正式核定的一個名單，是我們給聯合國報告的。另外就是當地有一些人是不列入代表團名單的，因為你只是支援。那國內有一些人去，他也沒列入名單。

國：我是外交部 9 月份派我去到聯合國作參事，我只去了三個月就退出了。我這個家裡面的家具都還沒買好。我是聯合國代表團最後一個團員，最後到的。

戴：我還比你早到幾個月。

劉：我想問一個我一直沒有看懂的問題，我們中華民國駐聯合國的常駐代表團，他本身會有正代表跟副代表，他們是怎麼組成的？因為這個我一直沒有看到詳細的資料。譬如說薛毓麒，他自己在一本人家幫他寫的回憶錄裡面，寫的是副代表，但很明顯的在二十六屆這上面，他寫的是正代表。所以我想知道這個部分是怎麼組成的？然後他們平常的分工是甚麼樣？

戴：據我知道，在常駐代表團他是副代表，但我們去參加會議的時候要有五個代表，所以他就變代表了。在常駐代表團裡只有一個正代表，就劉鍇，那副代表就有薛毓麒、張純明這些人。

劉：好像還有一個是江季平？

戴：江季平我不太記得。

國：這個好像是外面聘來的專家。

戴：陳質平是駐墨西哥大使。

劉：這是我在薛毓麒大使的回憶錄裡抄來的。

陸：沒有印象。

戴：陸大使因為他在新聞處，所以他對代表團裡面的事情他不太了解。

二、站在席位保衛戰的崗上

（一）個人角色

朱：在聯合國保衛戰時，大使們個人的角色，分別在做什麼。這方面陸大使您就很重要了，因為您在紐約新聞處。像 *The New York Times* 裡面有很多社論對我們不利，大家都很清楚。但裡面有沒有甚麼比較特別的？

劉：陸大使回憶錄這邊有提到，我們有花一些經費對外宣傳中華民國。我有看過中國大陸的學者針對我們遊說的事情，發表文章質疑我們的錢從哪裡來。所以我想請問陸大使關於預算的部分。

陸：大家湊在一起，華僑捐款不多。作國際宣傳的錢沒有很多。很多人是憑我的關係去邀請他，我說你捐一點吧，他就捐了。算是我用個人的關係進行募款，來作國際宣傳。各種人都有，老百姓都有。華僑，紐約的華僑。外國人支持我們不多。

而百萬人委員會，他們也跟我們的國際宣傳有合作，有撥一部分的款項讓我們作宣傳。這部分的財務是公開的，是在代表團的會計室裡面，每個人都可以查，但一般人不會去查。絕對沒有 hanky-panky（見不得人）的事。有的時候代表團須外出，但沒有大到起舞鼓噪去募款，沒有。主要是企業（捐款）。

陳：您寫到紐新處獲得世界各地華僑的授權，用他們的名義在《紐約時報》上刊登全頁的廣告。類似像這樣子特別的人很多，您能舉幾個特別的名字嗎？

陸：一百多個，很多。記不起來，愛國的都有。

戴：老布希那的提案還在後面。我們已經退出了。我跟你講過我被指定看老布希，但他根本用不著我看，因為他是主要的演員嘛。但我還是要看著他，所以他一舉一動我都向大使報告。當退出的時候，我們的代表走出來走到門口，我正好在劉大使跟上，老布希就跟我們劉大使講了：「這是沒有Justice的地方」。

國：走出來時那些非洲代表就在跳舞了。

（二）退席或退出聯合國

戴：退出或退席不是一個issue，因為不管他當時說甚麼，一切以正式發的文件為主。這個你看劉鍇也簽了名，楊西崑也簽了名，這個是我們代表團裡正式的聲明。正式聲明說得明明白白，我們是退出，不是被趕出來的。他是用英文講的，用的字我們記不得了。不過這個問題不重要，退席同退出，是不重要的。重要的是我們在被驅逐之前，就退出了。我們不是被趕出來的。

國：而且這個稿都事先擬好了，就放在周代表的口袋裡。重要問題沒有通過，他馬上就把口袋這個書面的拿出來唸。所以他們就笑說，你們早就知道自己不行。

戴：但是我們有最壞的打算，有最好的打算，他一定兩個都有。馬上重要問題沒過以後就打電報回來請示總統。

劉：另外想問，我們的政府官員周書楷跟美國國務院有問到，如果投票出現危險，美國有沒有甚麼補救措施。這個部分各位大使有沒有印象？美國好像有提出一些備案？

戴：這非常明顯，等到我們退出以後，布希馬上提把我們驅逐出去的那個部分去掉，這就是他的備案。沒有通過以後，老布希的雙重代表權就沒有意義，根本就不用談了。所以他的目的是要把阿爾巴尼亞案驅逐出來的那個部分，投票，把它去掉。但是沒成功。他的備案就是這樣。另外布希在 8 月間已經講過，你們一定要支持我們美國的雙重代表權案，讓中華人民共和國進大會，中華民國是常任委員國，讓他繼續留在裡面。這樣子是公平的。

國：我們在大會，我們留在大會裡面。

戴：如果你們不支持我的話，這個案照這樣走，中華民國出去以後，將來用任何名義都進不來的。你看我們 2008 年研討會那個資料，這就是他的話。用任何的名義，用任何的方式要回到聯合國，都是不可能。這是老布希講的。

朱：他支持雙重代表權，那我們也支持嗎？

國：到最後的時候接受了，已經太晚了。

戴：基本上 Murphy 到臺灣來的時候，4 月份。老總統還不贊成把安理會讓給他（中共）。但是經過一段時間，美國去協調了幾十個國家，如果沒有把安理會的席位給他，別人不願意連署，也不願意支持。這個時候我們也沒有辦法，8 月多少號（8 月 1 日或 2 日）美國就講，我們協調的結果是這個樣子。

（三）我國與美國的策略與兩面戰術

戴：在我提到芮正皋大使的回憶錄裡，他是象牙海岸，聯繫法語系國家的。非洲還有法語系國家。

我到機場去接他。他一下飛機，我就問他：「你們那一票怎麼樣？」他說：「沒有問題，象牙海岸的總統告訴我，他已經訓令聯合國的代表，中華民國怎麼投票，你就跟他投。」我就跟芮大使講，你恐怕要回去了，因為我們現在已經決定了，美國的雙重代表權是技術上如果能夠擋得住老共的話，因為老共在 1957 年講過，只要臺灣在裡面一天，我一萬年都不進來。

我們這邊，蔣總統很聰明，他說我們會找我們友好的國家來支持雙重代表權案，但是我國是會投票反對的。所以在這個情況之下，如果象牙海岸跟到我們投，美國的案又少了一票。芮大使到了代表團以後，見了劉大使沒有一天，他又趕緊回去了。你支持雙重代表權案，你才表示對中華民國友好。所以他老兄就回去。回去以後，芮正皋大使同象牙海岸總統非常好，人家就改。有些國家覺得很奇怪，你自己反對卻要我們支持美國，是這個原因。

我有一張小條子，現在找不到。我們每個人要去找友好的國家，講說：要支持雙重代表權案，即使我們中華民國是會反對的。因為我們不能接受毛澤東講的，我們不接受兩個中國；一中一臺，這不可能。蔣總統是有情報的，在這本書[1]上你沒有影印的，在354至381頁就是雙重代表權的。票投完以後，毛澤東本來講今年不用去了，他們雙重代表權案就是想搞兩個中國。但是聯合國政府告訴他，把中華民國政府趕出去是一個確定的事情，毛澤東又改變。這裡很精彩的就是毛澤東當年跟周恩來、熊向暉講的話。

朱：那其實我們的彈性比較大，4月到8月就有轉折。

戴：是這樣的，大國決定政策，小國適應政策。美國已經這樣決定了，你敬酒不吃吃罰酒。用這個方式還有一點機會。

朱：是外交部知道後，訓令大家這樣做嗎？就照Rogers（羅吉斯）講的這樣嗎？

國：這從後面來看就是形勢比人強，所以總統也點頭了。

戴：你去看錢復的日記，時間會比較清楚。

國：9月以前就知道了。

劉：這是9月21日由周書楷發回臺北的電報。我唸一下。他說：「附和雙重代表案與我基本立場相背，故非我所接受。但該案重要作用係在促成IQV，以徹底

1 熊向暉，《我的情報與外交生涯（增訂版）》（北京：中共黨史出版社，2006）。

擊敗阿案而保我為目的。故友邦為求保我，而連署或贊成該案，我自充分了解。且友邦仍可於大會中以解釋投票方式，述明其基本立場。」

再來就是您說有一個小條子，我想請您看一下是不是這份公文？他講說希望友邦能夠支持美國幾個提案。

戴：我記得他是用英文，就是要大家都支持美國的雙重代表權案。

國：最重要的是每個人都有這張小紙條。沒有這麼長。〔國大使用手比出字條大小。〕

戴：我們代表團每個人都有拿到，就是知道政府的 policy 是要支持美國雙重代表權。因為他把中華民國政府，你要看他 Rogers 向聯合國提的案，他是要中華民國「政府」留在裡面。後來我們主張兩岸的關係是一個中國兩個政府，而不是兩個中國。對毛澤東來說，他管你甚麼政府，任何只要兩個都在那裡，你就是搞兩個中國一中一臺。我們國際法的人來講，兩個政府是分裂國家，這是不可能的，一個叫法理的承認；一個叫事實的承認。所以我們現在兩岸內部能夠做到的，就是像馬英九同習近平見面，這是政府最高領袖見了面，這不是政府是甚麼？基本上已經到政府與政府的關係。毛澤東當時搞不清楚，是我國這些老的立法委員、國大代表也搞不清楚，政府同國家有非常敏感的分別。

劉：9 月 21 日是電報，9 月 27 日是指示各代表如何跟其他國家溝通的英文稿。

戴：我拿到的是英文，但我接到的更簡單，比這公文還要簡單。

劉：我現在的疑問是出現在陸大使的回憶錄跟這份文件上面。因為根據 9 月 27 日的這份文件上面說，這些英文字除了要照稿唸之外，不得以書面傳遞。但是在陸大使回憶錄的第 189 頁，您提到除了照文宣讀之外，一個字也不准改，而且告辭時留交對方參考。這樣明顯跟我拿到的這份不太一樣，所以我想說這兩份是不是不同的文件？

戴：我們沒有拿到文件，上面也沒有代表的名字或甚麼。就是告訴我們口頭上講話的時候怎麼講，而且我們知道政府的立場非常明顯，美國提的雙重代表權是他們能夠爭取到的最好的方案。我們是支持他們的，但是中華民國政府不會歡迎他進來。我們歡迎他進來，還要把安理會席位讓給他，這是說不過去的。蔣先生心裡想，老毛已經講過，「只要臺灣在裡面一天，他一萬年也不進來。」那一年很多跳舞、拍手的國家，並不是因為看到我們走了很高興，而是認為他們把美國帝國主義打倒了。

國：他們誤會了，其實美國不是這個意思。他要是這樣的話，他不會派季辛吉到北京。投票的時候阿爾巴尼亞的代表說，請問美國的季辛吉現在人在哪裡？在北京。這樣就影響了整個投票，美國向大陸靠去沒問題。所以這個案根本沒有提到大會去討論。

戴：案子是提出來了，可是沒有用，因為要決定美國案先表決，還是阿爾巴尼亞案先表決，結果是後者先。阿爾巴尼亞案提案說要驅逐我們。基本上我研究的結果是季辛吉有自己的目的，他是去了解林彪的飛機掉下來以後，大陸政局有沒有穩定。他那一年去大陸，是認為我們中華民國應該可以保住席位。你可以看美國國家安全會議的資料。

陳：回到剛剛的文件，看起來這一份就是大使寫的這份，恐怕是回憶的時候有出入。

劉：另外一個問題，在 4 月間墨菲離開以後，美國正式的立場是在 8 月份才出來。我看到的文件說臺北一直很著急，因為美國遲遲沒有回覆那屆聯合國的策略是甚麼。想請問大使們有甚麼回憶，在這四個月中間發生了甚麼事？

戴：墨菲他要到東京去研究一番，他跟日本說：老蔣不接受把安理會讓出來，所以他來（日本）打聽打聽。在那四個月，美國同日本接觸所有的友邦，討論如果把大會和安理會席位都讓中華民國繼續保持，讓中共進到大會，這樣可不可以？美國同日本是我們主要的支持者，但到了 7 月底調查完，發現這樣不可行。安理會要讓出來，因為大家認為中共力量這麼大，中華民國沒有力量擔起安理會的責任，有名而無實。

（四）美國、日本與琉球

朱：另外我想，墨菲去日本談的可能不只這件事？因為6月有釣魚臺事件，會不會他也談了釣魚臺和琉球由日本承接？

戴：倒不是釣魚臺，是琉球。

國：他〔美國〕把整個琉球送給他〔日本〕。

朱：我當時就參與了釣魚臺抗議。

戴：那是學生運動，我們政府沒有談釣魚臺。

劉：請問我們在紐約有一些抗議的行動，這是由大使館發起的嗎？還是學生自動的？

陸：Both.

國：前面那個釣魚臺事件是學生主辦的，外交部沒有發動海外學生為這個事情抗議。而且那時候我們還希望學生不要去把事情吵大，因為我在條約司，整個釣魚臺事情是我們負責辦的。後來行政院還設了特別小組，外交部派我跟錢復兩個人，每個禮拜去開一次會。我們希望海外的不要為這個事情抗議，國內大學也不要動盪，大家都不要激動，讓政府好好地處理。外交部絕對沒有發動海外學生抗議。

戴：那時候聯合國案在國際組織，由國組司還有北美司負責。

陳：美國僑界的學生對於釣魚臺事件抗議，您在紐新處有支持學生嗎？

陸：那個是我在背後搞的。主要是聯合國的敗仗，害得大家人心慘慘，就牽扯到日本去了。大家心情都不好，開始氣這個東西，我就說："What the hell. Just go for it." 就這樣子。

戴：琉球的問題你要問劉大使，他那時候在北美司。因為佐藤去訪問美國，美國又去拉攏中國。事實上美國長遠的政策是要培養中國作為穩定亞洲的力量，但不幸大陸變成共產國家，後來才改培養日本，所以後來要把琉球送給日本。我們很反對。〈開羅宣言〉講過，這裡要共管，主權是我們的。釣魚臺是附帶的，還沒有談到。後來美國改變，把琉球的行政權交給日本，而主權未定。現在美國看到大陸崛起，要圍堵他。其實日本在亞洲要作為穩定的力量，還是沒辦法。後來我們不計較琉球的問題，就是為了要日本在投票的時候支持我們。

圖 3-2　集體訪問陸大使後合影（2016 年 2 月 4 日），陳明哲提供
說明：前排中為陸大使，其右為國大使、陸大使媳婦；其左戴大使、陸公子；後排由左至右為朱浤源教授、楊力明老師、劉奕伶博士、柯俞安同學、黃種祥博士。

圖 3-3　馬英九總統蹲下親向陸大使致意，郭冠英提供

4　林尊賢大使暨夫人訪問紀錄

時　間：2015 年 12 月 15 日

2016 年 1 月 15 日、6 月 9 日、8 月 10 日、8 月 12 日

地　點：臺北市復興南路林大使住處

主　訪：朱浤源　楊力明

陪　訪：黃種祥　柯俞安　葉曉迪　王仲任

記　錄：楊力明　黃種祥　柯俞安　葉曉迪　王仲任　朱麗蓉

簡歷

1930 年	生於臺中葫蘆墩街
	初級與高級中學就讀臺中一中
1949 年	入國立臺灣大學政治系
1953 年	畢業後進農林廳擔任調查科科員
	高考及格，服兵役
1954 年 10 月	國立政治大學國際關係研究所
1955 年 7 月	外交部歐洲司一科及四科薦任科員
1956 年 9 月	駐菲律賓大使館三等祕書
1959 年 9 月	駐澳大利亞大使館二等祕書

1964 年 8 月　外交部二祕回部，國際組織司第一科
　　　　　　　代理科長
1966 年 10 月　駐日本大使館一等祕書
1972 年 3 月　外交部禮賓司副司長
　　　　　　　國民大會祕書處交際科長
1975 年 8 月　駐斐濟商務代表團團長
1980 年 3 月　外交部亞太司司長
1983 年 3 月　駐亞特蘭大辦事處處長
1989 年 9 月　駐美代表處副代表
1992 年 9 月　駐格瑞那達大使館大使，同時兼任聖文森、
　　　　　　　多米尼克、聖露西亞以及聖克里斯多福等
　　　　　　　四國大使
1994 年 1 月　駐韓國臺北代表部設立後，擔任首任代表
　　　　　　　計七年五個月[1]
　　　　　　　外交部卸任使節聯誼會會員
　　　　　　　財團法人國際文化基金會董事[2]
　　　　　　　臺中市政府市政顧問（都市行銷組）

---

1 林註：至 2001 年退休為止，在外交部及其駐外館處服務四十六年。

2 林註：基金會對外工作主要是與日本交流，董事長楊基銓先生，臺中一中畢業後，早年留學日本，畢業於東京大學經濟系。日治時代回臺灣後二十幾歲就任宜蘭郡守，國民政府來臺後任經濟部常務次長、土地銀行董事長。他與楊西崑大使合作非常好，因為當年楊大使訪非經常有經濟部合作，例如農技團也要經濟部支援。他退休後成立基金會，與日本友我人士，例如國際法院法官、法庭法官等常有往來，臺灣主體意識很強，後來主張臺灣獨立。2004 年過世後，基金會由其夫人主持。

訪問紀錄

一、家世

我的父親名叫林清火，他不會講日本話，也沒有學過日文。日治時代講求增產報國，所以有能力生養的家庭通常小孩很多，十個以上也不少見，這種情況下兄弟姊妹的年紀差距會很大，長子、長女的小孩常常年紀比最小的弟妹大。父親年紀跟我相差四十多歲，我算是晚來子。在戶籍上登記為四男，但實際上只有一個哥哥，前面的長子、次男與長女都在三歲之前就過世。在當年這種情況很常見，因為流感之類的疾病盛行，醫藥又不是那麼發達。家中小孩的排序，先是三個姐姐，然後大哥、我，底下還有個弟弟與小妹。

我們林家是從福建過來的，跟林語堂同一個家鄉。事實上在臺灣姓林的有很多祖籍都是河洛，墓碑上面也這麼標註。我在菲律賓工作的時候，也曾遇到過很多與我同鄉同姓的華僑，對我很照顧。

我父親最初在豐原媽祖廟附近開柑仔店，就是小雜貨店，後來經營木材工廠，他雖未上過學校不懂日語，但在日治時代擔任保正，[3] 在地方上頗有聲望。也出任當地木材同業公會會長，及學校家長會會長。在我心目中，父親是很傳奇的人物。他是家中的老么，九歲時，我的爺爺、奶奶就相繼過世，他的大哥、二哥也去世得早，三哥

3 林註：相當於現在的村里長。

到處流浪，還把家裡的錢都花掉了。所以，父親九歲就到別人的店裡去當學徒，他立志要好好學習，還跟著老闆的兒子去旁聽漢學，自習學會中文讀寫。後來因為他擔任夥計工作出色，得到老闆的信任，由於老闆家中只有獨女，還提過希望讓他入贅。

我媽媽姓曾，曾家雖然不算望族，家裡是經營豬肉店，環境不錯。外祖母來自臺中賴家，我有一個舅公是秀才。賴家在臺中是個很大的家族，我看過族譜，人數有幾萬人之多。後來我就讀臺中一中的時候，不少同學都跟我是表親，與賴家有血緣關係。

我父親因為自己沒受過正式教育，所以對子女的教育非常重視。我有三個姊姊，大姊、二姊因為要照顧弟弟、妹妹，沒有唸高女，但是都很能幹，至少都念了醫學專校，能夠當護士，也可以幫人接生；三姊則就讀彰化高女。

二、童年

那個時代對男生的教育更加重視，環境比較好的家族裡面，總要有一個唸醫科的。我爸爸計畫讓哥哥接他的事業，所以要他唸工科；本來要我學醫，但我唸不來，幸好我弟弟喜歡唸書，有點書呆子氣，比我更適合，最後就由他去唸。我的個性比較隨意，所以童年過得很快樂，在豐原鄉下，天天跟朋友在外面釣魚，或在山上跑來跑去。

我爸爸開店賺了錢以後，跟兩位家族的兄長，合夥做生意開木材行，後來還買了不少農地。當時我家的木材行規模算是很大的，可惜戰爭中先被日本政府收編國有，後來又在美軍的空襲中被炸毀。豐原的工業除了木材行以外，就是製紙。製紙要用那個黃麻，有一種麻笋〔臺語〕。臺灣中部不少地方種麻笋，麻仔的笋就是那個小小的芽，可以煮來吃。日治時代種這個麻可以作繩索或者製紙。

臺灣很多檜木都長了幾百年，甚至上千年才有辦法長到那麼巨大，日治時代合法地把我們很多檜木砍掉，拿到日本去使用。不過日本政府雖然砍了不少，但都有種回來，當時我們家工廠採伐的都是紅檜。在臺灣，木材工業算是很大的產業，但戰後有點亂來，盜伐相當嚴重，要是那些木材不要被濫伐，臺灣就不會常常有甚麼土石流。以前我們小的時候，颱風來是很愉快的，不用去上學，颱風又把環境吹得乾乾淨淨的，也很少有甚麼災害。

三、長老教會

我一出生就受洗成為長老教會的信徒。當年豐原那邊信教的人不多，我父親會信教，是因為前三個小孩子，包括我的兩個哥哥、跟一個姊姊都不幸夭折。後來他去聽宣教士的佈道，因為那些宣教士有醫生資格，所說的醫療知識都很有道理，加上品德又高尚，所以他就信教了。說來也真靈驗，我父親信教之後，生出來的小孩都很順利，所以他成為很虔誠的基督教徒。

由於我父母都是很虔誠的基督徒，所以家裡的哥哥、姐姐、弟弟、妹妹，除了我以外，都是基督教的長老。我在基督教會中受到的陶冶及訓練，不但對我個人的性情、性格有影響，對我在外館的工作也有幫助。本來我一出生就是家中的老二，不像長子壓力較大，比較無憂無顧。

我看了很多與臺灣歷史有關的書，來到臺灣的傳教士們，南部后里以南是蘇格蘭來的，北部則是加拿大的例如馬偕。二戰前的臺灣天主教很少，主要是長老教會。歐洲在中世紀時代是政教合一，天主教勢力龐大，經過馬丁路德等宗教改革，才有新教。當時來臺灣的宣教師也是國外來的牧師，大都具有醫生的資格。我記得在豐原有一個牧師是姓周的，他走路有點跛腳，只大我五、六歲，很年輕，他跟我提到，他的腳在彰化的基督教醫院治療，傳教士還拿自己部分的肉幫他補。這些傳教士到國外來奉獻自己，真的很了不起。戰後又因為共產黨壓制宗教，所以有一些在大陸的傳教士跟著政府遷臺。還成立了一些學校。像東海大學、輔仁大學等都是從大陸來的。

當年臺中大約有十萬人口，豐原大概三萬左右，在豐原只有十幾戶人家信教，不過都受過相當良好的教育。像是有位臺大著名的地質學家林朝棨，還有在藝術界很出名的師大教授廖繼春，他哥哥是彰化銀行的總經理廖繼成，也都是當地長老教會的信徒；紀家是長老教會中的大家族之一，在彰化二水那一帶非常興盛，紀聰惠高我一個年級，也念臺大，從中學開始就當級長，他對我的影響很大，像兄長一樣照顧我。我跟著他念臺大政治系，但他卻覺得學政治太空洞，轉了法律系，最後到銀行界工作，他弟弟則是當了牧師。

當時臺灣的長老教會還分為南北大會，豐原正好在南北的交界，屬於南部大會，吳家、劉家都是南部教會的大家族。長老教會在南部比較興盛，因為北部日本人影響力強，而且客家人多，他們比較不信教。教會對信徒的婚姻很在意，認為如果結婚的對象不是信徒，信仰可能受到影響；過去我父親就曾希望我娶臺南基督徒望族高家的女孩子，不過當時我已經有女朋友，所以推辭了。

我二姊嫁給中部姓潘的教會家族，當時中部最大的教會在岸裡大社，他們原本是平埔族，當時曾有人拿這個開玩笑，說「蕃」去掉草部加上水邊就變成潘氏；後來我才知道潘氏是由清朝賜姓的。其實他們的環境相當好，我姊夫的父親當時能夠到日本去念慶應大學，那是很貴、很棒的私立學校，學生都十分優秀，可惜回來之後不久因為肺炎過世。

文化之間的互相刺激能夠讓社會更進步，所以長老教會的信徒中有很多出色的人物，應該是西方知識影響中原文化後的成果。日本當年的明治維新也是這樣的感覺，日本早期沒甚麼文化，先學習了中華文化，後來又接受了西方的知識進行改革，很快就強大起來。反倒是我們這邊，因為中原文化的體系太完整，要接受外來文化很不容易，臺灣最早接受基督教的是平埔族，這對他們的文化影響很深，從百餘年前的照片，就看到他們男生打領結，女生戴帽子，比漢人更早西化。平埔族也很重視教育，因為在教會受到影響，當時去英國念書的也不少。早期從臺灣留英的都是基督教徒，有些是平埔族原住民。

四、學生時代

我是從豐原公學校考進臺中一中的。那個年代，臺中一中是中部所有學生的第一志願，甚至是全島學生都想就讀的學校。至少從苗栗到雲林之間，臺中一中肯定是最好的學校。我當年考取了臺中一中以後，家門口掛起帶有校徽的名牌，將我的名字大大寫在上面，跟寫有父親姓氏的門牌掛在一起，讓我感到很驕傲。

考上臺中一中是很不容易的，那一年全校只有我一個人考取。可能是因為我們學校很少有人補習，不像我們隔壁村子的學校補習風氣很盛，叫做瑞穗還是大社。豐原旁邊還有一所學校叫作岸裡，學生大多都姓潘，那間學校大多是原住民就讀，不是山地原住民的幾乎都姓潘。另外有一個社口，那邊住著很多地主有錢人。

有一段時間我爸爸怕我考不上，希望我轉校，但幸好我遇到一個很不錯的日本老師。那位老師叫寺岡貞雄，從九州來的，我對他印象很深。他從我四年級開始，教我到六年級初期。當時來臺灣當老師的日本人，大多都是水準不錯的，很多還曾經到國外留過學，後期來的有的水準稍差，但程度也都還可以。這位老師每到周末就帶我們這些學生到豐原北部的后里，有個尼姑庵附近很多地方能玩。他跟我們一起散步、採野菜、山菜，還跟我們一起玩。寺岡老師告訴我：「你再轉校的話，我們學校就沒有一個人可以考取臺中一中。」堅持讓我留下來。其實我也不算聰明，就是老實而已。關於這個老師還有很多故事能講，後來他升到中學去任教。

我哥哥當時的目標也是臺中一中，但可惜沒有考取，跑到臺南去考長榮中學也沒考上，後來連淡水中學也沒有錄取。我們覺得奇怪，就透過關係去看了他的「內申書」。[4]日本時代，學校會給學生進行一些個人評價，因為我哥哥個性不認輸，一天到晚跟日本學生打架，被評價為「反抗心很強」，所以那些學校都不敢要他，這等於是不公開的內部審查，打小報告。

當年臺灣有五州、三廳；州下有郡、街、庄。州有臺北、新竹、臺中、臺南、高雄，廳是花蓮、臺東、澎湖。臺灣山多，林場多，有三個最大的林場，首先是嘉義的阿里山，阿里山的檜木最有名，產量也最大；第二個是八仙山，就是雪山，從東勢到豐原；最後是羅東的太平山。[5]嚴格來說最大的林場在嘉義，比臺中大得多。在臺灣中部最早開發的是在鹿港，後來鹿港人慢慢到彰化，彰化又到臺中，因為臺中在盆地中央，地點較好。八仙山的木材最

4　林註：就是調查書。

5　編按：日治時期三大林場的順序是阿里山、太平山、八仙山，八仙山並非第二大，原意可能為大使所記得的第二個。

後會到豐原，當時我們豐原有一個「營林所」，是公家機構，有多家日人家族，也是我哥哥打架的對手。八仙山那些木頭運來就放在那裡。當年豐原是日治時代很重要的米產區，產的米品質最好。豐原本來叫做葫蘆墩，臺中叫作大墩。

送到我們家裡的木材，都要先送到營林所的水池泡著，泡了可以維持比較長的時間，需要時再拿出來。當時的豐原日本人不多，多數在公家機構。附近大概有十幾家日本人，很多日本職員跟他們的小孩都住在附近。總之，我哥哥被認為反抗性很強，附近的中學日本學生多，所以都不收他，搞到最後沒辦法，只好送到日本去念書。我大姊夫的一個弟弟，在日本京都唸立命館大學，[6] 這間學校現在還在。我爸爸就託他幫忙，讓我哥哥去念京都私立立命館工業學校，這間學校在京都算是很不錯的私立學校，就是學費比較貴一點。因為這間學校算是基督教學校，應該是透過長老會的關係，在我讀四年級的時候，我哥哥就到日本去了。

一開始我到臺中一中唸書的時候，因為是鄉下學校考取的，成績比較落後。那些在日本小學校唸書的學生，他們所講的日本話跟我們這些從鄉下來的學生差很多，就像北京人講北京話跟我們福建人講國語一樣，口音差距很

6 林註：立命館大學是本部位於日本京都府京都市的一所私立大學，創立於1922年。「立命館」三字的出處取自《孟子》〈盡心章〉中的「天壽不貳，修身以俟之，所以立命也。」

大。而且當年我並沒有很用功，總是貪玩。剛進到學校的時候懵懂無知，成績平平，但是快畢業的時候已經進入十名以內。

五、日治後期

最近在臺灣，慰安婦的話題常被提起；據我所知，當時臺灣女性被迫當慰安婦的並不多，韓國人比較多，豐原當地就有私營的相關場所，專門用來招待日本軍隊，裡面大多是朝鮮女性，臺灣人很看不起那些人。我後來到韓國當代表時，感覺很多臺灣人都看不起韓國人，包括總統李登輝在內。主要原因據我推測，過去日治時代臺灣到日本的人大多受過良好教育，到那邊去留學，朝鮮人去日本則大多數是去打工，兩者相差很大。當年到日本留學有個好處，在臺灣我們跟日本人之間有明顯的差別待遇，到日本反而不會被不公平對待。

年輕人很容易被洗腦，受煽動，畢竟當年我們接受的主要還是殖民教育，日本人對我們來說有點高高在上；當時臺中一中 95% 是臺灣人，當時被稱為本島人，日本則是內地人，難免有種對抗感。我的個性讓自己的一生還算順遂，我從未與人有過衝突，或與人爭位子，一切隨緣。但畢竟生長在這裡，不可能沒有臺灣意識，對日本人的態度也會想反抗，但我不會正面去跟他們衝突，也不會搶著出頭。我姊夫比早我十年左右就讀臺中一中，大約是 1930 年代，聽他說臺中一中的學生們，因不滿日籍老師的不當差別言辭，曾經鬧罷課，維持了半年還是一年。

日本統治臺灣最好的時期，大約是昭和初年〔1925 年左右〕，當時想要搞「大正民主」，可惜因為各種賄賂事件沒能成功，後來軍人起來爭權，他們只要權力不要錢，稍有改善。那個時候臺灣教育的普及率已達 80% - 90%，城市中幾乎 100% 普及。即使是窮困的家庭，也大多讓小孩去上小學。不像印度尼西亞，荷蘭治理了幾百年，教育的普及率還是只有 2% - 3%；反看日本治理臺灣，在五十年中教育普及率到 80% - 90%。主要當時派了文官總督來臺灣，懂得如何治理。

在 1943 年之前，臺灣人其實在很多方面都不平等，既沒有選舉的權利，也沒有服兵役的義務，因為日本人認為他們在各方面水準都比較高。一直到戰爭中、後期，因為缺乏人力，臺灣人才受到重視，但也不是進行徵兵，而是開始接受臺灣人志願從軍；當時能當兵是一種榮譽，家裡面會受到各種優待及尊敬，因此願意參軍的人不少。日治時代治安很好，中部流氓並不多，因為大多都被送到火燒島。有人常講當時「路不拾遺、門戶不必鎖」，我覺得主要跟大家都受日式教育，以孔孟之學為基礎，對忠孝仁愛、禮義廉恥很重視，我們小學校的校訓是「公明正大」，老師最注重的是誠實不撒謊。

我在 1942 年進中學，第一年還能好好念書，二年級還念不到一半的時間，就開始被派去勞動服務，讓我們用上課的時間去搬柴、搬石頭，或者是去機場整地。到了

1945年，也就是日本投降那年，3月開始我們就被徵召去當少年兵，當了三個月左右；大概在4月時，我們被派到清水的一間小學，就住在那裡。日本是4月開始新學期，所以等於已經升上初三，在那邊待到8月初左右。那時日本雖然還有部隊，但已經開始缺乏武器，差不多要輸了。

我們全校學生當時都在清水小學，已經不算是受訓，而是正式當學生兵。學校派來一位教官擔任隊長，老師們當小隊長，每天我們都在現在的清水二高休息站處訓練，也在那附近挖壕溝。

當時曾發生一件事情，我到現在還忘不了。我們小隊中有一個見習士官，是從日本派來的大學畢業生，擔任我們的小隊長。有一次美軍機來轟炸，是有兩片機體的P38，不太大的小飛機。他們發現我們的陣地，要進行轟炸，結果其中一架被日本的防空砲打下來。我們在山上看到那架飛機墜落海面上，日本人跑去想要抓那個駕駛員，盟軍戰鬥機馬上飛過來，不讓他們靠近，僵持了一刻鐘左右，有一架好像海陸兩用的水上飛機，拖了一條繩子把那個美國飛行員救走。我們日本那個小隊長，就說「不會太久了」。他沒有說快輸了，只說「不會太久了」。

其實在德國戰敗投降後，日本就應該馬上跟著投降才對，但是他們希望能在最後製造一個比較好的戰績，造成美軍一些損害，希望能夠爭取到好一點的條件，不想要無條件投降。

我們有幾個同學後來到琉球去，其中一個告訴我，看到那邊有很多跟我們一樣的學生兵，負責防守戰壕，結果有一半左右都戰死，聽了之後他眼淚直流。那時候美軍本來要攻打臺灣，麥克阿瑟在菲律賓說：“I shall return.”所以菲律賓他一定要打，拿下了菲律賓以後，盟軍聽說臺灣的原住民當日本兵，到南洋去打得很好，又說臺灣那麼大，要全部佔領太難，所以繞過臺灣攻打琉球。所以我同學很難過，覺得琉球那些學生好像是代替我們戰死的。

日本因為有武士道的傳統，為了護主，保護他們的領導人會拚命。因此一般講起來，日本軍隊比較不怕死。當年日俄戰爭，日本為什麼能打贏俄國，就是因為不怕死，日本兵戰死的人數是俄國的十倍左右，依然能夠在陸戰當中不斷進攻。但也因為這樣，日本贏了俄國以後，國力大概都沒有了，之後不得不依靠日英同盟。像乃木大將，他的兩個孩子從軍並且戰死，他都可以忍受，到明治天皇過世，他們兩夫婦跟著切腹殉死。這種日本的武士道精神，到底是好是壞很難說，但研究日本歷史的通常都會提到這點。我認為就是因為有這種精神，日本才能成功的。日本人認為臺灣兵像「支那兵」，中國人比較聰明，知道死了以後人生都沒有了，比較不願意拚命。

戰爭結束之後，日本軍隊就解散了。戰爭後期有不少日本兵從東北滿洲過來，事實上，成功撤退到臺灣來的關東軍不多，聽說都在海上就被擊沉。我有好幾位同學的爸爸是醫生，被徵召到東南亞去當軍醫，在戰地死的比較少，都是回來在海上被打下來。所以我哥哥到日本京都讀書，初時還能書信聯繫，中途從來不曾回來，到戰後才背著包包趕緊返回。當年有很多臺灣人替日本人做事，有的到滿洲，有的在大陸的佔領區，光復以後回到臺灣，他們能講臺語和日語，也有不少人當日人走狗，引起當地人的不服氣。由於臺灣長期受外來政權統治，有不少狐假虎威的走狗，讓有骨氣的臺灣人看不起。

據我所瞭解，日本統治臺灣是通過地主以及有產階級來實現的。日本是個警察國家，那時候我們稱呼警察為「大人」。嚇唬小孩子的時候，就會說：「大人來了，你不要哭了。」那時日本人想要將臺灣皇民化，但我們念中學的時候並不怕警察，一方面我們臺中一中以臺灣人為主，日本人比較少，另一方面我們認為自己並不是抗日，只是針對部分老師比較歧視性的講話，進行反抗。

六、光復初期

日本投降以後，我們這些被徵召的學生兵就回家了，大家都很高興。那個時候覺得我們是戰勝國，以後日本人就管不到我們。光復初期有一段期間，臺灣處於真空狀態，日本人失去控制臺灣的力量和權力，大陸也還沒有派人來。有一部分的臺灣人，會去修理日本警察，把他們抓來復仇。

日本老師還是跟我們保持著師生關係，有的會告訴我們以前教的東西有些有錯，他們一直教到離開臺灣為止，我們學生很感激他們。當時由一個矮矮的福州人——

金樹榮校長[7]來接收臺中一中。

國軍剛抵達臺灣時，學校也派了我們學生到臺中郊區那邊，列隊迎接。當年我們能夠唸中學的，家裡環境都不會太差，衣服燙得整整齊齊，國軍的衣服卻都破破爛爛的。陳儀的部隊那個時候真的是拿草鞋、挑扁擔，還帶了家畜來。因為我們之前有幾個月的時間跟日軍在一起，雖然打敗仗，裝備都還很整齊。相比之下，看到國軍的樣子是有點失望，不過大家認為打了那麼久的仗，就沒有苛責了，對國軍失去信心是之後的情況。

日治時代的軍紀比起光復初期的國軍好很多了，國軍剛接收臺灣的時候，軍隊抵達臺中，因為沒地方住，部分家裡寬敞的當地人把房子讓給軍人們居住，但他們一住就不走了；我們家不大，工廠又剛好在一兩個月前，被美軍空襲炸掉，住在山上臨時的地方，倒是沒有被侵占。過去日治時代，軍人偶爾也會借民眾的房子來使用，但通常住個兩天就離開，臨走還打掃得乾乾淨淨，給人的感覺完全不一樣，至少民眾是感到失望的，雖然還不至於因此起來反抗。

但對我國的軍人，也有比較好的印象。光復初期，臺中一中附近的郊外，有個滿大的訓練場，裡面有日本人

---

7 編按：金樹榮先生，字陶欣，福建省福州市人。國立北平師範大學畢業。曾任江西省建設工作人員訓練所教育長、福建省長江中學校長。臺灣光復後，奉命接長省立臺中第一中學，以「爭取第一」勉師生。1948 年冬，獲教育部頒獎全國三十九所優良中學之一。歷任省立虎尾中學、省立屏東中學、省立臺南第一中學等校校長。

留下的軍馬，聽說有時候也當作槍斃犯人的場地，雖然我沒有親眼看過。那邊有一位國軍少校，已經是歐吉桑的年紀，對我們學生的態度很不錯，我們不會講北京話，只能跟他筆談，他看我們當中有幾個人想騎馬，就表示要我們明天再去，會準備兩、三匹讓我們騎。但我們告訴他明天有考試，沒辦法去。考試的日文漢字是「試驗」，他弄了半天才知道是甚麼意思，就表示明天沒辦法去，沒關係，下次有機會再來。

七、二二八事件

二二八事件發生時，我正好就讀高中二年級，也參加了學生兵的隊伍。因為我們全班在日治時代都受過軍事訓練，也當過兵。當時我們對事件的來龍去脈並不清楚，只知道上級生說這事件有流氓參加，要我們好好保衛家鄉。流氓指的是日治時代送到火燒島的那些人，有的也當過日本兵，聽說對政府不滿意，但整個事件當中，我並沒有真的見過他們。

當時我們使用的是軍訓操練用的武器——三八式步槍，據說是日清戰爭時候用過的，但基本上沒有發子彈給我們，只有刺刀。事件發生時，整個臺灣處於無政府狀態，因為怕有流氓搗亂，所以我們學生軍帶著槍上街巡邏，還在國民學校住了兩晚。對學校的校長以及外省的老師們，我們是採取保護的態度。

我那年念高二，由於日治時代的學制跟現在不同，中學是五年制，所以學校沒有高三學生，就由幾個五年級帶隊，但也不能說他們是指揮或領導者，只是日本時代甚麼都講規矩，連坐火車都要排隊，從車站到學校都排隊，所以由學長帶隊是正常的。

豐原總共有十幾個中學生，在學長通知之下，要我們到學校參加巡邏。我過去參加之後，才知道還有臺大的學生擔任領導者。當時我同學邱艮坤的哥哥本來在日本就讀仙台帝大，戰後回臺灣念臺大醫學院，叫做邱玉成，就是當時的領導人之一。他本來在臺北，趕回中部來，把北部的狀況告訴大家。後來他開了外科醫院。

當時大家參與二二八事件，基本都是為了維持治安，信念是「保衛臺灣，人人有責」，也沒想過之後會變成那種情況。那時有人會送飯糰來給我們吃，又能跟朋友聚在一起聊天，很有感覺，真的沒考慮到後來會怎樣。由於當時年紀還小，是哪些人給我們送飯糰也沒注意過。

我們學生軍曾前往日本第八部隊在臺中市的駐地，想要找些能用的物資，但只找到一些罐頭跟軍糧。當時坐軍用卡車前去，車後面沒位置，我們就坐在車頂上，說真的我沒親眼看到有流氓打人，但是看到教師會館外牆有很多彈痕，應該經過戰鬥。

據內人回憶說，當時我的內兄比我大一歲，念臺中農校，也去了軍營中，還拿了一些罐頭，回家被罵了一頓，要他之後別再跟著出去。二二八事件持續的時間不長，我們大概也只參與了前面四、五天的行動。紀聰惠學長的父親從日治到光復後都擔任警察，他比較瞭解狀況，要我們別再前往，我們也就沒參加後續的行動了。

二二八事件發生時，中部比較有組織的應該只有謝雪紅。我的五、六個同學都跟了她的隊伍到埔里去，其中有兩、三個犧牲了，不過已經想不起他們的名字。過去日本人抓共產黨也抓得很厲害，很多人對謝雪紅還是忌諱的。謝雪紅弟弟的女兒嫁給一個美國人，這個美國人後來在韓國擔任美國駐韓總領事，跟我很熟。

大概只維持了四、五天，學生軍在聽到大陸增援軍隊上岸之後，就解散了，大家各自回家。我回家之後，父母要我趕快去躲起來。事件後不到一個月，學校就通知重新開學，我們就又去上課了。事件當中，我們臺中一中的學生多是保護老師的，而老師當中有不少是外省人。

後來年紀漸長之後，我曾經問過邱玉成醫師，我們為何沒有因為二二八事件被政府追究，他說學生軍當時根本沒有在名單上，“You are nobody.” 並沒有受到重視。至於他本人則在名單上，因為他從臺北來的，又是領導人，後來花了好多錢才脫罪。

當時我比較有印象的是擔任省參議員的林連宗律師，戰後他曾經回母校臺中一中跟我們演講，大家都覺得他的眼界很廣，講的話也讓我們很感動。我後來輾轉認識了很多二二八的受難者跟他們的家屬，也在美國見過林的後代，聽說林連宗本身是律師，到臺北探望他的律師朋友，正好遇上警總的人要抓他朋友，他本想用省參議員的身分攔阻，結果也跟著被抓，一去不回。

二二八前後，我們家在疏散地[8]那裡，僱用一位姓林的逃兵，據說是與我家在福建同祖籍的青年。他在大陸被抓伕，比我大五、六歲，大約二十左右，在我家當長工兩、三年，後來甚麼時候走的我也不清楚，我常跟他早上去挖竹筍，感覺他很憨厚老實，應該不是壞人。

事件當中，我有聽說過國軍打死人。我媽媽姓曾，是石岡人。因為她是獨生女，我爸爸又不願意入贅，外公後來就招了兩個男生。大舅名字我一時記不起來，長得胖胖的、耳朵很大，很有福氣的樣子。事實上我跟他沒有血緣關係，他的風評不是很好，繼承了家產，一直沒有成家，在外面遊蕩，跟一些朋友混在一起，又只唸過私塾，沒唸過正規學校，常被說不學無術。但他教過我寫大字，毛筆字寫得很好，大我三十幾歲。二二八的時候他在高雄，晚上出門被流彈打死，細節不清楚，可能是來不及躲起來。當時已經戒嚴了，他還糊里糊塗跑出去看，他被打死也沒人敢去認，由於他沒有子女，所以後來也沒人追究，死的時候四十幾歲。我媽媽已經算是他最近的親人，事後還問最近怎沒看到你大舅。

八、高中生涯

臺灣光復不久我們通過形式上的考試直升高中。本

8　林註：急難時疏散地方。

來初中時同年級只有一百五十個人，高中增加了從各地以及日本回來的學生，變成兩百人，改編為四個班。那時教務主任叫陳健，人還蠻好的，教數學，從大陸來的。日本老師走以後，多是大陸的老師，臺籍的老師很少，因為不會講國語，他們只好晚上去學，隔天再來教我們。大陸來的差不多都是福州幫，因為金校長是福州人，他帶著他的一群同事一起來。所以我們當時講普通話都有福州腔。其中有幾個老師水準還不錯，但我們看得出來大多程度不會很高。

英文老師是胡旭光的太太，叫做楊錦鐘，是金陵女大畢業，又留學美國，英文很好，人也很漂亮。大家原本叫她楊老師，以為她先生姓楊，她說：「我本人就是楊錦鐘，不是楊太太。」因為根據日本習俗，女子嫁人以後要從夫姓，而不是冠夫姓；但中國習俗最多就冠夫姓，所以她沒有改。胡旭光當時在臺中清泉崗空軍基地負責機械，是上海交通大學畢業的。胡後來擔任國防部聯絡局的局長，經國先生很重用他，他和馬康衛大使也很熟。他從事國會遊說工作，後又派為駐美代表的採購組組長，大使還留他下來當公使。

我中學時代書讀得不錯，但英文不好，因為日本人認為這是敵國的語言，不要學，中學只學了一年英文，所以我們的英文都不怎麼好。我們後來很感念楊老師，現在同學會編名冊時，就會想起那幾個不錯的老師。她教書很用心，一個字一個字教我們發音；另外一個重點是她很漂亮，很有吸引力，但現在已經不在了。她先生在美國華府做副代表，我在亞特蘭大當處長時，去看過她，那時她已經中風行動不便，不過還能打麻將，胡副代表也對她很好。

我們當時的化學老師也是女的，從國外回來。那時候空軍機械學校在臺中，有幾位老師是眷屬，也許跟清泉崗基地有關係；後來陸續幾個從福州來的老師也不錯，但是外表跟氣質比較土一點。

我有很多同學的哥哥，大我們一、兩歲，都在馬克思主義的讀書會上有簽字，那個年代比較會唸書的都讀馬克思主義。說真的，我是搭火車通學，要是我也住在宿舍的話，可能也會參加讀書會。我有個朋友叫蔡焜霖，很優秀，當年因為參加讀書會被關，現在他也常常被訪問。他在綠島期間，遇到很多他的老師，這些都是有頭腦的、左派的學人。蔡兄在綠島被關了十年，用功唸英文，成為有著作的英文老師，也經營雜誌出版社。

我的高中同學裡面有一個在音樂界頗有名氣的，師大音樂系的許常惠教授。據他說因為他很會唸書、也喜歡唸書，老師就請他參加讀書會，他只是簽了個名。後來那個老師被抓，他也就被抓去，他旁邊有個大陸同學說：「嘿，你這個地方很危險，趕快跑！」他因此逃了，沒逃的話，大概會被送去槍斃。

李敖的父親教過我們幾堂課，李敖也是臺中一中的學生，才小我們三、四歲。我太太還到李敖他爸爸那補習。他爸爸是北大畢業的，學問方面很厲害，但是肺不好，我看他一直在咳嗽。我聽太太講，李敖的父親說過：「我這個兒子不是大好就是大壞，因為太過聰明了！」

高二的時候進行分組，分甲、乙、丙、丁四組，就是文組跟理組。那時候在考大學時，只有一間大學和三所學院，臺大、師範學院（師範大學）、臺中農學院（中興大學）跟臺南工學院（成功大學）。一個跟我很熟的高一班同學，跟我說唸政治系很好，我跟他在教會中常常在一起，他說政治就像當牧師一樣，可以幫助人跟人之間的關係。另外一方面我喜歡交友，不喜孤獨，所以我後來就填了政治系。

政治系有兩條路可以走，就是普通行政和外交人員。後來我的女朋友，也就是我現在的太太，跟我說：「還是到國外去好了！」所以我才進入外交部。奇怪的是我在大學期間不大唸書，成績平平，快要畢業的時候卻越來越好。

當兵時最初在鳳山，大概當了三、四個月，之後被派到政工幹校，畢竟我是政治系畢業的。

九、初到外交部

我大學的時候念臺大政治系，當時傅斯年擔任臺大校長，錢思亮是教育長。整個學校有革新的氣氛。我記得當時考試只有國文、英文、數學、歷史四個科目，當年念政治系的大多是外省人，有不少權貴子弟。像是何應欽的女兒何麗珠，她一直都是我最好的朋友之一，後來也是我的同事。基隆礦業顏家的兒子顏惠忠，最近〔2009 年〕他最小的女兒也結婚了，跟吳敦義結親家。還有郭清華兄，他的伯父好像是當時的國防部長，他的姊姊嫁給郝柏村將軍。也有不少跟政府一起來的所謂「流亡學生」：張劍寒、張豫生、彭振剛、戴鴻超、葉愷等等，各省各地方的人都有，他們年紀比我大一些，比較懂得人情世故。在臺大唸書期間，我一個從豐原鄉下來的純樸小子，遇到各色各樣的人物，學到很多，對我嗣後在國外工作助益甚多。像後來擔任中央銀行總裁的梁國樹，也是我的同班同學。當到民政廳長的劉裕猷，當時也是同班同宿舍的同學。我們臺籍學生並沒有受到不公平的待遇。

我通過高考時並沒有特別高興，因為當年學校畢業後都會安排就業，例如經濟系畢業後，會分配到各地銀行，成績好的甚至能到中央銀行、彰化銀行之類上班。我們政治系分配就沒那麼好，我最初被分配到農林廳農業調查科任職，當時的廳長是臺籍的許慶宗。

我在那邊只做了兩、三個月，沒有固定的職務，就只在科長旁邊加了個位置，也沒分配甚麼工作，就叫我畫了兩、三個圖，但我學政治的實在不懂。跟我一起派去的另一位是農經系的，他倒是學有專精，分配到事情可做。我在這裡認識了剛從美國留學回來，還沒到農復會的李登輝。三個月後，上面認為我在調查科沒有適合的工作，就說要調我到祕書處，調令還沒下來，我因為考取了政大的外研所，主動提出辭呈。

1953 年我從臺大畢業，同年考取高考，我先受完預備軍官訓練後，到外交部實習數月，在等外交部錄用之前，適逢政治大學在木柵復校，先設立教育、政治、國關、新聞研究所，乃應考入學。我念的是國際關係研究所。陳大齊擔任校長，所長是國民黨改造委員會研究考核會主任委員崔書琴先生。1954 年，外交部工作上了軌道，需要增加人力，我是第一批補充的人員。當時我看起來老實，外型上佔一些便宜，科長還打算替我介紹女朋友，跟我說：「娶了這個女孩子，對以後當大使會很有幫助。」我用已經有女朋友的理由推辭，對方還告訴我，找個好對象對升遷也很有幫助。我沒答應。

我剛到外交部是歐洲司第一科，科員只有我一人，當時我的第一位科長是龔駿，龔政定大使的父親。我是一科兼四科，第一科是管大英國協等英語國家，四科管僑務，華僑最多的國家是大英國協國家。龔科長是二科代理一科科長，因為一科科長程時敦到陽明山受訓。龔政定大使那時念建中。當年老總統曾下令要我們外交人員學習社交禮儀如跳舞、打橋牌、打高爾夫球等。

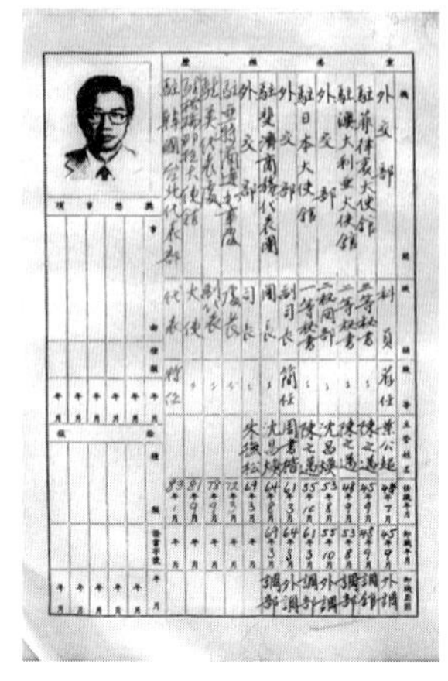

職別	職務	官等	主管姓名	到職年月	卸職年月	卸職原因
外交部	科員	薦任	葉公超	45年7月	45年9月	外調
駐菲律賓大使館	三等秘書	〃	陳之邁	45年9月	48年9月	調館
駐澳大利亞大使館	二等秘書	〃	陳之邁	48年9月	53年8月	調部
外交部	[illegible]	〃	沈昌煥	53年8月	55年10月	外調
駐日本大使館	一等秘書	〃	陳之邁	55年10月	61年3月	調部
外交部	副司長	簡任	周書楷	61年3月	64年3月	外調
駐斐濟商務代表團	團長	〃	沈昌煥	64年8月	69年3月	調部
外交部	司長	〃	朱撫松	69年3月	年月	
駐亞特蘭大辦事處	處長	〃		72年3月	年月	
駐美代表處	副代表	〃		78年9月	年月	
駐[illegible]大使館	大使	〃		81年9月	年月	
駐韓國台北代表部	代表	特任		83年1月	年月	

圖 4-1　外交部工作履歷表，林尊賢提供

十、任菲律賓大使館三等祕書

很快我被派到菲律賓，當時外交部次長周書楷要我別繼續唸研究所，直接投入工作，因為當地外交單位沒人會講臺灣話，那邊需要有人處理一些保護臺灣漁民、船員之類的交涉。周部長原來是駐菲律賓公使代辦，對菲國情況十分了解，他知道菲律賓有很多臺灣漁民沒有人招呼，雖然被捕後由華僑照顧，但使館裡面沒有一個會講福建話。外交部行事很有彈性，周書楷回國後，馬上就說要找一個會臺語的同仁，除了辦僑務還可以招呼漁民。外交部那時有兩位講臺灣話的，一位是在大阪當副領事的詹明星先生，另一個就是我。當時我才進部裡一年。他們先問詹副領事，但詹副領事說他父親年紀大了，想回臺灣不願再外放。所以找我去。那時候公務人員薪水低，外放有津貼，所以有一種說法，外放就「三子登科」，有妻子、兒

子、房子。能取得外放的機會很難得。

周部長是一個很仔細的人，看報紙時連廣告都看得清清楚楚，看完後可以把整個內容都詳述出來。當時我到部才一年，就外放到菲律賓去，其實我有點後悔，算是估計錯誤。因為政大研究所只念了一年，還有一年就念完了。當初如果能拿個博士之類的頭銜，在國外講話的份量就不一樣了。我的女朋友（就是我的太太）林秀珠才在臺大政治系念三年級，我原先算好，我外放時她已經畢業了，可以一起出去，所以非常猶豫，不知該怎麼辦。結果龔科長跟我說：「你要去。」司長也這樣說，外交部第一個訓練就是 “Obey the order.” 政府要你做甚麼你就要做，當然你可以有理由，有充分的理由合乎情理，就可以答應你的要求。同事們說我三年期滿可以外放時，「一定也是派你去菲律賓」。不過那時同仁都想去美國等大國較風光，所以說怎麼一外放就去菲律賓？但長官都要我去，我也去了。我在菲律賓主要工作是僑務及照顧漁民，當時菲律賓總統是拉蒙．德爾菲耶羅．麥格塞塞（Ramon del Fierro Magsaysay），因為麥格塞塞在太平洋戰爭期間是菲律賓游擊隊領導人，非常景仰蔣總統，兩國關係很好。我們當時是聯合國安理會五個常任理事國之一，非常神氣。駐菲律賓大使館是大館，有大使、公使、領事、副領事、參事，有一等祕書、二等祕書、三等祕書，還有空軍武官、陸軍副武官，還有經濟部的代表（但不在館內）。那時派駐美國、日本、泰國、菲律賓都是大館。

大使館是華僑蓋的，位於馬尼拉杜威大道（Dewey Boulevard），後來改為羅哈斯大道（Roxas Boulevard）以紀念菲律賓共和國第五任總統曼努埃爾．羅哈斯。大使館很漂亮，我也在這裡和妻子完成終生大事，那時妻子才二十一歲，臺大念了三年而已。那時薪水只有二百美元一個月，房租津貼二十五美元，在馬尼拉租屋還勉強夠用，後來調到澳京坎培拉，租房要一百美元以上。那時薪水也只有兩、三百，生活清苦。

當時駐菲陳之邁大使看我還年輕，別的員工都五十歲以上，雖然我是三等祕書，但大使叫我在他旁邊協助，叫我也做他的機要祕書。那時我年輕未婚，工作時間不受限制，陳大使要我辦理僑務、漁船業務。我先後隨陳大使工作十一年之久，學習很多。陳大使原來是北大、清大教授，抗戰時投筆從戎，在重慶擔任戰時行政院院會機要祕書，蔣委員長看他有才華，叫他去外交部，他去了但沒有蔣委員長手諭，外交部沒用他，他回去委員會，再一次見到委員長，拿了手諭，外交部才錄用他，但因為不是外交部一路上來，所以難免被排擠。

菲律賓群島由七千一百〇一個島嶼組成，菲律賓將她們都畫成經濟海域，菲與臺灣經濟海域重疊，曾發生多次漁業糾紛。我們的漁船一定要經過此地捕魚，回來時就被抓。臺灣當時漁船性能比菲律賓好一點，跑得快；被菲律賓扣留，有些說是因為“engine trouble”，停在那裡不是作業，這是一種說法，實情不知道。被扣留，我們就要營救，抓了後就限制漁民行動，主要靠僑胞出錢贖人或船，我們有華僑協會。那時菲律賓經濟比臺灣好，菲律賓華僑是在 1950 年代第一個幫助國民政府的僑社，因此菲律賓華僑份量很大。因為事件太多了，後來我們要小琉球漁會放一千美元在使館裡，必要時可迅速救人。

除了漁業，僑務也很忙，菲律賓華僑遍布全菲各地。其先祖大多來自福建閩南者（泉州、漳州、廈門），當中又以泉州為最。華僑掌握菲律賓經濟命脈，各個行業都有華商投資。華僑人數很多，當時還常發生逾期居留的問題，也就是有些中國人由大陸經過香港，到了菲律賓就停下來，我們要援助他們，也可能發護照給他們。

每個人從事外交工作總是有他的一套，陳之邁大使靠的是他的學識，他不算很有錢，只能靠外交部撥的交際費。很多外交人員自己家裡很有錢，能補貼在國外的支出，例如顧維鈞大使。後來我認識了彭孟緝，他除了外交人員的身分之外，還有四星上將的待遇，因此他的外交方式就是請客，一般外交使節頂多只有三、四位人員協助，但他當過參謀總長，有自己的侍衛，排場也不一樣。我沒有錢也沒有地位，但做人還算成功，到處都有朋友。

圖 4-2　於派駐菲律賓期間完成終身大事，林尊賢提供
說明：右邊是陳之邁大使，左邊是陳大使夫人。陳夫人會七種語言，在美國生長。

十一、澳大利亞二等祕書

1959 年，因為陳大使在菲律賓做得很好，所以又出任駐澳大利亞大使，他要我跟隨他去澳洲。我出使前先帶小孩回到國內探親。當時也有其他同仁想要去澳洲，像王國權副領事，他是上海 St. John's University 畢業，英文很好，也很活躍，本來以為大使要帶他去，但陳大使要我跟他到澳洲，我就去了。陳大使來告訴我，除了他用慣了我當他的祕書，葉公超部長跟他說："We may stay in Taiwan long." 我們當時是宣揚要反攻大陸，但只有高層知道，不會馬上回大陸，政府會在臺灣待久一些，所以要打基礎，多栽培臺籍年輕人。陳大使因為當過大學教授，而我的英文、中文不大好，因為戰時日本認為英文是敵國語言，所以中學只學一年，又因為受日本教育，中文也不大好。所以他很注意我的英文，要我每個月用英文寫一篇專論，交給他改，但是我後來結婚，有三個小孩沒有時間，很可惜。

當時澳洲非常重要，是英語國家除了美國外最大的邦交國家。澳洲土地很大，是美國重要盟邦。大使館在坎培拉。設立首都時，雪梨和墨爾本都爭取成為首都，最後決定在坎培拉建都，距離澳洲東岸兩大都會城市雪梨和墨爾本，分別為二八〇公里和六六〇公里。坎培拉是從只有五千人的荒地建起來的都市。駐澳大利亞大使館有大使一人，一等祕書劉達人，我由三等祕書升為二等祕書，主事一人。主事做行政、總務工作，不是正式外交官，是行政官。因為人少，我什麼事都做。坎培拉沒有華僑，雪梨有總領事館，墨爾本還有領事館，後來也升格為總領事館，布里斯本有名譽領事陳作睦先生，是當地華僑。早期澳洲華僑多為廣東人。那時候聯絡陳作睦先生有個重要工作，就是將昆士蘭的牛帶到臺灣屏東飼養，因為兩地的氣候類似。

澳大利亞是幫助我們維持聯合國代表權的重要國家，用盡辦法維護友好關係是我們最重要的工作，希望澳大利亞在聯合國幫我們講話等。這是大使的工作，我們陳之邁大使跟總理及外交部長關係都很好。等 1960 年聯大緩議案只以八票險勝，情況越來越緊張。1961 年又有外蒙申請入會案，我們行使否決權，連帶影響茅利塔尼亞入會案，對非洲國家支持我國的立場會造成影響。當年美國對我國代表權就已鬆動。在保加利亞提出「排我納匪案」後，澳大利亞、美國、日本、哥倫比亞、義大利等五國提出重要問題案。澳大利亞強調與中華民國有邦交及批評中共韓戰期間與聯合國作戰，及人權問題。結果當年「重要問題案」以六十一對三十四票通過。接著「排我納匪案」三十六對四十八被否決。直到 1971 年澳大利亞都支持中華民國。

我們還派了兩個臺大畢業在原子能委員會工作的人員到澳洲，請澳洲幫我們訓練。澳洲除了畜牧業，也有製糖廠，規模比我們大，國內也有人到澳洲糖廠考察。我哥哥那時在臺糖，也去過幾個月。

澳大利亞屬於大英國協一員，所以在 1963 年英國女王與菲利浦親王訪問澳大利亞，總督請我們外交團參加 Garden Party，一定要穿正式禮服，我沒有禮服，禮服很貴。禮服是 morning coat（晨禮服），是白天穿的燕尾服，是正式場合穿的大禮服。後來陳大使給我一套他的舊禮服，第一次我用租的要二十二 Guinea（基尼），一基尼金幣相當於一英鎊，所以很貴。因為陳大使有一八〇公分，比我高壯，因此我的妻子要替我修改。後來帶回來在禮賓司時用。因為當時資歷淺，不能跟女王說話。到日本時是一等祕書，senior officer 就可見重要官員，我跟陳大使在元旦時晉見天皇。

後來陳大使又兼紐西蘭大使，因為名不正則言不順，早期只有大國才有大使館，如美國、英國、法國、日本等，其他是公使館，大使是特任官，一定要作過部長，外交部作過次長可作大使，作過司長頂多作公使。如果資格不到，需要你派到大使館，稱為公使代辦，例如周書楷先生本來在駐菲律賓陳質平大使出缺時，要接職務，但資歷不夠只能做公使代辦，才改由陳之邁大使接任駐菲大使。國府遷臺後至 1959 年前，澳國政府均拒絕中華民國向澳派駐大使，只能由公使長期暫代館務。陳之邁原是駐美國大使館公使，但他不是職業外交官。駐紐西蘭原來只有總領事。紐西蘭獨立後，領事館升為大使館，但劉毓棠當時資格不符，由駐澳洲大使兼任。在威靈頓有參事代辦，兩年後參事劉毓棠才升任大使。那時大使館只有幾個大國家才有，很少，公使館很多。戰後才慢慢改變，國家不論大小，都是大使館。就變成有「簡任」大使，不是特任大使。所以我去格瑞那達時是簡任大使，簡任是在外交部系統，特任官是總統任命。作了大使就沒有考績也沒有績效獎金。大家不想去、比較辛苦的地方，津貼比較多，因為萬一生病了，一定要出國治療。

在澳洲這時我三個小孩已出生，一個在菲律賓，兩個在澳大利亞出生，我認為你自己代表國家，還拿他國護照是不對的。但澳洲給我子女出生證明，保留成年之後可自行申請。我第一個小孩是在菲律賓出生，菲國是屬人主義，是血統主義。澳洲屬地主義可申請公民，但我覺得我代表國家怎麼可以拿其他國家國籍，沒有尊嚴。我的小孩在澳洲念幼稚園、小學。我在澳洲待了五年。後來我從日本回來在禮賓司工作，退出聯合國後，1972 年澳大利亞也承認中共，與我們斷交，澳國官員斷交前還問我：兩個小孩要不要申請澳洲國籍？後來我女兒臺大畢業後到美國念書，她有澳洲出生證明，申請美國簽證除了護照還附上澳洲出生證明，她的簽證比較特殊，沒有註記。我大兒子的簽證上註明 “not eligible for work”，不能工作。女兒則沒有限制，她後來在美國結婚，要申請美國公民，也不困難。

我在工作上，人際關係很好，這與個性有關。我很少與同事不合，也不與人正面衝突，不爭位子，但我在工作時很自然機會就來，例如我在斐濟工作四年半，工作推展很順利。我跟蔣部長講，我在這裡很 easy，我做得很好，但如果在這裡再過幾年，可能我回去就不管用了。因為當地的人一點都不緊張。所以就調回部裡當亞太司長。

十二、回外交部任國際組織司代科長

1964 年，我調回外交部在國際組織司工作，等候科長的缺。那時候國組司主管聯合國事務，保衛聯合國代表權是外交部最重要的業務。因聯大代表權的關係，是最重要的單位。我在第一科，就是聯合國科，專管聯大問題。本來想好好作科長。那時司長是王孟顯，有幾位科長，我等了兩位科長，一位史克定、一位沈克勤。然後沈克勤派到泰國，我本要接任科長但被調到日本，如果留在聯合國科可能是另一個發展。同時的科員後來都當過大使，例如羅致遠、吳子丹、詹憲卿，當時三個同事都是臺中一中畢業的學弟，很巧。

在國際組織司工作非常忙碌。1964 年 10 月中共核子試爆成功，國際間親中共氣氛濃，1965 年贊成重要問題案是五十六票，反對是四十九票，但排我納匪案是四十七對四十七，贊成反對已經平票；那一次沈昌煥臉色鐵青，我們那時每天夜晚加班到 9、10 點鐘，一定要把事情做完。當年支持重要問題案，反對排我納匪案的國家有祕魯、委內瑞拉、尼加拉瓜、日本、美國、瓜地馬拉、海地、澳大利亞、義大利、紐西蘭、荷蘭、西班牙等國。反對國除了共黨國家，法國已經站在反方。國際局勢轉變很快。

1964 年還發生賽普勒斯案。賽普勒斯原來主要種族是希臘人，自 16 世紀後伊斯蘭（土耳其）人逐漸移入，1878 年英國吞併賽普勒斯，直到 1960 年由希臘、土耳其、英國同意下獨立。1963 年底，希、土兩族因制憲問題發生嚴重流血衝突。土耳其派兵到賽普勒斯支持北賽普勒斯的土裔人民獨立，聯合國安理會通過一八六、一八七決議案，派維和部隊到塞普勒斯，並幾次延長時間，蔣總統原已答應幫助土耳其，但我駐聯大代表仍然投贊成票。總統大怒，因而對葉公超不滿。

我在國組司等候兩年，剛接到部令接任一科科長時，陳之邁調任駐日大使，要我同往日館。

十三、駐日本一等祕書

1966 年陳之邁大使派到日本，知道我受過日本教育，要我跟隨，所以我就去日本。我後來到東京大使館工作的時候，有一次因為富士電視十周年，要我們各國大使館派人去參加。那時日本還不那麼開放，因為陳大使跟我關係很好，曉得我會日本話，就派我去。那時候主持的明星是日本最紅的女明星吉永小百合，現在還在。我的小學恩師寺岡貞雄在電視上看到我之後，馬上打電話給我，過幾天後就到東京來找我，那時他已經當了小學校長，就在別府附近。見面時他好高興，他說：「沒有想到我的學生成為代表中華民國的外交官，上了電視。」那時候我還沒當大使，只是一等祕書。

駐日大使館館舍原是以前我國軍事代表團的。軍事代表團是二戰後佔領日本期間，1947 年 4 月 19 日成立之中華民國派駐日本的外交代表團。1953 年，在中華民國與日本簽訂和約後，該代表團現址成為我駐日本大使館所。我在日本期間曾經由日本外交部（外務省）幫忙，趁國會休會期間，將原來登記為偽滿政府的大使館，改登記為中華民國產權。可惜後來還是由中共繼承。那時日本右派眾議院議員有一個櫻花協會，跟我們關係很好，他們每年送我們一百株櫻花。就是為了交流，他們還保留臺灣種的山櫻花（緋寒櫻），紅得發紫。我曾經將他們送的櫻花種在大使館前面。那時日本有四大報：《朝日新聞》、《每日新聞》、《讀賣新聞》、《產經新聞》，跟我們比較好的是《產經新聞》，直到現在我們還有往來。

那時我大使館地位很高，我們進去國際機場有四個使館牌子（通行證）。帶著牌子，國際機場可通行無阻。我那時是大使主任祕書兼總務主任，那時日本還沒辦萬國博覽會，正是日本經濟起飛的時候。對外交團很重視，尤其中華民國是聯合國安理會常任理事國。那時候日本人對蔣總統「以德報怨」，非常感謝。老一輩講起老總統很感謝。

那時我們的問題就是待遇太低，到日本後漸漸好轉。這時薪水有五、六百美元，那時日本生活費還不高，一塊美金可換日幣三八〇塊。在日本我待了五年，最後一年日幣升值了。日本基礎好，所以容易富強。不管中國大陸或臺灣，就是要打好基礎，一下要強起來就很快。

在日本大使館時，聚集了多位年輕的臺灣籍外交官員，除了我還有詹明星、林金莖、徐漢飛、黃新璧；國防部派來有郭宗清、葉照明；經濟部有劉維德、江丙坤、陳萬春；教育部有邱創壽、楊秋雄；新聞局有黃老生；由調查局派來有詹益詹、程泉等。我們大都在戰前受過日本教育，通曉日語，了解日人風俗習慣，所以工作較為方便，工作忙碌。

駐日大使館是除了駐美大使館外我國最大的駐外機構，除了屬外交系統的政務、領務、祕書、總務四組外，還有陸、海、空三個武官處，經濟、文化、新聞三個參事處，及其他負責特殊任務的工作單位。我負責總務工作，除了會計、出納、一般庶務有專人處理外，最繁重的工作就是接待國內訪問團。當時我國大使館持有日本機場當局發給的五枚國際機場通行證章，一枚最高大使專用，其餘四枚是大使館員佩用，可以在機場內通行無阻。有四個出入證，進出國際機場很方便。用得最多的就是江丙坤，因為當時我國經濟起飛，我國財經主管帶團出訪，或考察或參加國際會議的情況甚多，如李國鼎、蔣彥士、陶聲洋先生等來日訪問或過境，都要江先生照料。江丙坤與我同時服兵役，所以算是老朋友。江丙坤是苦讀、工作很努力的人，當年念臺中農業職業學校，再念行政專校、法商學院，拿了中山獎學金，到日本東京大學留學，學成後續在國貿局、經濟部工作，對臺灣經濟有重大貢獻。

1969 年陳之邁大使派為駐梵蒂岡大使，我仍留在日本，接續的是彭孟緝。1971 年駐美大使沈劍虹、外交部國組司司長翟因壽及彭孟緝大使、鈕乃聖公使等，至日本東京外務省飯倉公館，與外務省官員會談有關我代表權問題，外務省有審議官法眼晉作、駐聯合國首席代表中川融等官員（參附件 4-2）。日本也很重視此問題，並提出他們的估計，法眼審議官提出美國會提 D.R. 案（雙重代表權），想知道我方立場。並謂聯合國內並無是非，亦不能專講道理。沈劍虹表示希望美、日能對中華民國負起道義的責任，採取堅定的立場，藉以發揮說服及領導地位。希望仍能支持重要問題案，對 D.R. 案立場保留。法眼審議長最後表示對中華民國極為同情，但說天下事雖不能放棄原則卻也不能漠視事實，希望無論如何不要退出聯合國。[9]

5 月 7 日沈大使一行拜會愛知揆一外相，外相提到日本戰前退出國際聯盟而遭受國際孤立之慘痛經驗，希望我方不要輕言退出聯合國。但結果還是失敗。[10] 1972 年 9 月中日斷交。

十四、禮賓司與國民大會祕書處

1972 年 3 月，我從日本回來之後，在禮賓司擔任副司長，同時也兼任國民大會祕書處交際科科長，那邊六年開一次會，最讓我印象深刻的是大會的大印，比外交部的整整大了一圈。

那時候因為老總統身體已經不太好，所以周書楷大使建議，讓他就像美國總統一樣，坐在位子上接受他國大使呈遞國書，接過來就好。我們禮賓司的人得站在旁邊敬禮，通常遞國書儀式是由禮賓司司長主持，當時好像只有沙烏地阿拉伯還有哪國大使由我來負責，因為當時司長正好另外有工作要處理。我還記得當時上去唸：「報告總統，沙烏地阿拉伯全權特命大使某某某呈遞國書」，其實也就這句話。那時谷正綱對我很好，他去日本也由我接

9 編按：參閱〈外交部國際組織司編呈關於聯合國中國代表權問題中日東京會談紀錄〉，國史館藏《蔣經國總統文物》，典藏號：005-010100-00045-008。

10 林註：國際組織司翟因壽司長，他每年要陪部長到聯合國開會，到日本東京時，我陪他，他要看看今年國家運勢，曾在寺廟抽到一支大凶籤，實在太巧合。

待，當時的常務次長叫做蔡維屏，另一位是楊西崑，都是教授出身。過了幾年，蔡維屏是人事方面的主管，他覺得我的歷練夠了，想找個小地方讓我去當主管，就問我的意願。當時我回答，我只能說日文跟英文，所以大概只能找英語系的國家，當然能到美國最好。他告訴我關島有位置，可以讓我擔任關島的領事兼專門委員，但我覺得自己畢竟是副司長，那邊只是領事，不太合適。當時夏威夷是個大站，關島只是一個領事館，大約是科長級去擔任的，雷愛玲在那邊擔任專門委員，她父親是銓敘部（還是考選部）的部長。

蔡接著提議讓我去斐濟當代表團團長，也告訴我那邊比較鄉下，約有臺灣的一半大小，人口只有六、七十萬。我想想就同意了。當時楊西崑因為跟陳之邁大使有交情，跟我也不錯，教我每個星期鎖定一個目標請一次客，這樣就能慢慢建立關係。楊去過斐濟，認為那是南太平洋最重要的一個據點，當地有 10% 的華僑，對經濟的影響力頗大。斐濟是大英國協的一部分，跟加拿大、馬來西亞、澳洲一樣，當時大英國協的影響力還是很大。

我在禮賓司待了三年半，本來三年就該外放了，但是正好遇到總統過世，我留下來幫忙處理國葬以及後續的事宜，所以多拖了三、四個月，才外放到斐濟去當團長。蔣公過世的時候，因為我是禮賓司副司長，要負責招呼各國的大使，當時美國由副總統洛克斐勒擔任特使前來，另外有參議員高華德，跟一位姓鄺的，是夏威夷州的華裔參議員。以這幾位對我國的重要性來說，當然是高華德最重要，但他曾經落選過一次；鄺雖然當選次數較少，但每次都能連任，以美國的排位順序來說，鄺連任較多次算是較資深，應該要排在高華德之前。

當時我們禮賓司詢問過美方，他們說除了特使之外，鄺要坐第一位，高華德其次。但消息傳給總統府之後，那邊當場跳腳，表示高華德對我們非常重要，不能夠放在第二位，不過，美方的規定與要求，我們當然不能隨意更改。後來是宋美齡的姪子孔令侃出了主意，專機一抵達就先派專車接走高華德，這樣就不用依照原本講好的順序。這種事情學問真的很大，處理也必須很有技巧，後來高華德對《臺灣關係法》的簽訂出了不少力。

十五、斐濟商務代表團團長

駐斐濟原來是公使職位，但我們一去就斷交了。我在斐濟的正式職稱，是商務代表團的團長，屬於半官方的身分，手下只有三、四個人，一個專門委員、一個主事、一個商業專員，但都比我年紀大，資歷也深，後來又追加了一個祕書。

我去了不久，斐濟就跟中共建交，接受中共在那裡設置大使館。我們在那裡原本的名稱是「中華民國商務代表團」，但不久就收到他們政府通知，「中華民國」四個字不能使用，也不准許掛出國旗。當時很矛盾，我們想用 China 這名詞，人家不給我們用，希望我們用 Taiwan，但我們不希望被矮化，拒絕使用，最後駐館的名稱，只好搞了一個莫名其妙的「遠東貿易中心」。我並沒有要求外交部將我調到其他國家作大使，身分變低了我還是一樣工作。

我的前任叫做傅允英，是個旗人，清華大學畢業的，曾是朱撫松部長的祕書，京劇唱得很好。他有個乾親家叫做馬連傑，西南聯大，做過總務司副司長，在那裡擔任專門委員。我去之前就聽說馬太太喜歡管事，太過能幹也太強悍，傅在我赴任時告訴我，他任上做的事情不多，反倒是跟馬太太常有些內鬥。

馬連傑在我上任後曾來找我，他比我年紀大，雖然能力不算很強，同樣也是副司長經歷，我告訴他：「學長，我怎麼能讓你當我的屬下。」他表示，若回國的話就得準備退休了。他當時已經六十多歲，不會再有外放的機會。我告訴他，如果願意留下，我不會反對，因此部裡其他人覺得我肚量很大。我在斐濟四年半的時間，他都留在那邊繼續工作，我離開時他還擔任代管。另外有個經濟部的專員叫做張遵權，比我大十歲左右，英文很好，外貿協會出身，擔任專門委員，我也讓他留了下來。他也很怕太太。聽說夫人是牧師的女兒，連打麻將要打哪張，都得要太太點頭。我就讓他們寫寫政情報告。

還有位做過副領事的，姓鄭，是當地的華僑，當時已經八十歲。我請他當董事長。我自己擔任 CEO，因為我們在斐濟的性質算是公司：「遠東貿易公司」。他在當地聲望很高，從中華民國副領事留到現在。後來我們在南太平洋的發展，很多都依循我這樣的模式。

當時我們外交上雖然弱勢，但僑領推薦我參加扶輪社，接觸到不少官員，畢竟當地名流要人都會參加，而且沒達到八成出席率還會罰款，在那邊很容易見到部長級人物。部長還不見得有用，要抓住出錢的金主，金主就是幫助他們選舉的人。我常跟他們打球、往來。在南太平洋中國國民黨的勢力其實很大，當時黨國一體，海外黨部很有影響力，畢竟華僑人數很多，掌控了經濟，擔任各國國會議員的也不少。當時的黨部代表是司徒哲波，是個很熱心的人。

當時楊西崑很支持我，要我到太平洋各個新獨立的島國都去走一趟，找尋潛在的建交對象，旅費都可以讓我報帳，像索羅門群島、紐幾內亞、Vanuatu（萬那杜）、庫克群島、諾魯、帛琉、Marshall Islands（馬紹爾群島共和國）等即將獨立的南太平洋託管群島，早期都沒完全獨立。獨立之後，我們馬上前往跟他們建交。南太平洋我去了很多地方。像我去索羅門群島時，也是透過僑領帶我去當地的華僑中小學，那是當地最好的學校，然後透過僑校校長介紹去見到總理，還請他吃飯。後來我從斐濟回來之後，那位總理到臺灣來訪問，關係逐漸升溫，最後成功建交。

我也建議臺糖農技顧問團到斐濟，教他們如何發展糖業。斐濟本地人很少做生意的。當地印度裔很多，是當年英國人帶去種甘蔗的農奴後裔，人數跟本地人差不多，後來逐漸掌控經濟。但斐濟人也不笨，全國大約只有15% 土地可以買賣，約 50% 土地可以長期租借，惟大部分土地所有權均屬於原住民部落所共有，不能買賣。多數土地都掌握在本地人手中，而且軍隊跟公務員大多也都是由本地人擔任。雖然發生過幾次政變，印度裔經政黨政治選舉，掌握國會，但本地人掌握軍隊，一直以來占優勢的還是本地人。我在外界多年，見過甚多國家的內外糾紛，得到的結論是涉及到宗教、領土、種族這些問題，基本上都是沒有辦法解決的。

當時我幾乎每個星期天都在「龜」俱樂部有打球的聚會，南太平洋那邊對烏龜是很重視的，當作寶，所以取這個名字。斐濟大概一半部長都參加這個俱樂部，我算是利用華僑的關係參加。斐濟總理拉杜馬拉年輕時到英國留學，其實也很有見識，雖然當時技術沒有很好，但考慮到要與總理接觸，這種方式已經是比較自然而且不冒昧的，所以我常帶著朋友與拉度馬拉一起打高爾夫球。

斐濟行酋長制度，一般人不能隨便跟酋長開玩笑。但有位華僑朋友十分幽默，在打球的時候總能跟總理講些笑話，對方也很願意聽這些玩笑，所以我都找他一起去跟拉度馬拉打球，總理出去比賽很喜歡找我們一起。所以中共使館十多個人，對他的影響力還不如我一個。我的太太也跟這些夫人很好，經常請他們吃飯。我們也跟僑校家長往來密切，避免僑校被中共插手。

因此，我跟他們的外長、祕書長都很好。他們的祕書長是英國人，叫做 Robert，英屬國家很多有這種官員，還拿了爵位的，他們夫婦跟我們夫妻相處得不錯。我太太幫我很多忙，她跟這邊重要官員還有總理的夫人、妹妹都處得很好，這邊的女性對貞操、再婚的觀念比較開放，如果是長得帥又優秀的男性到家裡，有些人會叫女兒出來，希望能留下比較好的後代，有這樣的習俗。當時我太太找了一個總督的女兒來當祕書，還准她每周二、周五可以去打球，後來她當上斐濟的部長。

總理的太太，在當地的身分比他更高。拉杜馬拉對新加坡的發展很感興趣，常提到李光耀，有把他當作偶像的感覺。我曾邀他來臺訪問，他原本高興地答應，還說要帶太太一起去，但就在出發前一天，卻表示他太太身體不適作為理由取消。一年後，我要離開斐濟時，他跟我保證之後一定會出訪臺灣，這次即使北京阻撓也會前往。這等於是告訴我之前出訪未能成功是因為中共的壓力。半年後他實現承諾，到了臺灣訪問。之後拉杜馬拉多次來臺，跟錢復也成為好友。

十六、亞太司司長

離開斐濟後，我擔任亞太司的司長。當時孫運璿擔任院長，提出我國要在太平洋的小島國及加勒比海增加邦交國。現在我國的邦交國幾乎都在這兩個地區。現在斐濟已經變成中共在南太平洋的大本營，我近幾年曾去過，很多建築物都是中共出錢給他們造的，是他們最重要的援助國，不像當年我在那裡的時候，澳紐是他們的主要援助國。老實說，我四、五年前特地去斐濟一趟，這時那邊在各方面，都還不如當年我在的時候。

南太平洋那邊的生活很舒適，氣候跟風景都好，生活步調也很緩慢，他們認為明天的事情明天再去考慮，也不太在乎一些細節。他們的主食是芋頭跟山藥，拿來跟豬肉一起烤，很容易維持生活，所以他們那邊的男人很多不事生產，只負責保家衛國，工作都是女性在做。

說真的，我在斐濟待了四年半，那段日子因為是我第一次擔任主管，非常用心投入工作，甚至把全家都帶到斐濟去了。太太幫了我很多忙，小孩表現也很好，不管是在華僑學校念書的，或是在斐濟的大學念書的，可以說盡了我們全家的力量。不過，南太平洋的生活步調比較鬆散，我回到亞太司之後，工作突然忙碌，還被錢復次長質疑過得太輕鬆。別人下班還帶公文回去處理，我下班後就去打橋牌、下圍棋、打高爾夫、釣魚。不過，我的工作成果沒發生過甚麼問題。

錢復有家學淵源，修養也不錯，但以政治人物來講太溫情了。我後來聽說，李登輝當總統的時候，有一次本來要換掉李煥，讓錢復接他的位置，但錢復卻告訴他，李煥是他的叔伯輩，不能去趕他下來；所以最後由宋楚瑜來接任。

我向來不擅言詞，尤其是公開演講，既未受過訓練亦不喜歡，覺得它過於八股，少有真情。這種悠哉不緊張的惰性，在南太平洋裴濟工作時，養成習慣。自斐濟回國接任亞太司長不久，韓國發生朴大統領被其侍衛長槍殺事件，要我在動員月會上臺報告，當時我既沒有去過韓國，又不去蒐集資料，沒甚麼準備就上臺。結果表現得不是很好，甚至還要大家自己看報紙。很多人都認為我會被換掉，幾位同事都私下問我怎麼會報告成這樣。我事後也有點後悔，應該針對過去我在南太平洋的工作情況，至少把我知道的東西向部裡說明。幸好最後保住了職務，很多朋友都替我捏了一把冷汗。

十七、亞特蘭大辦事處處長及駐美副代表

我國跟美國斷交之後，所有外交工作幾乎都集中到美國那邊，過去到美國當處長，大約是總領事的位階，但當時情況特殊，原本在外交部擔任司長的，大約有七、八個通通一起被派到美國去當處長，我也是其中之一。1983年，我被派到美國亞特蘭大去擔任辦事處處長。司長一般在其他國家可以擔任副代表，但美國對我國實在太過重要，沒辦法用一樣的標準來看。

這份名單是當時我國駐美各處的聯絡資料〔林大使出示〕。這邊是文化組、經濟組，新聞組是由新聞處派人、還有業務組等。一個處就有這麼多人，都在同一棟六層的大樓當中。武官的部分在那邊，軍事協調組當時負責人是李廷少將，現在〔2016 年〕的國防部長馮世寬當年也在

那邊擔任空軍武官。他年輕的時候我就覺得他太老實，講話也直白，到現在沒甚麼改變。另外一個組更重要：軍事採購組，不但人數多，階級也高，負責人是中將。

中美斷交不久，美國已經把外交重心移到北京那邊，我們則努力對美國進行各種工作。但是，當時不要說美國國務院，就連日本外務省的所有中國專家，都看好中共而漠視我國。我認為這種情況一方面因為中共是強大的國家，各方面都比我們重要，另外一方面因為這些專家將來都可能派到北京，去擔任外交人員，他們不願意因得罪北京而失去機會。我過去有很多日本好友，都算是中國通，經常有連絡，但跟美國斷交之後，就再也沒有往來。

相較於國務院，美國的經濟部門以及國會，對我們就友善許多。所以我們這些處長的任務，除了跟國會議員打好關係，也跟各州州長、參議員們往來。州政府跟我們都很好，因為我們在那邊進行採購，簡單講就是用採購案來換取美國對我們在留學生以及各方面的優待。州長通常不是我們爭取的主要目標，參議員相對重要很多。有一次，現在的部長李大維跟著我們採購團一起去拜訪州長，當時他還是胡旭光手下的專員，研究所剛畢業不久。

當時總統是民主黨的卡特，一般來說共和黨跟臺灣的關係比較好，美國幾個高層人物當中，高華德與雷根對我們是比較友善的。雷根學歷不高，總統的工作卻做得不錯；美國總統其實沒有幾個擁有高學歷，卡特有碩士學位算是比較高的，但也是做得最差的總統之一。

我國對美國國會的遊說，最有貢獻的是我的前老闆陳之邁大使，他當時被欺負得很厲害。因為他不是外交體系出身，是大學教授轉任的「黑官」。蔣公那時要他直接去外交部報到，然後到美國去，結果外交部跟他要委員長的手諭，他只好又跑一趟去拿，才讓他報到，給他參事的位置。他跟我抱怨過，待在華府十年都沒給他打考績，就專門負責國會的遊說工作。不過他有蔣給他的特權，不用經過外交部就能上達委員長，可能因此部裡對體制外的他並不友善。不過他做得不錯，跟美國參議員、眾議員的關係都弄得很好，離開之後，接任的是胡旭光。

當時胡旭光是採購組的組長，負責對美軍備採購與聯繫，他對我國的貢獻很大。胡旭光跟蔣經國的關係很好，經國先生很信任他，有一次美國的馬康衛大使夏天到亞特蘭大度假，在那邊就留下與蔣經國、胡旭光三個人合照。胡原本也不是外交部的系統，是國防部的人，但是他的表現很好，後來當了駐美的副代表，在這位置上很久。當時代表都是部長級人物，顧維鈞、周書楷等。而後來的袁健生等人都是胡提拔的。前面已經提到：胡旭光的太太是我臺中一中的英文老師。他們感情應該不錯，他太太過世之後不久，他也就跟著走了。這種情況滿常見的，但是如果能撐過，大概就可以自己再過一段日子。

1988 年 1 月 13 日，蔣經國總統逝世，李登輝繼任總統。1989 年 9 月我被派任為駐美代表處副代表，主要工作之一是掌握在美國的學人動向，李總統和蔣彥士都很注意。那時美國留學的外省籍學人多少有左傾的思想，臺籍的又有臺獨的思想。李登輝有個朋友是我高中同學梁國樹，那時是交通銀行董事長，我們曾在臺大住在同一個宿舍。他跟李總統是因為在臺大教書同事，很熟。所以建議李總統要我去美國當副代表。蔣彥士很想知道當時臺灣同鄉會的活動，我有個朋友廖述宗是芝加哥大學生化教授，研究男性荷爾蒙，差一點拿到諾貝爾獎，他在 1980 年創立「北美洲臺灣人教授協會（NATPA）」，支援島內民主運動。他的父親就是廖繼春，名畫家。我們都是中學同學也是大學同期的老友。我要外放美國，去見蔣彥士先生，談話中他知道我跟廖述宗熟識，所以要我多聯繫美國臺籍人士，要我特別去看調查局長沈之岳，意思是我到美國跟臺籍人士見面，安全局不要誤會。

據我所知到美國留學的，我這一輩的比較少，但是跟我太太同期晚我五年的很多。像蔡同榮、陳唐山等晚我五、六年。我在那裡講話是學長的身分，所以做這些工作，比較容易。除此外華僑工作也很多，有許多傳統的華僑，像當時陳香梅女士在華府非常活躍，也參與中華公會，所以要經常跟他們聯繫。因為當時我年紀已有六十多歲，所以工作算順利，並且我的性情不是很激烈，任何人我都可以接受，我的朋友裡面各種各樣的人都有。從我念中學、臺大、政大、當兵，身旁各種立場的人都有，也有權貴子弟，也有很辛苦從大陸來的苦讀學生。因為性情的關係，我在美國的工作還算很順利。

在美期間，曾經發生過一件事，當時李登輝以副總統特使身份訪問巴拿馬，在邁阿密轉機，我曾經跟錢復照料李副總統。我陪李副總統打球時，告訴我回臺灣時要找他打球，並要我轉告錢復說要忍耐，以後會有重用。

我見到錢復時跟他說李登輝總統問候他。應該是李總統想要重用錢復做行政院長，但當時李煥比錢復年長，所以錢復不願越過他。李總統回國後，沒多久外交部要我回國受訓，到陽明山革命實踐研究院受訓。我說我已經受過訓了，而且當時規定受訓人員年齡不得超過五十五歲，結果丁懋時問錢復外交部長，為何還要受訓，錢復說上面交代的。給我公假，我就回來公文上填寫我的年齡是五十一歲，其實那時我已經六十一了。當時每個人都要上臺報告履歷，大家奇怪我怎麼我十幾歲就到外交部工作了。可見當時官長，只要是上面交代的，連問都不敢問。

在 1992 年 5 月 20 日離開美國，結束了副代表的工作。在華府不到三年，後來李總統要我回來受訓，可能要另用，但是我跟他說我的個性不適宜政治性的工作，外交比較單純。因為我的資歷在臺籍人士中，算比較完整，一步一步做到司長、到副代表。我還是做專業的工作，因此派我做駐格瑞那達大使。

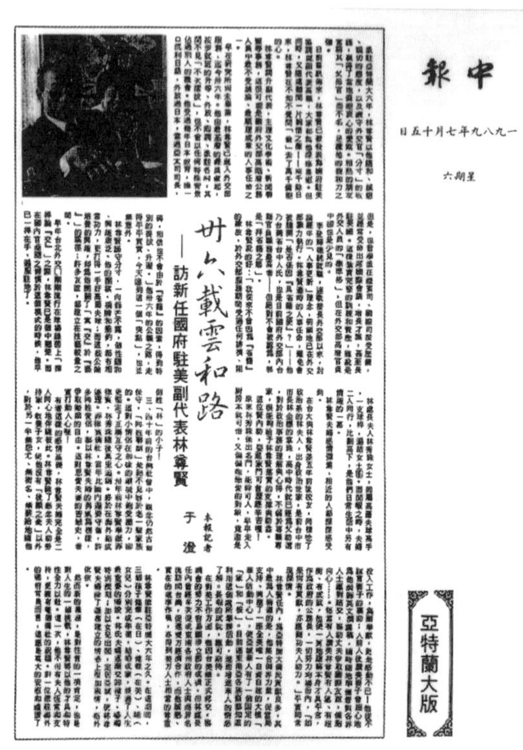

中報

一九八九年七月十五日

星期六

亞特蘭大版

卅六載雲和路

——訪新任國府駐美副代表林尊賢

本報記者 于澄

圖 4-3 新任駐美林尊賢副代表之報導（1989 年），林尊賢提供

十八、格瑞那達等五國大使

這份是我被派到格瑞那達的總統命令（圖4-4），1993 年 12 月 24 日，當時兼任五國大使，包括聖文森、聖露西亞、聖克里斯多福及多米尼克，但主要就在格瑞那達。格瑞那達並不是最大的國家，位置也不是最好，嚴格來講聖露西亞在中間，聖克里斯多福還有多米尼克在旁邊。

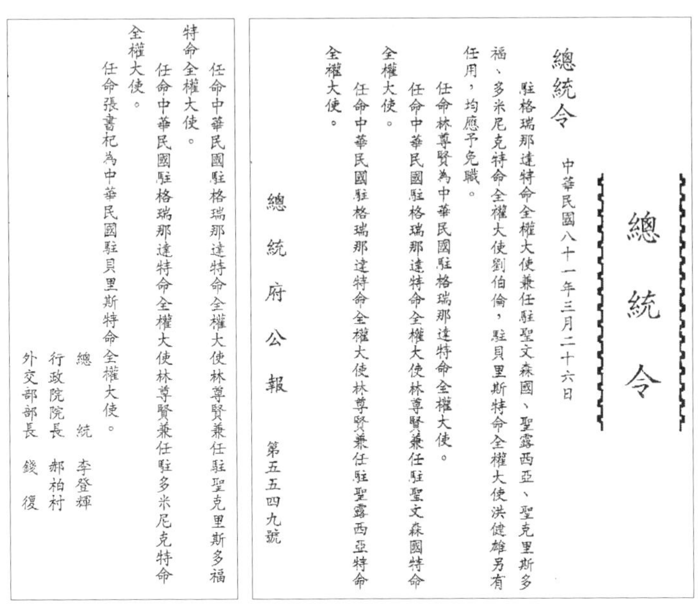

總統令

中華民國八十一年三月二十六日

總統令

駐格瑞那達特命全權大使兼任駐聖文森國、聖露西亞、聖克里斯多福、多米尼克特命全權大使劉伯倫，駐貝里斯特命全權大使洪健雄另有任用，均應予免職。

任命林尊賢為中華民國駐格瑞那達特命全權大使。

任命中華民國駐格瑞那達特命全權大使林尊賢兼任駐聖文森國特命全權大使。

任命中華民國駐格瑞那達特命全權大使林尊賢兼任駐聖露西亞特命全權大使。

總統府公報　第五五四九號

任命中華民國駐格瑞那達特命全權大使林尊賢兼任駐聖克里斯多福特命全權大使。

任命中華民國駐格瑞那達特命全權大使林尊賢兼任駐多米尼克特命全權大使。

任命張書杞為中華民國駐貝里斯特命全權大使。

總統　李登輝
行政院院長　郝柏村
外交部部長　錢復

圖 4-4　奉派中南美洲五國大使之總統令，林尊賢提供

至於為何會駐在格瑞那達，一方面因為他們是最後跟我國建交的，另外，美國當時與古巴的衝突也有關。格瑞那達是大英國協的一份子，那邊原本是共產革命政府，後來又發生內亂，美國接受了東加勒比國協的要求，以保護美國就讀格瑞那達的醫科學生為理由，出兵攻佔格瑞那達。後來引發英國、加拿大等國的不滿，以一百多票在聯合國通過決議案，認為美國違反國際法，侵犯其他國家的獨立及主權。

之後很多國家為了表示支持這個小國，都在這邊設置辦事處，不過大部分的國家都只派遣了代辦（charge d'affaires），簡單說就是大使不在，在那邊代理處理事務

的人員。畢竟世界上有那麼多國家，正常來說要全部派駐大使是不太可能的，所以比較小的國家大使通常不駐在那邊，由代辦來處理事情，大使偶爾才來。像我國由我駐在格瑞那達，日本、韓國的大使則駐在加勒比海那邊更大一點的國家，像南邊的千里達托巴哥，然後兼任十幾個國家的大使，也有的在北邊的牙買加，擁有世界跑步最快男人的那個國家。我們在每個國家都有參事代辦也有科長代辦，館都很小。這些國家總理就跟鎮長差不多，人口少，但水準有的都滿高的。

有駐使在格瑞那達的只有我國跟委內瑞拉，別的國家基本都是兼使，連美國、英國、法國在那邊，也都只派一個代辦。所以當時我在那邊的地位滿高，當最資深那位離開之後，就由我擔任各國外交團的團長。這有一個好處，各國代辦都會來拜會我們。我擔任外交團長一年左右，法國、日本、韓國都來拜會過，而且該國有些國際事務需要處理時，國會開會也得邀請我參加。

我在格瑞那達做得很好，我身體如今這樣健康也是在那裡培養起來。我每天早上 5、6 點起床，開車到海邊去釣魚，洗過澡去上班。那裡沒有僑務，也沒有經濟事務，只要看準她不要跟中共建交。我每個月要去看這五個國家總理，每星期要到一個國家一、兩天，當初遞國書就要遞五趟。所以旅行很多，而且我們在每個國家都有農技團，每個農技團都有十人左右，規模比大使館還大。他們幫我們聯絡當地政府像總理、總督或其他官員，只要沒有特別事情，外交關係很穩固。那時我建議國內一件事，就是當時外交部把權力抓在手裡，看哪些國家對我國比較好，對他幫助多一點。我說：這樣不可以，要平衡。因為那五個國家都互相聯繫，要援助一定要平衡。第二就是，這些國家屬於大英國協，政黨一定會輪替，所以不要只顧總理的執政黨，反對黨也要顧到。內閣制的國家，在野黨也要把握住。

格瑞那達有美國人設了大學，中國人田先生在那設了一個醫學院，他請各國著名教授在每七年有一年休假，到他的學校上課。這些教授一方面休假一方面教書，使田先生賺了很多錢。

當時因為身兼五國大使，每個月都得所有國家跑一次，用十多人座的那種小飛機作為交通工具。機場大概也只有學校的操場那麼大而已。聖文森島嶼不大，多明尼克雖然島較大但多山，機場都很小，只能用小型的飛機作為交通工具。

這幾個小國都沒有任何華僑，但我們都派遣了農技團。過去我國派了很多農耕隊到非洲各國，當時他們剛獨立，農業方面根本不行，而我們當時要守住聯合國的席次，派出不少農耕隊、農技團之類，後來也派到中南美洲這邊。

至於醫療團，最早我們是派往越南，因為很多好朋友在那邊，後來一些比較大的國家，像是中東、北非，我們也派了醫療團，但中南美這邊都是小國，並沒有派遣。

當年政府的力量還是比較大的，願意提供那些醫生比較高的待遇，因此不少醫生願意參加醫療團，像楊麗花的老公洪文棟，高雄醫學院畢業的，當時也是從越南醫療團回來的，那時候我還跟他一起搭飛機。

Grenada INFORMER, Friday December 24, 1993

Government bids farewell to ROC Ambassador Lin Tsun Hsien

THE Government of Grenada will, this week, bid farewell to his Excellency Mr Lin Tsun Hsien, Ambassador of the Republic of China to Grenada and Dean of the Diplomatic Corps.

Ambassador Lin presented credentials on May 20, 1992 and has since then, overseen Chinese diplomatic, technical and economic relations with Grenada.

Since the establishment of diplomatic relations with the Republic of China in 1989, Grenada has beneficed tremendously in a wide range of areas: training opportunities have been numerous and continue to be available to Grenadians; gifts and grants have been presented to assist with needed infrastructural projects, and the purchase of Government vehicles and equipment. Grenadians are also drawing on the knowledge and experience of the Chinese experts who are based here.

The Government of Grenada is indeed grateful to the Government of the Republic of China for the opportunity of having worked with Ambassador Lin, under whose direction the embassy and its staff strengthened and maintained both professional and cordial relations with Government and non-government organizations.

A farewell reception for Ambassador and Mrs. Lin was hosted by Prime Minister the Rt. Hon. Nicholas Brathwaite on Monday 20th December, 1993.

Ambassador Lin will be succeeded by his Excellency Ambassador Hsu Chi-Ming, who will present credentials early in 1994.

Ambassador Lin Tsun Hsien

圖 4-5　由格瑞那達回派之報導（1993 年 12 月 24 日），林尊賢提供

十九、韓國代表

離開中美洲以後不到一個月，我在就 1994 年 1 月 20 日被轉派到首爾去，擔任斷交之後的第一任駐韓國代表。韓國與臺灣變成殖民地的背景不一樣，韓國是被合併的。日本明治維新成功，所以進步得很快，當時韓國也想圖強，日本就硬把他合併起來。很多次有韓國人問我，你們臺灣人不僅不反日，而且還哈日，真的很奇怪。

我們中國人，尤其臺灣人，多少看不起韓國人。當年日治時代，留日的臺灣人都是有錢階級，去唸書的；韓國人則大部分是去工作，所以我們自然有這種感覺。事實上，韓國人認為他們比日本人高一等，去韓國的歷史博物館，有很多中國的文物。他們認為中國和北京是老大，漢城第二，日本是第三。他們畫龍，中國的是五爪、韓國是四爪、日本是三爪。從龍的畫法上面，看出層級不同。所以韓國人很多認為日本是他們的小弟，他們以曾經被小弟合併和欺負為恥。

圖 4-6　赴任韓國代表，林尊賢提供

我在韓國待了七年半的時間，韓國人對我很好，但他們非常不能理解為什麼臺灣人會對日本人友好，畢竟日本殖民臺灣那麼長的時間。雖然日本經營臺灣花了很多錢，但對他們來說就像經營一個產業。臺灣有木材、糖、米，所以日本人認為臺灣是蓬萊島。在國際上，日本自己也認為在臺灣所為，比其他國的殖民地做得好。但韓國是一直不肯服他們。殺死伊藤博文的是韓國人，這是因為韓國的民族性。

圖 4-7　中華民國駐韓代表處集體照，林尊賢提供

我每次被派到一個新的地方，就讓自己變成一張白紙，到了那邊重新學習。我覺得在儒教的文化和保守方面，韓國人比中國人更像中國人。但有時候韓國人又比日本人更日本人，像是暴躁的脾氣。事實上，日本人是韓國人傳出來的一支，我們臺灣人則是福建過來的漢人，蒙古利亞種。日本人喜歡講他們是從中國直接來的，不過事實上是經過韓國過去的，我覺得日本跟韓國的關係很微妙。日本人不否認他們的文化是派人留學學回來的，韓國和日本同文同種，都屬於阿爾泰語系的。語法方面，「我你喜歡」，而不是我愛你，都相同。有一次一個蒙古詩人到韓國訪問，他說他到韓國以及日本，學習他們的語言都很輕鬆，語法接近。

其實早在沈劍虹的時候，美國已經傾向承認中共，所以我國外交很難進行，甚至美方為了隱瞞跟中共建交的企圖，不太想跟我們接觸。那時候韓國要跟我們斷交的時候也是，原本都跟我們抱持著疏遠的態度，後來突然變得很友好。我到韓國就任的時候，媒體上都有刊載，而且第二天韓國外長就接見我，甚至找我去官邸一起吃飯。聽代表處的人員講，前面幾任大使去，基本上他們理都不理。但他們要求，不要讓韓國去得罪北京，只要別讓北京下不了臺，我們什麼事情都可以做。

圖 4-8　《中國天地》封面－駐韓臺北代表部開館，林尊賢提供
說明：韓國僑報，國共兩邊的事情它都報導。

我認為，韓國與我國斷交而與中共建交，當然有他們的考量，與中共的各種來往，若沒有正式邦交很困難，但與我們過去多年的關係，又讓他們過意不去。所以一方面他們抱著有點不好意思的心態，畢竟背棄了老朋友；另一方面跟中共的關係也確定了，於是對我國代表處的關係，也就變得比較友好。

我有時候也跟韓國的朋友們埋怨，我知道你們對我們很好，但這些都僅只於私下的交情，拿到檯面上來的通通沒有，你們甚麼都怕北京不高興。我們在那邊都稱呼「漢城」，韓國人很討厭這個稱呼，堅持要叫「首爾」，以當地話的意思就是「首府」，日本人則翻譯為「京城」。不過韓國人很喜歡在稱呼上計較，因為「漢」跟「韓」發音相近，他們過去稱為「漢藥」，現在都寫成「韓藥」。過去漢城旁邊的河叫做「漢江」，現在刻意寫韓文，真要寫漢字的時候也會寫成「韓江」。他們的自尊心很強。

圖 4-9　駐韓期間參加外交活動，林尊賢提供

早期外交部跟僑委會常有糾紛，外交部認為是我們所屬的事務，僑委會也搶著要做。以韓國而言，外交部力量比較大，因為原本有邦交，大使幾乎都是部長級，有權力叫僑委會不要派人來，但東南亞不少地方，僑委會其實

比外交部更有力量。

我去的時候中韓剛斷交，很多問題都得由我來處理，雖然以我們外交部的立場會覺得僑委會撈過界。但說真的，我們斷交以後最重要的工作，就是處理好華僑的問題，尤其是僑教這一塊。所以我的做法跟過去不同，邀請僑委會派委員到韓國這邊來，當時不少同事反對，但我認為我們的工作很多就是僑務，說來也是現實考量，有僑務委員來就有經費能夠申請，這樣光是僑教這一塊，他們可以幫忙出錢、出力，就能夠增強僑胞的向心力。

韓國華僑對中華民國是最忠心的，他們對所謂的臺獨非常反感，菲律賓華僑也很支持我國。以前韓國的華僑協會很特別，是大使館的外圍組織，華僑小學也在旁邊。尤其總會的力量很強，他們與國民黨部根本就設在一起。韓國跟中共建交之後，原本是我們的大使館就被他們接收了。

當年韓華的戶籍是華僑總會在管理，在臺灣，韓國華僑的勢力很大，永和、中和都有韓國歸僑協會，人數上一半在臺灣，一半在韓國，韓國每一個道都有華僑協會，又有許多的中國學校，影響力很大。而且他們不同於美國華僑或者菲律賓華僑，他們都是主動幫助我們大使館。

我在韓國七年半的時間，雖然中共是韓國的邦交國，而且他們的行動很活躍，但我們表現也不差，一直都呈現五五波的狀態。其實從僑胞的刊物就能看出來，他們自己能夠在我們與中共之間找尋平衡，你們看這份刊物

《中國天地》（圖 4-8）中，既有我國的報導，也有對岸的報導，其實人在國外，不要做得太過，雙方都能接受。雖然可能由我自己來講不太好，但我覺得這七年半我花了很大的心力，而且做得不錯。最遺憾的是我想好好學韓文，但韓文總是不好好讓我學。

李登輝先生當年派我去韓國，我當然是很高興的。有一次我回來，韓國剛把全斗煥、盧泰愚兩個總統因為貪污罪抓起來。李登輝還提到，怎麼總統當成這個樣子？他是比較哈日的。

我在外館就遇過兩位長官，一位就是陳之邁大使，一位是丁懋時。他當駐美代表時，我當副代表，此外都是擔任小主管。工作方面，擔任大使館祕書的時候最忙，還要兼顧總務，尤其是在日本的時候。擔任主管就完全不同，要抓重點來處理工作。一般比較小的國家，也許邦交不易穩定，我們不要買館舍，大的重要的國家我們就要買，即使斷交也會設立辦事處。我在韓國就買了一棟建築，現在還在使用。但原來的大使館舍被中共收走。因為那是清朝留下來的。有人主張不穩時先將使館賣給有關人士，但有人反對，認為這是失敗主義。雙橡園是電話發明人貝爾的岳父加德納．格林．赫巴德建的，1937 年赫巴德家將該處承租給新任的中國政府代表王正廷大使，1947 年，顧維鈞大使以中華民國政府名義，用四十五萬美元向赫巴德家購置雙橡園。所以沒有交給中共。

後來我在 2001 年退休，總共在外交部幹了四十六年。退休到現在，手邊還有很多資料沒有整理，也有不少想回的信都沒回。我在工作方面算是比較順遂的，很少有甚麼任務沒有完成。我二姊跟我說，我是最受神眷顧的，信仰要更堅定。我很少跟人爭，也幾乎不太跟人吵過架，或許企圖心應該更強一點吧。

尊敬的林大使尊賢閣下大鑒：

林大使，您好！

我首先恭賀您在韓國圓滿完成兩國間的外交首長的大任而回國。

您奉命被派來韓國後的7年期間，一直為了增進韓中兩國的友誼，兢兢業業，傾注心血，對韓中兩國的交流和發展，做出莫大的貢獻。因之，從諸多韓國人受到尊敬和愛好的閣下的離韓消息，使我恍作一團，感到非常惋惜。尤其，我們韓中教育基金會與中韓文化基金會主辦各種連席會議和學術會議，閣下不但按排各種支援，又在百忙中每次撥冗光臨，衷心祝賀鼓勵，本人借此機會再次表示甚深的謝意。

本人時常感到大使先生及代表部的諸位同仁對韓國的關心和友好，特別是上月14日設的離韓宴席上，將把大使先生的離任演講內容，來韓後才接收韓國話的尊夫人來通譯的場面，實在給我極大的感動。閣下在任期間兩國關係更為鞏固的原因也可以說是此種愛惜之心的顯露。本人和我國的國民都相信閣下的此種友情和支持，便是加強鞏固兩國關係的基石，并不能忘記閣下的此種業績。

至今雖然離開了韓國，但閣下永記我們對大使先生的友好和仰慕之情，并且盼望增進兩國的友誼，對於我們韓中兩基金會的事業和發展，閣下不斷關注和支援。

再次感謝大使先生的厚誼和關懷，并衷心祈願閣下的身體健康，萬事勝意。　肅此

崇安

2001. 6. 13.

韓中教育基金會 理事長 金 俊 喆

圖 4-10　結束駐韓代表工作時，韓中教育基金會之感謝函，林尊賢提供

二十、退出聯合國

其實失去聯合國席次我們早就有心理準備。二戰後，我們當然有絕對優勢。但 1949 年之後，中共逐漸穩定，美國就開始傾向他們。韓戰發生，美國需要我們中、日、韓圍堵中共，與我們的官方關係非常好，延續了我們

在聯合國席次十年的生命，之後西藏問題、印度問題、加上越戰，都讓我們勉強在聯合國多支持了幾年，這場席次的保衛戰，事實上外交部打了二十一到二十二年的苦戰，已經非常了不起了。包括蔣廷黼、顧維鈞、葉公超、錢復、周書楷等四百多位外交人員都有不錯的表現。

以邦交國來說，早期我們是比較多的，有六十多國，中共只有三十幾國，但情勢逐漸惡化。「漢賊不兩立」的做法，就是別人跑去跟對面來往，我們就斷交，但對岸那邊其實也是這樣的。如果我們早點在這方面做出讓步，可能外交立場會好一點，但當時怕連鎖反應，各國都跑去跟中共建交。

有份國務院檔案提到，馬康衛曾應中華民國外交部次長楊西崑要求開祕密會議，建議「中華民國」改名「中國臺灣共和國」，以行政命令進行公投，來決定臺灣前途，進行制憲會議。但美國沒有接受這個方案。當時非洲各國紛紛獨立，雖然沒有比較強大的國家，但數量上有四十多國，在聯合國形成一股不可忽視的力量，非洲司的楊西崑就變成重要的人物，我認為如果真有上述的那份檔案，恐怕也不是蔣的意思。

那年比較可行的做法，是美國計畫推動的「雙重代表權案」。我國退出安理會由中共取代，而我們當一般會員國，這樣或許有機會保留席次，當時英國、法國都不承認我們，只能靠美國、日本、澳、紐這些友邦，日本、澳洲跟我們較友善，在美國的示意下都願意幫我們，當時我的長官陳之邁大使正好由澳洲調到日本。

美國採取兩面手法，季辛吉派往中共，日本當時對外事務當然都是依照美國的意思，希望我們接受兩個中國，但我們的外交使節不敢向蔣這樣說。簡單講，當時威權時代，要當面跟蔣報告這些，很困難，得要婉轉表達，常常都是透過友邦的總理之類的名義來傳達。而外交人員會轉達這樣的意見，其實某種程度自己也贊成，多少也冒點險。

據我所知，關於這個雙重代表權的建議，一方面我們為了顧及面子，不能由我們自己去提出與推動，但如果由友邦提出的話，我們可以勉強接受，可惜在這樣的情況下，不同於過去每次投票都只差一兩票，那一次的票數方面我國慘敗。畢竟美國以他們自己的國家利益為最優先，而希望在聯合國拉攏中共來對抗俄國。

我們自己也知道，維護聯合國席次只能做到爭取時間，畢竟中華民國只剩下臺灣，很難代表全中國。隨著時間流逝，中共的政權依然穩固，聯合國開始有將中國代表權「還給」中共的聲音，後來由阿爾巴尼亞等國提出，最終讓我國退出。

聯合國的公報當中，提到的是「驅逐蔣以及他的代表」，而非中華民國的代表，那是因為中共當時主張他們是中國的正統代表，當然我們也主張自己是正統，到後來聯合國既然將中國代表權交給中共，就像當年我們不承認對岸，說他們是朱毛匪幫，他們那邊對我們的用詞當然也不友善，就稱「蔣幫」。

二十一、結語

（一）外交官簡介

外交官分成兩種，一種是特任，由總統任命，不一定要有職業外交官的資格；一種是職業外交官。特使就是，大使也可以是總統任命，但祕書到參事或公使則是職業外交官，最高是簡任。大使主要任務是對內可直接跟總統報告，對外可隨時跟對方最高首長聯繫。大使雖說是全權，但現在其實甚麼事都要請示外交部，最重要的是，必要時兩邊可以「通天」。有事的時候，起碼對駐在國告訴你的事情，你可以直接傳達給總統。一般的事請示外交部，外交官都可處理，有祕密時，或需要時，兩邊都要有通道，不一定交情很好，但要有管道，其他都有專家在處理。以前大館才有大使，一般是公使。大使若非職業外交官，需部長以上才能擔任，職業外交官可作簡任大使，司長以上可擔任。

武官有兩個意義，一個表示正式外交要氣派，尊嚴，但實際的工作就是收集情報。除了了解雙方現況以外，就是收集對方的軍事情報，海軍有海軍的聯繫；空軍有空軍的聯繫，將情報報回國內。使館最重要的工作就是情報工作，所以美國國務院有許多 CIA 的人員，我到美國去的時候，在臺灣禮賓司認識的美國參事就介紹他美國同事給我，都是 CIA 的人。

（二）梵諦岡

最近聽說可能梵諦岡教廷要跟中共建交，我曾經在韓國和梵諦岡駐韓大使談過，他說第一，教廷從來沒有跟任何國家斷交。第二，中國大陸的天主教主教，是自己任命，不透過羅馬教廷，這事跟羅馬教廷規定不符，所以一直沒建交。當然梵諦岡對這麼大的國家沒邦交，也很想突破這事情。這件事已經講了幾十年了。

（三）臺灣地位未定論

臺灣是特殊的國家，美國說臺灣不是正常的國家。當初日本放棄臺灣，我認為「臺灣地位未定論」在法理上是可成立的。不過中華民國政府有效治理臺灣已經幾十年了，以時效來看，說我們不是一個國家又不成立。美國政府態度曖昧，韓戰前後立場改變。那時想利用臺灣圍堵共黨勢力，現在看到中國發展很快，美國現在又提中國威脅論。

中國如果佔領臺灣，由一個較內陸國家變成海洋國家，臺灣海峽、東海、南海都變成他的內海，太平洋的一半都成他的勢力範圍。美國一向講權力均衡，如果中共不是共黨國家，是講理國家，威脅較少，因此起碼有個 “balance” 比較安全。美國認為能維持和平就是靠 “balance of power”，如果兩國可以維持平衡最好。中共現在強起來，美國就拉日本、拉菲律賓、拉越南等。以前不管臺灣，讓臺灣自生自滅，現在又想拉住臺灣。

最近，對南海太平島的問題，小英政府保持低調，跟美國、日本有關。臺灣未來的路最好是不要靠任何國家，情勢發展目前不知道。中共有些鷹派覺得要武力統一。我的看法很遠，我認為當年日本剛興起，還不是非常壯大，戰前學界許多所謂愛國主義太高，除了軍國主義，許多人主張日本要強大。大和民族是東亞最強的民族，為了東亞新的秩序，由日本來主導。在他還沒有真正強大時，就發動戰爭，那是美國故意提出令日本不能接受的條件，逼日本打仗。日本就聯合德國、義大利成為同盟。一方面美、日理念不同，一方面故意挑撥。目前中國也是一樣，如果太急的話，還沒有真正壯大前，就被逼走上日本後塵。西方國家是很狡猾的，中共不要上這個當。

中國文化太強勢，太優秀，但就不易吸收別的文化，不像日本，能吸收各方面新文化。很多很有思想的人，幾乎除了漢文化都接受過西方文化。像鄧小平、周恩來、蔣介石、顧維鈞等都受過西方或其他文化。漢文化太強不易接受其他文化，例如在東京，我們不說 Tokyo，我們叫東京，大阪我們不說 Osaka，京都我們不說 Kyoto，我們還是用漢字，別的國家一定會用日本發音。

國家太強不一定好，別人會怕，美國強但美國種族融合，雖然有衝突，但有各種族，又比較民主。中國是單一文化。中原文化的堅持是，你要稱王可以，想稱帝我們就不同意。所以以前不管是琉球、韓國都一樣。到現在中國還是有這種心態。我個人的觀察是，國家強大對人民未必是好事，中國會很堅持要統一，其實跟當年被列強瓜分有關，中國一直以來派系問題嚴重，不管是清朝對外戰爭甚至是民國對抗日本，都只是一部分的力量，從來沒機會使用到全部。

蔣廷黻當時是史學的權威，原本是政府官員，後來派到聯合國當代表，當時主要進行的是控訴蘇聯的案件。因為我國會丟掉大陸，除了政府腐敗之外，蘇聯大力協助中共也是主要原因。有一次蔣廷黼回國，在中山堂講話，當時我大三還是大四，他說了很多控蘇案的事情，又提到他擔任常任代表在聯合國十多年，大部分的國家對美國、蘇聯兩大強權，都只是抱著討厭的心態，很難讓人尊敬。反而是中歐、北歐那些藝術、音樂出色，比較有文化的國家，比較受到歡迎。我對他所說的話印象很深刻。說實在，就像我們臺灣去跟其他國家交涉談領海，其他國家不當一回事，但是中共去講，人家就會怕，所以鄰居強是福是禍，實在難說。

最近我看了一本日本人寫的經濟學，他提到中國在宋代，是全世界經濟最發達的國家，最早全國使用貨幣，也是文化最出色的，軍隊由文人控制，甚至作戰方面，其實也很少打敗仗，只是比較不重視軍事。這是真正懂歷史的人的評價，但是我們中國人卻認為宋朝是最弱小的朝代，被北方的外族壓著打，通常大家都認為開疆拓土的唐朝、元朝才是最強大的。就像現在，中共毫無疑問是世界強國，但是東南亞的國家們一聽到中共就討厭，就防備，反而是得不到別人的支持。

當然美國是世界強權，但喜歡他們的國家也很少，頂多是怕他們。當年珍珠港事變，其實日本會先動手也是被美國逼迫，美國早就得到情報日本要動手，他故意讓他們打，得到開戰的理由。事實上日本過去長期依靠英國，日俄戰爭雖然勉強獲勝，但事實上光是旅順戰役就讓他們損失慘重，要不是英日同盟，他們早就支撐不住。

國家不要強勢，要人家尊敬你而不是怕你，不要看不起你，這是最重要的。強勢對中國長遠而言是不好的，中共拿了臺灣，勢力是不得了，也許中國人耀武揚威，這不好。像美國強盛幾十年，可是人家看到美國人很討厭，因為太強了什麼事都要聽他的意思。像宗教最強的是伊斯蘭教，大家都怕。基督教也是一神教，只是沒有像伊斯蘭教那麼強勢，佛教就很好。所以太強勢的文化在地球村不好，這是我的人生經驗，去過這麼多國家，人家尊敬你、喜歡你才好，不要人家怕你、討厭你。這一點我們比中共好多了。我國跟中共的關係是不能切開的，民族的關係，跟他保持一點距離較好，雖然我們是親戚，有骨肉關係。跟中共接近我不反對，他是老大哥，不要變成幫老共成為人家討厭的人。寧可跟鄰近國家友好，不要讓人怕你。

從事外交工作這麼多年，太太幫助很大，尤其在斐濟這樣的地方，太太英文比我好，又念過政治系，喜歡跟人聊天交朋友，也打球。我們在斐濟兩個人比中共大使館二 十人都厲害。我覺得很對不起太太，但是外派生活很寂寞，一定要有思想一致的伴侶，我太太對我的工作幫助甚大。

圖 4-11 林尊賢大使暨夫人（2016 年 9 月），楊力明攝影

林大使夫人林秀珠女士訪問紀錄

時 間：2016 年 8 月 12 日下午 4 時

地 點：臺北市復興南路林大使住處

主 訪：楊力明

記 錄：楊力明

一、緣分

我與大使緣分很奇特，當我念臺中女中一年級時（1952 年），臺灣開始要辦理軍訓，每個高中及大學各系派兩個學生去參觀三軍官校，女中也有，學校選一個外

省籍、一個本省籍的同學參加。我與我先生分別為臺中女中及臺大政治系代表，政府安排有專車接送，兩人在火車上認識，是透過蔡培火的女兒介紹，蔡小姐和我先生是長老會教友。

大使要了我的住址要寫信給我，當年風氣保守，我父親是臺中市長林金標，非常反對，認為我年紀太小。我父親本來是老師，後來三個兄弟一起做木材生意做得很好，是國民黨員，也是實施地方自治第二屆及第三屆民選市長，為了選舉花了不少錢。任期分別為 1954 年到 1957 年、1957 到 1960 年。

家裡家教甚嚴，大使寫的書信都被父親沒收。父母認為我當時年紀小不可談戀愛，一方面都姓林。而且當時氣氛嚴肅，父親怕我先生有甚麼思想或舉動影響安危。但後來我哥哥也唸臺大，一次大使跟幾個同學一起來我家，說看我哥哥，差一點被趕出來。但母親看了大使面貌不錯，沒這樣反對，只說年紀太小。他寫信到學校我也收不到，後來由朋友居中轉信，1954 年我也考上臺大政治系，我們之間有許多共同朋友。

當大使被派到菲律賓，我要去菲律賓父親當然反對說讀完書再去。我說去菲國也可繼續念書，父親說結了婚有小孩不可能念書，經過多次筆戰，最後父親沒辦法。我當時太年輕，大一時母親去世，父親續絃，家中不合。又正處八二三砲戰前後臺海不安，我就毅然決然跟隨大使。

本來已在菲律賓大學註冊，但一方面選的是西班牙文學校 University of Santo Tomas，一所有名的大學，唸經濟，但我沒學過西班牙文，我還請大使館的祕書教我西班牙文。而且學校把我很多學分不算，我要念四年，實在不可能再念。一方面結婚生子，只念了一年無法繼續。這一直是我的遺憾。我到現在還覺得損失很大。所以外交官的配偶很難繼續工作，沒辦法兩全。

有一次跟錢復夫妻一起吃飯，大使拍了我的肩膀，錢復說：「我如果拍了夫人肩膀，我就完了」。可見錢夫人很委屈，因為她原來在中央銀行工作做得很好，為了先生辭掉工作。

跟大使外派很辛苦，大使常忙到很晚，我一人帶三個小孩。光搬家就搬了二十二次。

二、出外靠朋友

我多年住在國外，受到幫助最大就是鄰居。例如我剛到菲律賓時，隔壁有位由艋舺來的白素紐女士，跟我年紀差不多，她有兩個傭人，一位年紀比較長，甚麼都會，她將此人讓給我用，解決我許多問題。菲律賓治安不好，我出門時白女士都會陪我，以免被搶。菲國華僑多，唐人街做生意的全是華人，潮州或汕頭，跟我說的閩南語不太一樣。我參加當地的婦女會，菲國華僑多，必須多跟他們交朋友。

到了澳洲時，當時外交部很窮，給的搬家津貼很少，我們需要買車、買割草機，所以先向部裡預支三個月薪水。聽老一輩的前輩說，政府剛遷到臺灣時，好久沒領到薪水。外交部是最後由大陸撤到臺灣的單位，沒有辦公室設在澳洲，住房貴。我們先向來自 Tasmania 的一個太太 Mrs. O'Neal 租一間房子，住了七個月，我的英文因此打了很好的基礎。

在菲律賓時，附近都是閩南人，買菜也講閩南語，沒機會講英文。在 Mrs. O'Neal 家裡，因為廚房共用，她聞到我煮的菜覺得好香，她有朋友來時，請我幫她做中國菜。我幫她做了炒飯，紅燒一條整隻的紅鯛魚。客人發出驚嘆聲說："Oh my god! It's the first time of my life. I see a fish with it's head and tail on the table." 她們都說好吃，那時沒有電鍋，用一般鍋子煮飯生生的，不好吃，我教她們煮飯及炒飯。從此我到處教人做炒飯，贏得許多讚美。她帶我參加她朋友的 party, morning tea, afternoon tea. 英國人工作時有 tea time off。他們很重視喝茶的應酬。

後來懷孕了，等到我們要搬家時，Mrs. O'Neal 說：「不要走，我把大房間讓給你。我幫你帶 baby。」但是我們還是搬走了，因為不夠住。Mrs. O'Neal 說不要忘了我是你第一個英文老師。澳洲就搬了三次家。當時坎培拉只有四萬人，交通不便。

1959 年我帶小孩返國省親，要回澳洲時，剛好碰上艾倫颱風引進的「八七水災」，我留在臺北，Qantas 飛機不飛，我打電報給大使，大使已到雪梨等我們，沒收到。電報只有七個字七百塊。我到了馬尼拉再到雪梨，雪梨再飛坎培拉花了兩天。

我在澳洲又生兩個小孩，醫院二十四小時就要我下床，每天有兩次 visiting hour，平常不見客自己整床，會客時要梳洗乾淨，跟臺灣很大的不同。醫生說不必吃補品，只要多休息。我都沒坐月子，現在果然腰疼。

後來我們搬到一位澳洲外交官的房子，鄰居太太是 Mrs. Wood，對我非常好，我那時小兒子很小，她每天早上來把我小兒子抱去玩。讓我輕鬆一下。她非常照顧我。有一次我們到墨爾本參加婚禮，半夜回到家，爐子上有一鍋熱湯，她幫我們煮的，她把我當女兒照顧。想到會掉眼淚。

到斐濟時有接待酒會，當場對方的外交部長就說，對不起，我們要和中共建交了。我吩咐行李先不要拆封。還好設立中華民國駐斐濟商務代表團，我們留下來了。

之後我跟重要人士夫人很好，經常往來，我也打球。我又很喜歡開車，到處走。結交很多朋友，跟僑校維持良好關係。我經常參加活動，我們兩人敵過中共的大使館十幾個人。我們在斐濟的僑校是當地最好的學校，還有一所華人修女建立的學校也是最好的。我們替當地僑校捐款蓋校舍。斐濟華人是少數，但有兩個國會議員是華裔，人數少但控制當地經濟，很重要，斐濟 48% 是原住民，47% 是印度人，其他 5% 是少數民族。印度人是當年英國殖民時農奴。斐濟男人不做事也很驕傲，不願替英國人做事。

在美國時我雖然不愛打麻將，開一次車就要一個小時，但許多老人家兒女上班，沒事，只好打麻將消遣。我就常載他們一起去打麻將。許多人住在 shopping center 附近的老人公寓，住在那兒很寂寞。在臺灣至少隔壁鄰居還可走走，到處逛逛。現在我住在臺中比較多，還好三十年前，我兒子、女兒在臺灣念書，我們被派駐亞特蘭大，為了小孩買了現在的房子，鐵路地下化之後，我們這裡變成市中心，許多同仁外派後，回來買不起房子。因為外館回來外交部有宿舍，所以有些同仁沒買房子。

三、外交人員子女的教育問題

外交官的子女教育問題也不小，像我的兒子上了三個國家四個幼稚園，小孩會面臨適應問題。我們在臺灣待了兩年就調到日本，在菲律賓時因為話不通，我哭過一次，所以知道語言不通的痛苦，所以我特別注意教育問題。

到日本時，中華學校沒有幼稚園，老大上二年級，老二、老三需要上幼稚園，但是我希望老大進日本學校學日文，我認為在這裡學日文不要錢，到別的地方學語言要花很多錢，我們在日本至少要住三、四年，如果不會當地語言，我要照顧他們三個太累了。如果自己會講，可以自己照顧自己。我就到附近小學見校長，因為我曾受過日本教育會講日語，校長表示歡迎，也幫我三個小孩取了日本名字，他們就去上學。

大兒子不懂日文，上小學很吃力，會怕。我跟老師說讓他坐在最後面，我陪他兩個星期，替他解釋，老師答應了。下課時，同學都跑來找他玩，很快就適應了。老三常因聽不懂，鬧笑話。老二因沒朋友不想上學，我看見附近有她的同學，就請來家裡玩，老二有朋友就好了。在附近日本學校上了一年，老二也要讀小學，才轉到中華學校，老師訝異兒子日文一年就這麼好。而且因為兒子喜歡書，很小就拿爸爸的書看，朋友見他可以讀武俠小說，非常驚訝，認為應該讓他跳級。我拜訪學校註冊組一位廖老師，希望讓他跳級。老師說不行，我說每個媽媽都認為自己的小孩最聰明，可不可以讓他試一兩個月。如果他唸四年級跟得上就讓他唸，過了一個多月，老師說可以。

後來大使當館長，我都會建議年輕的館員太太，要讓小孩進當地學校，他們不太能體認，怕書念得不好。至少要跟別人成績齊等，小孩才有自尊心。我老大從斐濟高中學校畢業時，是 top of the school，禮堂有掛他的名字，華僑都說是空前的。

在國外照顧三個小孩，很辛苦，現在大使退休，我也要做我自己，過我想過的生活。我要自由自在。

附錄：日本的發言及澳洲等提出的「重要問題案」[11]

附件 4-1 1971 年聯合國大會日本代表在我國席次保衛戰上發言的內容

1971 年 9 月 27 日本外相在大會表示：

對中國代表權問題，雖自1950 年起即年年討論，但由於國際間種種最近變化，無疑乃是本屆聯大最重要問題。自去年所謂阿爾巴尼亞草案贊成者多於反對者兩票以來，有許多國家紛紛與中共建交，美總統亦稱將訪中國大陸，各項演變急轉直下發展，使中共之入會為本組織要角已成定論。中共入會若係真為和平合作而作，日本自認為此舉具有意義而值得歡迎。惟中華民國在臺灣仍有一千三百餘萬人民，日本認為絕不應一味想中共入會而因此推翻現存均勢以加強緊張危機，故日本已聯署草案，確認任何排除中華民國之議概為《憲章》所稱重要問題，同時並聯署另一草案，主張一面確認中共入會為安理會常任理事，一面中華民國仍保有大會席位。日本聯署此草案之立場，為認中國是一個整體，盼目前中國雙方對峙局面終有一日能藉和談途徑解決，故認為在目前現狀之下，作此過渡性安排，乃係不介入偏袒任何一方之唯一合理辦法，

11 資料來源：外交部編印，《中華民國聯合國第二十六屆常會代表團報告書》。

將來中共來會之後，日本尤盼其積極參加國際間一切已有之裁軍禁試核子安排及一切有關商談，如此始庶幾有益世界和平。

附件 4-2 1971 年聯合國大會日本代表在總辯論上發言的內容

10 月 19 日日本外相稱：

日本十多年來一貫強調，本項目是本組織所面臨之最複雜最重要問題，日本注及世局之最近演變，認目前正是採取現實公允辦法謀求解決時機，日本採此積極立場純出切盼紓解遠東緊張之期望，同時並認不能從法律技術片面觀點看本問題，而應考慮及各種可能後果，面面顧到一切有關客觀因素來公平採取行動，日本與中國兩千多年來歷史地理關係密切，對中國一切變化向具敏感，尤認代表權問題是中國問題之核心，不能不冷靜客觀處理，當前基本事實情況是中國有兩政權隔海對峙並存，一方是中華民國有一千四百萬水準極高人民，現與六十國有外交關係；另一方面中共擁有七億多人口，現與六十五國有外交關係，本組織必須忠實反映此現實情況，日本認為中共近來漸採和緩態度，刻下正是聯合國接受此現實請中共充分參加本組織一切工作之時機，中共現似亦願作反應，日本與中共多年來有互惠之大宗貿易，並經交換記者訪問，自盼此種關係日益增進擴大且見中共來會，是以日本經本此旨參加聯署提案主張中共在大會及安理會均有席位，蓋中共力能貢獻於世界和平安全，惟同時亦保留中華民國在大會席位，深信中共來會後可增長聯合國力量，並以常任理事國應有負責態度致力和平，由此可明日本願見中共來會之心意決不後人，惟中華民國廿餘年來以創始會員身分信守《憲章》不渝亦是不容否認之事實，且在控有臺灣廿五年期間，經建進步迅速為世界之冠，近四年來每年成長率達百分之十，使臺灣國民平均所得在亞洲居高，臺灣此一千餘萬人之分量亦重，不能輕加忽視，故日本堅決反對主張排除中華民國之阿案，認其後果極端嚴重，絕不能逕以單純多數取決，而是必須三分之二始能取決之重要問題，故日本亦經聯署重要問題案，日本所提兩案全係本《憲章》原則提出，均以一個中國為前提作過渡時期絕不介入中國兩方爭執之公允安排，日尤認阿案之排除辦法要將較在座三分之二會員國人口為多之臺灣一千四百萬人摒除係一劇烈行動，勢將一舉驟然推翻目前遠東局勢之微妙平衡，自將立即引起嚴重危機，蓋遠東局勢只有採和緩逐漸積累性變化始可維和平，將中華民國排除或除外非但不公而違反現實，且更破壞普遍化原則有違《憲章》，自是重要問題不能輕率以單純多數取決，尤其大會二十五年來之總紀錄顯示以三分之二以上多數或全體一致取決之決議案數目遠較僅以單純多數通過者為多，而排除忠實會員，且將創惡例後患無窮，自更應依絕大多數決議案之例至少三分之二多數取決，切盼各方謹慎三思不貿然支持以單純多數通過阿案之偏激危險主張，而考慮支持日兩案以保留本組織公正不介入立場俾俟中國本身雙方可利用此過渡時期，自覓解決，而且唯有日案纔是中華民國表示可予接受之方案，至重要問題案則自第二十二屆聯大以來即有先例應先付表決，且倘不予優先表決而將阿案先表決，則阿案經投票後是否成立殆成疑問，故依理亦應將重要問題案先付表決，切盼各方支持此優先表決動議。

5　國剛大使訪問紀錄

時　間：2016 年 5 月 18 日

7 月 6 日下午 3 時至 5 時

7 月 7 日上午 10 時 30 分至下午 2 時 30 分

7 月 19 日上午 11 時 30 分至 12 時 30 分

地　點：對外關係協會三樓

外交部退休人員聯誼室

中央研究院近代史研究所研究大樓一樓會議室

新北市永和區國大使公館

訪　談：朱浤源　楊力明

記　錄：劉宗翰　黃種祥　劉晶華　許舒棠

整　理：朱浤源[1]　朱麗蓉

簡歷

1927 年 5 月 9 日　出生於山東省長清縣

1956 年 5 月 12 日　總務司科員

1959 年 6 月　臺灣省立法商學院社會系畢業

1960 年 6 月 1 日　駐阿根廷大使館三等祕書

1964 年 6 月 1 日　駐阿根廷大使館二等祕書

1966 年 12 月 1 日　條約司二等祕書回部辦事

1　將劉宗翰兩份、黃種祥兩份與劉晶華、許舒棠的紀錄稿予以結合。

1967 年 2 月 8 日　條約司一科科長
1969 年 1 月 16 日　條約司薦任副司長
1971 年 9 月 9 日　常駐聯合國代表團一等祕書
1972 年 1 月 16 日　駐哥倫比亞大使館一等祕書
1975 年 5 月 12 日　駐玻利維亞大使館一等祕書
1975 年 12 月 17 日　駐玻利維亞大使館參事
1976 年 10 月 6 日　借調行政院二組組長
1977 年 4 月 12 日　駐厄瓜多商務處主任（相當於總領事）
1987 年 11 月 23 日　主任回部辦事
1987 年 12 月 15 日　條約法律司司長
1988 年 9 月 22 日　條約法律司長兼任中南美洲司長
1990 年 9 月 6 日　駐多明尼加大使
2000 年 2 月 25 日　退休

圖 5-1　臺灣省立法商學院畢業照，國剛提供

訪問紀錄

一、早年經歷

我是 1953 年外交領事官考試及格。高考一考上，到外交部實習三個月，結束以後，他們說我可以回去候差了。那時候省政府為大專畢業學生舉辦一個就業考試，但他們跟我說我高考及格不需參加就業考試，而且我是考外交官的。那時候外交部也沒有什麼缺，於是他們就派我去擔任外事警官。因警官們質疑我沒有受過訓練，怎麼能夠當外事警官呢？於是又把我送去警官學校受訓了四個月。那時候外事警官做什麼呢？外事警官就是負責辦理外僑失竊案件，也就是保護外僑。那時候是真的不錯，出門有司機、有警車開道。警官的待遇還可以啊，所以就做了兩年快三年的外事警官。

二、進入外交部與出差聯合國

（一）進部

1956 年，外交部聯絡我，表示總務司有職務空缺，問我有沒有興趣。我同意了。所以我從 1956 年 5 月 15 日就在總務司工作四年，當然總務司也有它的好處，可以接觸到所有外交部的人士。他們外放、調回，都要去接送他們，並進行相關的安排。

（二）出差第十三屆聯大與我國代表團

做了四年之後，他們安排我出差，參加聯合國第十三屆大會。1958 年 9 月 6 日派去聯合國的代表團有三個人，一個是丁懋時，一個是羅龍，另一個就是我。那時候的出差費，一天只有十二塊美金，包括吃、住、交通，以及其他的都在裡面。

他們沒有幫我們安排好食宿。三個人到紐約以後，自行找了一個很老、很舊的旅館。三個人一間房，一天五塊美金，三個人分攤一人只要一塊多美金。那時候美金可是一比四十的。我們三人同出同進，吃飯就吃 cafeteria，都不敢下餐館。所以說我跟丁懋時及羅龍關係很好，他們那時候都還沒結婚呢！那個旅館的整個房間只有一張雙人床，要怎麼睡？我們就請旅館多給我們兩張行軍床，給他們兩個。因為那時候我結婚了，他們就公推我睡雙人床，丁懋時跟羅龍就睡在我旁邊單人床上。我們都同出同進，連去領外交部的治裝費做西裝，也都做同一個顏色的。進進出出的時候，他們都叫我們代表團的三劍客。

由於我是在大學念法律的，[2] 所以我就參加了第六委員會。第六委員會在聯合國裡面是管法律的，包括各項法律、條約……等等。開會開三個月出差完後就回來。

2　編註：依據「外交部五十七年保舉最優人員呈報表」所載，國剛大使為社會系畢業。

圖 5-2　中華民國聯大「三劍客」，國剛提供
說明：前排丁懋時（左）、國剛（中）、羅龍（右）。

圖 5-3　我國出席聯合國大會第十三屆常會的中國代表團合照，國剛提供

三、外放南美洲阿根廷

我在總務司工作四年後，於 1960 年 6 月 1 日外放到駐阿根廷大使館。

圖 5-4　第一次外派到阿根廷，國剛提供

剛去的時候是助理三等祕書，三個月之後，升任為正式三等祕書。1966 年 12 月 1 日我升二等祕書的時候，外交部把我調回去做條約組織司的科長。

我第一次派到中南美洲工作的時候，吃了很多的苦頭。因為外交部請我去交涉的幾件事，我都打電話去問對方，他們都同意了，到時候就不兌現了。外交部後來一對，就覺得你沒有確實做到你的任務。後來我想到一個辦法：如果你們要同意的，請一律來書面的文字。

後來他們也都同意，我就把他們同意的書面文字回報給外交部。後來發現這個書面的東西還不一定靠得住。到時候發現不對的時候，去問他不僅口頭給了承諾，還給書面了。他就說：「對不起、忘記了。」所以拉丁美洲人第一個不講信用、第二個沒有時間觀念。你跟他約會 3 點見面，他 3 點半鐘出現已經算很準時的了。說不定他根本就不來了。

第二天你遇見他，問他：「為什麼我們約好了你不來？」他也只跟你說：「不好意思、忘記了。」政府官員也是。我到他們外交部的亞洲司，請他們投票支持之類的事情。他們口頭答應我，但吃了苦頭以後，跟他們要了書面文件，報回外交部作證明，外交部也無法責備我。所以跟拉丁美洲人辦事情很累。

我們在中南美洲最痛苦的是參加晚宴。我剛去的時候接到一個國會議員的晚宴。請帖上寫晚上 8 點在他家，我剛去到當地，總不能遲到。我就準時 8 點到了人家門口，一看屋裡全是黑的。我就覺得奇怪，請客的怎麼家裡連個燈光也沒有。我就在外頭打轉了半個小時，回來就看到屋內有一小點亮了。我就按了鈴。當女傭出來看到我就責問我，問我是想要幹什麼。我就問他們：「不是你主人今天要請吃飯嗎？」她就罵我：「來這麼早幹什麼？」我就給他看請帖，上面寫著是 8 點整。她看我既然來了，說聲對不起就請我進來，到客廳去坐一下。

到了 9 點鐘女主人下來，看到我了。“Lo siento mucho!”問我怎麼來得那麼早。我不好意思跟他說你們寫 8 點，我 8 點半就來了。女主人馬上就請傭人端茶、拿酒來。

中南美洲人很愛喝酒。到了 9 點半，才看到有人陸陸續續地來。人家都知道他們的文化，就我剛去，不知道。大家 9 點半到了以後，開始喝酒，喝到 10 點半才上桌。

吃飯吃到 12 點，飯後還不能走，還有飯後酒，於是甜酒啊什麼的就開始送上來了。胡天胡地到了凌晨，所以早上當然起不來。你到外交部辦事情，他們 9 點鐘上班，但是 9 點鐘裡面一個人都沒有。11 點鐘去可能還會看到小科員，連科長都看不到。過了很晚科長才會到。辦事情要怎麼辦呢？

我們那時候住在外面，連房屋津貼都沒有，開車還要一個半鐘頭，回到家都已經很晚了。我老婆問我：「怎麼搞的，是不是去交女朋友？」這是我痛苦的經驗。

但是拉丁美洲有個好處，就是他很講感情。只要你跟他好，他對你確實是不錯。那邊有幾個大亨，邀你到了農莊，就直接殺一頭牛，架起來就烤了。問你要哪一塊，馬上割一塊給你。所以在拉丁美洲最便宜的是牛肉，喝的最便宜的是紅酒。吃牛排、喝紅酒這是他們最起碼的。連他們的乞丐也是吃牛排。他們太富了，所以每個人都吃得胖胖的。他們平均每個人每年消耗掉四百公斤的牛肉。一年三百六十五天，那你一天要吃一公斤多。

我看他們連警察都吃得胖胖的。我有一天就問那個警察，說：「你這麼胖要怎麼去追小偷？」他說：「沒關係，小偷比我還胖。」這個國家真的是太豐富了。阿根廷他甚麼都有，有石油、金礦、銅礦、鐵礦，什麼都有。他們的牧場一眼都看不完，養牛的、養羊的……。

種小麥哪有人下去播種？開飛機撒種，直接從上面撒下去。要收了，就機器收。收了以後，沒有消耗掉的，放一把火完全把它燒掉。因為留到第二年會影響第二年小麥的價格。但是國家很富，人很不賣勁。他們很懶散、沒有時間觀念、不講信用。

在那裡又常常政變。我在那裡六年半，換了四個總統、十二個經濟部長、八個外交部長。他們政變，軍人要開兩部坦克車，一輛放在總統府前面，一輛放在總統府後面。跟總統講：「請你出來，不出來就開砲。」總統就會乖乖出來，這樣就政變成功了。政治不穩定。

圖 5-5　阿根廷總統、王之珍大使（中）與擔任翻譯的國剛大使合照，國剛提供

四、從條約國組司科長到條約司副司長

（一）在部內

條約國組司第一科就管聯合國。那時候條約司與組織司還沒有分家，條組司就管聯合國裡面的一切事情。

我做了差不多一年多之後，條約司跟國際組織司就分家，分成兩個單位。那時候的司長不肯讓我到國際組織司，還是要我留在條約司，後來 1969 年 1 月 16 日就升了副司長。升得很快，也有可能是找不到人。我升了副司長，處理的第一個重大問題就是釣魚臺問題。

當初就開始調閱歷史的資料去證明釣魚臺是我們的。那時候雖然是美國把釣魚臺隨著琉球給了日本，實際上釣魚臺是在日本的管轄之下，但是美國也有說明，他們只是把行政管理權交給日本，並不涉及主權。1971 年，馬英九還在美國做學生會會長搞保釣運動。[3] 那時候國內還沒開始運動，國外已經開始了。[4] 行政院那時候感覺到國內的學生也在關注，有開始騷動的情形，認為這件事情是有嚴重性的。

於是行政院就設了一個釣魚臺專業委員會，由外交

3　編按：當年馬英九為臺大法律系三年級學生，是 6 月 17 日在臺北推動臺大的示威遊行。但主編朱浤源當時為政大外交系三年級兼系代表則更早兩個月又一天，跟隨學長蘇起、侯伯夫（四年級）推動第一波示威，並在美國駐華大使館前靜坐，逼馬康衛大使從後門進大使館接見政大的學生代表。詳見：朱浤源，〈參與發起中華民國戒嚴時期首次示威的回憶〉，李又寧主編，《風雨憶蔣公》（紐約：天外出版社，2019），頁 190-200。

4　國外保釣運動在馬英九法律系畢業留學美國後才推動，因此晚了兩年。國大使此處有時間錯置，由於大使仙逝年餘，謹此附註，並對大使開創外交新局敬表欽仰，也期許國人再創新猷。

前輩葉公超主持。他當時已經不做外交部長了，他是政務委員來主持這個會。這個委員會主要是要來因應，以及說明釣魚臺是我們的，並且提供一些歷史的證據。每個禮拜開一次會，主要是派員到國內的大學，像是臺大、師大、政大及其他學校，向學生說明政府立場和因應措施來安撫學生。

當時外交部、經濟部、國防部每一個部，都派兩位代表去參加上述委員會。外交部是派我跟錢復兩個人去參加這個委員會。因為當時我是條約司的副司長，錢復是北美司的副司長。然後又派了我們兩個到各個大學去演講、安撫這些學生。因為後來國外保釣搞得沸沸揚揚的，怕國內也會有。

我那時候去到政大、中興法商，當時學生會長是後來的駐美代表沈呂巡。[5] 他陪同我去講這個問題。

（二）我國在聯合國的危機與解決方案

話說我們 1971 年那時候在聯合國安理會常任理事國席次保衛戰的策略是，我們先提出重要問題案，只需二分之一就可通過。因為你要變更重要問題案則要過三分之二，不是簡單的過半數。那時候我們的邦交國有六十幾個。我們先拿到這個重要問題案之後，再討論誰要代表中國。

1965 年同票，但還好是「重要問題」案，沒有通過。

5　沈大使中興法商學院（後來的國立中興大學，今天的國立臺北大學）畢業。

就在退出前一年，1970 年，我們在聯合國已經發現了警訊了。因為我們只是好不容易多了一票，雖將這個重要問題案通過了，可是雙方票數已經差不多了。外交部就拉了警報，因為那時候我們有六十幾個邦交國，但是最靠得住的票是中南美洲的票，他們是我們的鐵票區。其他的國家則是搖搖欲墜。

最難搞的是中東那些新獨立的國家，像是巴林、卡達、科威特等。這些國家的代表根本搞不清楚中國的情況，但是他們也都擁有一票。

美國到了 1969 年，已經很勉強了，就希望我們放棄安理會，單純做大會的會員。但是我們的蔣老先生一開始不接受，他是漢賊不兩立。他（美國）是向我們試探，但是並沒有成。最後美國可能是真的決定放棄了。因為在 1971 年投票的前幾天，季辛吉已經跑到北京去了。

外交部就希望我到聯合國去，因為我是在中南美洲服務的，而且西班牙文也還可以，就負責去跟中南美洲的代表聯繫。因為中南美的票是最重要的，所以我就 1971 年初被派去，當了聯合國代表團的參事。

（三）1971 年以條約司副司長派駐聯合國（3 到 9 月）

圖 5-6　國剛副司長在聯合國留影（1971 年），國剛提供

季辛吉他是猶太人，他比中南美洲人還要滑頭。沈劍虹大使《回憶錄》裡面有提到，他要走的時候還有見過季辛吉。他們還跟我們說絕對不會背棄中華民國。季辛吉他等於就是講謊話，講了不久就跑去大陸了。投票的當時，他人已經在大陸了，事實證明美國是偏向大陸的。

季辛吉就是個政客。尼克森是個投機份子。剛好跟他配在一起。季辛吉負責與中共聯絡，同時尼克森還派墨菲來臺灣跟我們談雙重會籍案。美國就是一邊搞，一方面又在安撫我們。事實上他們的內心不是這樣想的；就像日本偷襲珍珠港一樣，日本那時候也是不斷地在跟他們談，這些都是外交上的手段。當他們在談日美合作、日美友好，飛機就直接飛過來狂炸珍珠港了。

所以美國也是，跟大陸也談，也派特使跑來臺灣。

當我國為代表權在聯合國護持投票時，阿爾巴尼亞

Malile 大使說：「你們真的認為美國真的是支持臺灣嗎？支持蔣介石嗎？我請問你，季辛吉國務卿人現在在哪裡？是在北京！」

這個對投票是有很大影響的。

1971 年 10 月我們退出聯合國了，為什麼？因為這個重要問題案被否決，自然排我納匪案已無法阻擋。我們跟著周書楷正式宣佈退出。退出前我們整天就在那裡算我們的票數。算來算去，即使還能拉到中東那幾個新獨立國家的票，還是很危險。

我這是第二次被派到聯合國代表團去的。我國退出聯合國，我剛好碰到，是我最慘痛的經歷。

五、也談退出聯合國

（一）聯合國代表權辯論會現場（10 月）

1. 我國代表團的成員及其任務

當時我是代表團顧問，負責拉丁美洲的部分，其中還有駐多明尼加孫邦華大使和駐巴拿馬大使曾憲揆，李南興負責海地，他在那邊待了二十二年，非常久，但他個人也喜歡待在那邊。祕書當中，高德根也算是負責中南美洲這邊，但他另外要負責所有代表團的電務，甯紀坤則是管總務。黃傳禮後來在宏都拉斯待了十二年，曾燕山也派到中南美洲。王孟顯擔任過多明尼加的大使。

當時歐鴻鍊是在中南美司工作，沒有派到聯合國。

王世明是負責回教國家的大使，本身就是穆斯林，當時阿拉伯等國都是他的範圍。

薛毓麒大使是派在聯合國，為副代表。

戴瑞明在我國退出聯合國後派到駐美國大使館。程時敦、鈕乃聖這幾位後來都留在美國。鈕乃聖原本是負責日本那邊的，也有不少貢獻。

陳質平大使當時是駐墨西哥大使，退出聯合國之後，就留在美國當教授。我跟陳質平算認識，當年他在伊拉克，伊拉克總理到臺灣訪問，他的風格有點老派，宮廷式的，我在總務司曾接待他。我初次派到駐阿根廷大使館，有一次跟著譚紹華大使到他的官邸去吃飯，那個蛋是沒剝殼放在杯子上，英國式的作風，又很重視餐桌的禮儀，我戰戰兢兢看著他怎麼吃，刀叉怎麼用啦，先後順序，照著做，怕弄錯甚麼步驟。

曾燕山後來也留在美國，做了僑選立法委員。

田寶岱則因為盯票的對象，應該是卡達及巴林棄權，輸掉了重要問題案，當時哭得很傷心。

羅龍我不知道他現在到哪去了，但我第一次出差，就是跟丁懋時還有羅龍兩位一起。他太太出身 CATS，他曾派到駐美大使館工作，後來又從美國調到菲律賓去。菲律賓對我們來說是很危險的地方，那邊的女孩子很厲害，常能夠勾引到我們這邊的人員，發生外遇，好幾個同事都在這邊被搞出桃色風波，最後搞到離婚之類。他調到菲律賓之後，因為小孩念書的問題，太太沒跟著過去，最後也發生了類似的問題，最後跟太太離婚。他後來就到了巴林、沙烏地阿拉伯那邊去。但他本身應該不是穆斯林，懂不懂阿拉伯語我也不清楚。

關鏞一直在外交部，後來擔任過北美司的司長，年紀比我大一些，待過哥斯大黎加。

楊西崑是第四委員會，託管理事會。因為他與非洲各託管地首領很熟，後來調部擔任亞西司長再升任主管非洲的次長。

陸以正當時則是負責發布新聞。

梁鋆立原本在聯合國的法務局任職，也是法律顧問，退休後魏道明找他當條約司的司長，他是一個很有意思的人，當時已經七十多歲，那時條約司的副司長就是我。他上任之後就跟我說：「國內法的問題我不懂，所以國際法的部分可向我請教，國內法的部分就交給你來處理。」所以他每天上班兩個小時就走了，剩下的就丟給我。

當時代表團當中也有一些並非外交部的人，像是立法委員、著名學者、社會賢達之類，例如蔣勻田是中常委，張甘妹是臺大法律系的教授，也參加第六委員會，陳奇祿也是以學者的身分參加代表團，他是民族學方面的專家。林挺生則是大同公司的董事長，當時是臺北市議會議長。謝東閔當時應該是省議會議長，還有幾位外交委員會的立法委員，我就記不清楚是誰了。

當時也依照國名 ABCDE 的順序，但我們常任理事國在最前面，旁邊就是智利。

雖然說大會有一百多個國家，畢竟不是每個國家都派出很多代表，有的就兩三個人出席。就算我國有五十多人，但有些在六個委員會之中，有的得到處去執行任務，也不可能都坐在那邊，除非是要辯論或者投票，才會大家都集合起來。

2. 計票與盯票

那時候我也負責盯幾個國家的代表，讓他們不要跑票，即使我們不能確定他們投票的立場，但我要確定他人在，不能讓他跑票。這種人盯人的作法，當時讓很多國家的代表覺得我國很緊張，甚至有些代表對這種作法有些反感。

外交部認為，只要繼續穩住中南美洲這些票，我們還是可以支持下去。但是要拉這些票要幾個條件，一個是西班牙文，另一個是非常了解中南美洲的事務。因為我本人在阿根廷待過，就希望派我去，先跟這些西語系國家的大使拉關係。因為中南美洲這些人很重感情。中國代表權這個問題，他們比較不會過度重視，對他們而言就只是個議案而已；但是他們跟我們有邦交，就會把票投給我們。可是，中共當時在中南美洲活動得也很厲害。中共甚至希望這些國家可以在投票的時候棄權，因為你跟臺灣有邦交，如果你不想同意，棄權就可以了。

當時我們最怕的還不是他棄權，是怕他們不出席。有的國家到了要投票前，這個代表就不見了，你找不到他。所以這個就要靠平時跟他的關係，靠的是私人的交情，同時還要確定他的行蹤。這是我那時候第一個事情，看他們喜歡什麼東西。當然這些拉美國家都是窮國，我們就請他們吃個飯、送點禮物，建立個人的感情。

當時對有些國家，我們為了要請代表替我們說話，給些好處是應該的。說真的，不花錢想要求別人辦事當然很困難，但我們當時外交經費也很拮据，光是招待他們吃飯就用光我的交際費，想買禮物預算也不夠，只好用別的辦法。就建議外貿協會每年到多明尼加去投資跟辦商業展覽。商展的時候去邀請他們參展，展覽過的產品當然不可能再帶回國，就把那些代表喜歡的產品，包括電腦、彩色電視、冷氣機之類的，送到他們家裡去，這樣外交部沒有花錢，但人情也做到了。

當時政要幾乎都拿了我們的好處，家電之外，像是摩托車之類，這些禮物在那邊算是很昂貴的了。商展這件事外交部也都知道，畢竟沒有經費，至少有些實用的商品可以當禮物。當時各部部長與總統的夫人，也收了我們送的花瓶、化妝品等。

我就經手了，尤其是幾個大國，像是阿根廷、智利、還有巴西。雖然我不會講葡語，但我說西班牙文，他們也聽得懂。幾個大國可以影響其他小國。所以我去的幾個月，就是聯繫他們，然後再把他們的反應寫詳細的報告給外交部。

外交部就是希望先把主要的票源抓好，再顧其他的、新興的國家。因為那時候獨立了許多國家，就像是中東地區。所以那時候負責沙烏地阿拉伯的大使田寶岱，他也是忙得焦頭爛額。中東比較有問題，這裡主要是在講伊朗。伊朗方面我們還是跟他們保持密切聯繫。因為她對投票是有影響的。我們幾個拉丁美洲的國家，還是投給我們，所以在重要問題案裡面我們只是少了兩票而已，拉丁美洲的鐵票，一票都沒有跑。可見那時候拉美國家還是全面地支持我們。非洲國家也是支持我們。就是少了中東那幾個國家，因為那幾個代表不見了。都躲起來了。

伊朗之前跟我們關係實在是很好。伊朗的國王還跑到臺灣來訪問，可是他後來是被推翻，王朝變成共和，之後整個立場就變了。那時候伊拉克跟伊朗關係都跟我們很好，伊拉克的總理來，我們還接待他。

沙烏地阿拉伯一直都是支持我們的。有一年他們曉得情勢對我們不好，沙烏地阿拉伯的代表上臺發言講了六個小時，因為他沒有得到他們政府的命令，他在上面講了六個小時為了要支持我們。因為他不能亂決定，所以就拚了命把他的演說講得很長，等他們政府的電報過來。所以沙烏地的代表很夠意思，那個人對我們非常友好。

1971 年這個重要問題案要投票之前，所有駐歐洲、非洲、中東、拉美的大使都在這個會場。我們前一天晚上開會到 12 點、1 點，分析各個國家投票的態度會是怎麼樣。所以表決重要問題案的那個早上，9 點開始開會，我們 7 點半就到了那邊。

進去以後，把每個人負責什麼國家，都分配好。當時也有其他拉美的大使被調了過去。我自己是分配到三個國家，阿根廷、智利、祕魯。

我就打電話過去，我們平常當然都很熟。我說，今天這個案子很重要，請他們務必都要出席。他們都直接答應，都說沒有問題。但是中南美洲人講話都是靠不大住了，因為拉丁民族的習性，他們從來不講 No，你求他什麼，他從來不說 No。我問他們的時候，他們最後一句都是 "¿Cómo no?"，意思 "Why not?"。他的意思就是沒有問題，可是並不太確定。

聯合國有三個國家歸我管，他們都有投票給我們。為什麼？最滑稽的一次，我們的重要問題案要投票了，那三個代表我都盯著，阿根廷的代表突然站起來了，要向外走。我就過去了，問他老兄要上哪去？他就說，我上個廁所。上廁所我倒是不好意思盯著他。投完票以後，他就給我拍過肩膀，表示他投了。

但是我們的問題不是出在中南美洲國家，都出在中東國家。負責的代表，盯他們盯得滿頭大汗。投票的時候好幾個都不在位置上。他們早就都給買通了。只要投票的時候我請你去哪個咖啡店，只要你不去投票就行了。所以他們就這樣搞掉我們，重要問題案就沒有通過了。重要問題案要超過半數，我們就沒有超過，就兩票，就差那兩票。

所以我們頭一天在夜裡開會的時候，就準備好兩份的演講稿。一份是通過的，謝謝大家的支持，我們友情可貴之類的話。一個就是既然重要問題都沒過，代表大家對中國代表權的問題不重視，對我們的友誼感到很遺憾，所以我們就宣布退出。稿子都擬好了，放在周書楷的口袋裡。重要問題案一沒有通過，周書楷馬上舉手請求發言。

正在投票的時候，阿爾巴尼亞的代表 Malile 就站起來發言。他說：「我請問在座的諸位代表，季辛吉國務卿現在在哪裡？」提醒大家季辛吉人現在在哪裡，「他在北京。」這時候下面大家一陣哄堂大笑。所以說美國那時候已經準備要放棄了。所以說我們被趕出來了。那一天從早上 7 點半進會場，到晚上 10 點半出來。

周部長發言完之後，我們大家就退出來了。回到總部之後，美國駐聯合國代表老布希就跑到代表團裡面來安慰我們。替我們抱屈啊什麼的。又說如果我們代表團有人不想回國，願意待在美國的話，他同意幫我們辦居留。這種話都講出來了，因為那時候辦居留不容易，那麼他會幫忙辦綠卡。大家聽了都氣死了。

所以你看，從早上 7 點半到晚上 10 點半，沒有喝一口水，沒有吃一粒米。大家回到代表團總部，都是無精打采，又渴又餓又灰心又喪志。劉鍇代表就找了個中國餐館，等到飯送過來，到 11 點鐘才吃到晚飯。可是大家都吃不下。所以我們就叫「最後的晚餐」，就像耶穌那個最後的晚餐。當然，就理性上而言，大家也不會覺得意外，畢竟撐了那麼多年了。

我國在聯合國席次戰落敗的第二十六屆那年，因為外界有一些人不太了解這個內情，覺得我們那個時候為什麼要退出呢？但是你不退出，我們國家的尊嚴何在？因為只要一等到阿爾巴尼亞的案子通過，我們一定是被趕出來。第一個重要問題案沒有過，第二個案只要過半數，就完了，不用到三分之二。那時候就是說：要把你全部趕出去，一切蔣介石的代表。因為你是竊占了中國的席位。所以我們提前宣佈退出，以免遭到被趕走的羞辱。

前一天晚上，我們就研判，如果通不過，就要馬上要求發言，宣布退出。不管怎麼說，在聯合國的文件裡面，我們是自動退出的，不是被趕出來的。這裡我們保留一點的顏面。

因為這一段歷史，外界一定不了解，都覺得人家還沒有正式趕你走，就自己先退出來，那是我們「竊占了」人家的席位。等於是說我們怕事，所以退出。其實不是，我們是要維護我們國家的尊嚴，不要被人家趕，我們還義正嚴詞地跟大家說這個聯合國已經失掉了公正、已經失掉了當初創立的精神，什麼事情都是以票來決定。黑的可以投票變成白的，白的也可以投票變成黑的，這已經是違反聯合國當初創立的精神。

我們也講了一些硬話。我們說這樣的聯合國沒有參與的價值，所以我們宣布退出。我們算是聯合國的創始會員國，這樣退出會不會違憲呢？《聯合國憲章》到現在憲章內還是寫中華民國，裡面還是 “Republic of China”，不是寫 “People’s Republic of China”。當時沒有人提出這樣的看法，因為臺灣已經不能代表中國，只提出中國代表權的問題。就憲章裡面寫，她的名字還是寫 "Republic of China"。到現在都沒有改，如果你要改的話，那就要牽扯很多，把整個《聯合國憲章》給改掉。所以當然就是留給我們一個空間，未來還是可以回去。戰術上我們已經敗了，所以戰略上我們必須保留機會。

（二）1971 年中南美洲國家於聯大發言評介

1. 巴西

巴西的立場向來是支持我國的。

從他們代表的發言中，我們可以看出，他們對安理會超級強國把持一切的作法憤恨不平，他們認為拉丁美洲也應該有個國家在安理會才公平，最適合的當然是領土最大的他們。其實阿根廷也有類似的想法。

2. 烏拉圭

烏拉圭代表的發言，可以看出也是比較支持我國，[6] 他們同意讓中共入會，但是堅決反對排除我國。

3. 委內瑞拉

委內瑞拉也差不多，他們當時是右派政府，也跟我國比較友好。

6　烏拉圭是美案連署提案人之一，詳參附件 5-1。

4. 瓜地馬拉

瓜地馬拉也不贊成排除我國。[7]

5. 厄瓜多[8]

與智利[9]都是反對我國，否決重要問題案且贊成排我納共。

6. 多明尼加

當時我們是請多明尼加的大使在投票前替我們說話，表示排除我國是不合乎國際正義的，我國對聯合國有諸多貢獻，且一直都遵守《憲章》。10 月 1 日下午多明尼加外長親自說明挺我之立場。以極大篇幅發言支持中華民國，略稱：

> 本組織年年討論中國代表權問題已二十年，近三年爭論尤烈，吾人總不能不顧到中華民國自始即為本組織會員存在之現實事實，況依《憲章》規定，惟有愛和平願守《憲章》義務者始有入會之權，且本組織亦不能縱容強凌弱之任何形式侵略，吾人固深知時至今日換取和平之代價已越來越高，但想入會者總該先改善態度始可望和解，多將本此意旨參加本問題之辯論，

7 詳參附件 5-1。

8 詳參附件 5-1。

9 詳參附件 5-1。

多堅決支持一切以確認中華民國有權繼續留會為本之提案，並於必要時對同樣目的之折衷方案亦將本和解精神以彈性態度贊成之。[10]

最後多明尼加外長並特別引錄中華民國首席代表在金山會議之閉會演詞中一段作結。

總辯論時，多明尼加代表再度大篇幅為我國發言。[11]

當時各國代表都要等政府訓令才能有實際的作為，不然他們就只能在那邊東拉西扯，發言的內容也沒辦法確定他接下來投票的意向。

7. 哥倫比亞

哥倫比亞應該沒甚麼問題，他們代表講的還滿長的。[12]

---

10 外交部編印，《中華民國聯合國第二十六屆常會代表團報告書》。

11 詳參附件 5-1。

12 哥倫比亞的發言如下：「本問題必須依法依理公平處理，本組織經以國家主權平等原則為基礎，然唯有中小國之生存係全賴聯合國公正原則維持，以此本組織應普遍化不淪為一受少數強有力者把持而排擯或排除任何人之機構，哥與許多國家係本此立場聯署提案，一面要中共來會並負擔其有力應當負擔之安理會常任理事國責任，一面不排除中華民國，蓋一則排除之舉可能引起嚴重連鎖反應，再則本組織亦應公平本普遍化現實原則接受當前事實存在之情況，三則二十五年來中華民國守《憲章》不渝，欲加排除自為《憲章》所稱重要問題，此係哥倫比亞多年來一貫主張迭經重申，哥尤認排除中華民國引進中共既非公平解決之道，亦不可能解決問題，當前一中一臺分立局面不是出於何人製造，乃是廿餘年來存在之事實，哥認依據不應排擯中共之同樣普遍原則亦不應排除中華民國，有人謂除非臺灣走則中共不來，但尼克森已宣布訪平，此刻其助手既在北平布置安排，則說非臺灣先走中共不來乃是言之過早。臺灣問題不是一朝可立即解決，吾人目前殊不能過早作預先判斷，亦不能採何行動以礙此問題之將來解決，以

8. 海地

海地當時是我國的邦交國，他們當然是支持我國。[13]

當然當時也有幾個邦交國倒戈支持中共，但那是少數，基本上大多都不反對中共加入，但不贊成將我國排除。

9. 巴拿馬

巴拿馬他們的立場也算中立，支持中共入會，但沒有特別提到要排除我國。10 月 6 日下午發言，主張普遍化原則：

> 本組織普遍化，認其意義應為所有國家不分大小強弱思想立場及地理位置均一律永久在會有代表。[14]

此排除中華民國之議更為重要問題。哥盼大會對中國問題作成任何決定，皆有三分之一以上之絕大多數支持成立，俾能真正符合本組織宗旨原則有利和平。」

13 海地稱：「今年若可能對中國代表權問題有現實解決安排，當為具歷史重要性之一年，蓋年來世局已有重大改變，使強權有同意達成依公允安排之可能，中共態度亦似較以前具彈性，海外長前在辯論中已述明海立場，即認一面應依普遍化原則不阻中共來會，一面絕不能排除中華民國，現海已本此立場參加聯署提出十九國草案以反映當前現實作公允處理，且認中共既是核子強權應在安理會，惟依容中共來會之同樣普遍化原則亦不得不排除創始會員國批准《憲章》之中華民國。中華民國所控制土地不小，人口亦不少，經濟貿易發達，與在座半數會員國有邦交，是具備一切國家條件之國家。本組織依道義基礎亦絕不得加以排除，任何此種排除之議自是《憲章》第十八條所稱重要問題，故海亦經本大會過去決定參加聯署重要問題案，盼各方支持兩案並打銷另一排除案。」

14 外交部編印，《中華民國聯合國第二十六屆常會代表團報告書》。

巴拿馬認為中共可能來會是今年大會面臨之最戲劇化問題。「於此一般小國不能不對強權搬玩國際政治魚肉小國之播弄深有所憾，不能不認清時至今日強權居然猶視小國如無物，而不令小國與聞任何問題之解決，巴國要問，難道吾等小國過去即不知道本組織不能忽視七億人民之存在。」因此，相信中共來會當「有益和平」。

巴拿馬的態度其實在前幾年就已經動搖了，他們一直希望跟中共來往，那時候他們外交部長親自到了北京去，結果中共不願意見他。8月的時候他們還口口聲聲說要支持小國，站在我們這邊，到10月就態度又轉變了。

10. 巴拉圭

巴拉圭他們也是沒提到我國，也沒有提到支持中共入會，身為我國的邦交國算是比較特別的，兩不相幫。

11. 尼加拉瓜

10月7日下午尼加拉瓜與玻利維亞的外長發言，都支持我們。尼加拉瓜外長稱：「倘為達成普遍化而容中共入會，則依同一普遍化原則亦應同時保障中華民國永久在會。」[15]

尼加拉瓜也是贊同雙重代表權，[16]認為中共不應該排

15　外交部編印，《中華民國聯合國第二十六屆常會代表團報告書》。

16　詳參附件5-1。

除我們，屬於前面說過第一類的國家。

12. 玻利維亞

玻利維亞也支持美國的雙重代表權。

圖 5-7　國剛大使（左）於玻利維亞（1971 年），國剛提供

玻利維亞外長親自在聯合國大會發言挺我。他說：

本組織之鞏固與否胥視本身是否忠於所宣示之原則，故應以國際聯盟之失敗引為前車之鑑，國聯失敗主因之一，即在排擯亞米尼亞〔ARMENIA〕不許其入會，且有許多重要國家如美國等不願加入組織，是以聯合國必須普遍化，一面容中共來會並取得安理會席位，一面確認中華民國有權繼續留在本組織，

> 中共固然地廣人眾力量強大應在會，但中華民國有一千四百萬人口文化經濟水準極高，且對自由和平貢獻極大，絕非國聯時代之亞米尼亞可比，玻認臺灣立國條件具備可代表業已現代化之中國。[17]

玻利維亞當時也是軍政府，他們後來在排我納匪案中棄權，[18] 主要是因為我國先宣布退出了，當時幾個可能支持我們的國家後來都採取棄權的方式。

13. 牙買加

牙買加是英屬，那次我國投票會輸，跟英、法兩國有關。排我納匪案牙買加最後棄權。

14. 古巴

古巴是阿爾巴尼亞案的共同提案人，[19] 而且又是標準共產國家，立場很明顯。

阿爾巴尼亞當年提案時就提到，恢復中國應該有的權利，他們的講法就是這樣，我國佔據了中共應該享有的權利。但很多國家也提到，中共過去不曾出現在聯合國，哪有甚麼權利需要恢復，聯合國從創設到那一年間，他們

17　外交部編印，《中華民國聯合國第二十六屆常會代表團報告書》。

18　該國代表引述玻外長總辯論演說對中國問題立場，詳參附件 5-1。

19　古巴反覆稱「美帝佔領臺灣」及不能製造兩個中國，再干涉中國內政，以阻中共「恢復權利」，要求打消美案而以單純多數，通過古巴參加連署之阿案。

從沒有進入過聯合國。

15. 哥斯大黎加

哥斯大黎加當時是支持我國的，在聯合國幫我們說了不少話，[20] 但後來也與中共建交了。他們總統自認為非常開明，他希望能同時跟兩國維持邦交，但中共堅持要跟他們建交一定要先跟我國斷交，所以在兩邊國力跟各種考量之下，他們最終決定放棄我國而與中共建交。

16. 烏拉圭

烏拉圭他是跟隨美國提案的，所以立場當然跟美國是相同的。他們的發言也很有趣，認為排除我國是不道德的，不能允許。

當時那些小國在獨立的時候，答應跟我國建交，可能擔心我們否決；但進入聯合國之後，大多改變立場，支持中共。所以聯合國會員越多，我國其實情勢就越差。假使不是有那麼多國家獨立，而且他們又加入聯合國，局勢決不會變成後來那樣子。

我個人認為，當時我國的邦交國有四類：第一類是不反對中共入會，但堅決反對排除我國。第二類是支持中共入會，不提排除我國。第三類是很快就要跟中共建

20 詳參附件 5-1。

交，或者跟中共關係越來越好，已經打算要轉向的，他們的立場就難免背離我國了。第四類就是「兩不相幫」。

那時候最壞的還是美國。但美國兩手策略的立場也很清楚。美國國務卿的作為，我不予評論。至於美國代表布希，則提到我國是創始會員國，絕不得予以排除，在不排除我國的前提下，歡迎中共入聯合國，並且擁有安理會的席次。

美國也曾經把阿爾巴尼亞案試著拆成兩個部分，但這提案沒有通過。畢竟看紀錄就知道，當時幾乎所有國家都支持中共進入聯合國，雖然也有不少國家認為不應該排除我國，但整個局勢很清楚，中共是一定要進來的，那麼最後也只能犧牲我國。

其實從 1970 年加拿大跟墨西哥這兩個與美國關係密切的國家承認中共，就可以看出當時美國的態度已經改變，加上幾個大國紛紛承認中共，那些小國也知道風向要變了。

美國當時的作法很明顯是兩邊討好，然後看情勢來調整應對的方案，所以當重要問題案沒能通過，其實局勢已經明朗，我們就被放棄了。聯合國沒有甚麼道義，看的就是票數，票數多的一方就贏。

至於周部長當時的演講，我們很清楚他是準備了兩份不同的講稿，準備因應兩種不同的情況，當時用到的是我們不希望用到的那一份。那時候強調我們是聯合國的創始會員國，講述我國對《憲章》的尊重，以及一直是忠實會員，但沒有提反對中共加入，因為已經沒有辦法阻止這個風潮，當時只希望能夠留在聯合國。

我們不要等到阿爾巴尼亞案，因為阿爾巴尼亞案一定會通過，而且是要把我們趕出來，到時候一定難看。與其這樣，我們乾脆直接請求發言，稿子拿出來唸。稿子一唸，非洲那些支持阿爾巴尼亞的國家，穿著花裙子，就在下面跳舞。

退出聯合國那時，周部長走在最前面，接著是楊次長，後面我們整個代表團魚貫而出，一個一個走出來，接著舉行記者招待會，宣布我國退出聯合國。當時我們在場的人，也不只代表團名單中這些，[21] 聯合國大會中位置很多，一排就有十多個位置，我們當時是常任理事國，位置很前面，就算有一百人也坐得下。

有人認為當時我國不應該主動退出，投票結果未必一定輸，但其實在 1970 年，我國就已經又失去了兩票，當時我們代表團就已算出，如果重要問題案無法通過，阿爾巴尼亞案不只是會輸，而且大概會輸得很難看；所以我們代表團會前就已經決定，如果重要問題案輸掉，就主動退出。這樣至少在聯合國大會的紀錄當中，我們是主動退出，而不是因為票數輸掉被趕出來。

其實看看我們退出之後表決的票數就知道，七十六票對三十五票，還有十七票棄權，當然如果我們沒有主動

---

21 據戴瑞明大使提供照片（圖 7-3），共有六十四人。

退出，票數不會這樣懸殊，但輸得難看幾乎是肯定的。沙烏地阿拉伯很夠意思，提了幾個對我國有幫助的案，應該是想沖淡那個氣氛，像是提案各國代表按鈴表決，不要一個一個唱票。

當時在大會的投票歷時很長，畢竟要等待唱名然後投票。當時我們在重要問題案失敗之後，就離開會場，抵達代表處已經是晚上 10 點多，所以後來開始表決阿爾巴尼亞案的時間，應該也不會太早，後來大會散會的時間是晚上 11 點半。

圖 5-8　蔣經國所贈頒總統玉照，國剛提供

六、從條約司到兩司司長（條約司與中南美司）與外交的彈性突破

我 1987 年回來外交部，擔任中南美司司長兼條約法律司司長時，奉命推展外交關係，但上面還是抱持著「漢賊不兩立」的原則，認為某些國家跟中共有邦交，跟我們沒辦法進行談判，堅持要對方先跟中共斷交再談。我認為這種情況對我國開展外交非常不利，後來還特別跟當時擔任外交部長的連戰談過這點，經連部長報奉上峰同意試行開放。我國後來在外交上能有突破，基本上就是對這個原則放寬的緣故。

當時外交部長丁懋時，被派到美國擔任代表，連戰接替了丁的位置擔任部長。那時我從外國回來，先接了條約法律司的司長，然後中南美司的司長又外派，由我來兼任。同時擔任兩個司的司長是空前絕後的，當時我真的忙得不得了。每天早上 7 點半到外交部，幾乎都要 10 點半才能離開，因為今天的工作沒處理完，明天又會有新的工作進來，很多工作根本不容延誤。

條約法律司我過去擔任過科長及副司長，接任司長並不奇怪，但中南美司是真的找不到人，就說我剛從中南美洲調回來，最清楚狀況，就要我兼任司長。當年我們邦交國很多都在中南美洲，所以中南美司長也算是重要的職務。

當時我的工作很多，最累的是到美國跟他們談判關

於智慧財產權的協定，這項協定的內容非常多，光是條文就有兩百多條，附件通常都是好幾本卷宗，光看都要看幾個小時，極為複雜。同時我還要負責中南美司的工作，跟韓國也正在談判航空協定，當時我還曾經跟民航局長一起，搭頭班飛機到漢城去跟對方簽約。

連戰當部長時，給我一個訓令，要我在中南美洲找尋可以突破的國家，增加邦交國。我當時就告訴他，「漢賊不兩立」的原則不能繼續，不然誰也沒辦法突破現況，因為我國的形勢就是贏不了中共，任何國家對我們有興趣，願意跟我們來往，不管是不是中共的邦交國，都要談。當時連戰告訴我他會試試看，要我準備說帖跟其他資料，我知道他去見了總統，跑了行政院，也去跟國民黨黨部溝通過，又開了三、四次會議，最後上面告訴他：「你試試看」，也沒明白告訴他同意。

外交就是沒有永遠的朋友。大家都是為了國家利益在盤算。國家利益是最高。如果符合我的國家利益的時候，你就是我的朋友。如果跟我的國家利益有衝突，那麼你就變成了我的敵人。在外交上沒有所謂真的朋友和敵人。朋友可以變敵人，敵人可以變朋友。

因為是我們兩岸在鬥，其他國家都是第三者，看我們給他們多少籌碼，再看中共給他們多少籌碼，他再來論斤秤兩。

所以我們過去盡力維護拉丁美洲的邦交。由於我做過中南美司的司長，我開部務會議時就提出來：我們現在的朋友只能找窮的、小的國家。大的國家、重要的國家，我們沒有辦法。

為什麼？首先，大的國家不靠我們的援助，而且他們也講究在國際上的表現。小國則無所謂，只要解決他窮的問題，國際表現他不是很在意，因為他曉得他小，只要對他好，能夠解救他的問題，就會優先考慮。

我那時候做中南美司的司長時，連戰做外交部長。當時一片是斷交、斷交、斷交。立法委員甚至要求外交部改名叫斷交部。

（一）格瑞那達建交

我說，第一個要打破漢賊不兩立的堅持。之前只要跟中共建交，我們馬上撤。我們要打破這個原則。不管他跟中共建交，我們也在；但是中共不會接受，他是大國，他不會接受。只要我們建交，他就會斷交。在中南美洲我們都做到了。

我在連戰部長時期，在中南美洲與四個國家建交。第一個是格瑞那達，他原本跟大陸有邦交。我們用什麼辦法？

他們這些國家都有兩個政黨，一個是執政黨，一個是反對黨。執政黨我們沒辦法，已經跟中共有關係了。反對黨總是需要別人的援助。說來不好聽，我們給他一切的支持，條件是：有一天只要選舉勝了，你要跟我建交。

格瑞那達是我們第一個試驗成功的。我們把他的反對黨領袖請到臺灣來，給他充分的支持。結果他一當選就跟中華民國建交，但是他表示不會跟大陸斷交。但是大陸不接受，大陸就撤了，他們不接受兩個中國。

首先我們必須打破這個障礙。連戰那時候找內閣成員開會了半天。那時候還是蔣經國當院長。他叫連戰試試看，結果我們成功了。

（二）巴哈馬建交

另一個是巴哈馬。巴哈馬等於是我們撿到的。為什麼？他跟我國和大陸都沒有邦交。

我是參加聖文森建國十周年的慶典。那時候我是中南美司長，外交部派我去作慶賀特使，參加國宴時，正好巴哈馬的總理坐在我的旁邊。我就跟他講，巴哈馬是個島國，臺灣也是個島國。我們很多事情都可以互補，為什麼不能跟你們建立關係呢？

他說 “Why not?” 我也說 “Why not”。這是大事情，他不能馬上答應我，要回國去開內閣會議。就這樣我們兩個談得很愉快。我們需要什麼，巴哈馬需要什麼，兩邊談得很愉快。

他就跟我說，叫我等他消息。我馬上把這件事情拍電報給外交部。外交部不相信，覺得哪來這麼簡單的事情。外交部不相信，我也沒辦法，因為我也只是口頭跟他有了承諾。結果我就回來了。

兩個禮拜以後，因為他有了我的電話，就直接打電話到我家裡來。他說：「Mr. Kuo 你趕快到巴哈馬來一趟。」我問他什麼事情。他說現在沒辦法告訴我，來了就知道。我就把這件事情告訴連戰，他也覺得這是件不可能的事情，但是還是讓我跑一趟試試看。後來我就去了，見到他們總理，他就把內閣會議同意建交的文件交給我。爾後，我就打電報給外交部，說巴哈馬已經同意跟我們建交了，請我們派特使過來。

他們一再問我：「是真的嗎？」我就把這個文件傳過去，這時候外交部才相信。那時候行政院長是俞國華，他聽了這件事情，他就同意派外交特使。後來他想想說：「我去好了。」他要自己去。

我後來回來以後，把這件事情都交代好。連戰那時候剛剛當外交部長，原來都在「跳腳」，因為都在斷交，每次到立法院，所有立法委員都在轟他。連戰這下子終於也有東西了。

結果俞國華帶了一個代表團，有經濟部長、外交部長、國防部副部長、新聞局局長等，四十幾個人，一個大團坐專機。浩浩蕩蕩地就去了巴哈馬。他們總理親自帶人到機場來接我們，舉行盛大酒會。

巴哈馬是一個小國，就在美國旁邊。總理說：「這是我們巴哈馬建國以來最大的盛事。」

圖 5-9　我國與巴哈馬建交（1987 年），國剛提供

（三）貝里斯建交

過去貝里斯既沒有跟大陸有關係，也跟我們沒有關係，但是我們駐瓜地馬拉的大使曾經到貝里斯去；但是瓜地馬拉反對貝里斯跟我們建交，因為瓜地馬拉有野心，想要把她吃掉。我們顧忌瓜地馬拉，所以也一直沒有跟貝里斯建交。貝里斯因為他如果獨立了，瓜地馬拉是希望國際不要承認他。因為承認了，就沒有機會把他吃掉。但是貝里斯已經加入聯合國了。我們就跟瓜地馬拉講，他們已經是聯合國會員國了，你怎麼能吃掉他們，你吃掉他們，你變成侵略國。如此才跟瓜地馬拉疏通好。貝里斯也有兩個黨，一個執政、一個在野。我們也是拉攏在野黨，那個在野黨的總理叫做摩沙（Said Musa），我們也是請他到臺灣來。給他一切的支持。摩沙到臺灣來，看看我國的建設，並且主動向他們提出，你們剛獨立在各方面需要援

助，看看有那些我們能夠幫上忙。對方馬上表示在農業上需要援助，我國立刻同意派遣農技團，甚至表示可以到那邊去投資，因為那邊的人工很便宜，生產了農作物或漁業可以賣到美國去。其實當時貝里斯連政府都還沒有正式成立。

貝里斯這種窮國，有錢當然當選。大選之後，摩沙當選總理，馬上就同意跟我國建交，並且要求我們幫他們修橋，成為我們當時第三個成功建交的國家。

圖 5-10　俞國華院長授勳瓜地馬拉總統（1987 年），國剛提供

圖 5-11　瓜地馬拉副總統夫婦到機場迎接俞國華院長（1987 年），國剛提供

（四）尼加拉瓜建交

第四個是尼加拉瓜，那時候也是拉攏他們的在野黨，他們在野黨是極左的，但是走蘇聯路線，因為那時候中共跟蘇聯搞翻了。該黨是反中共親蘇聯。我說這好辦。於是利用此種微妙情勢，請他們的代表來談判，後來該黨在大選中獲勝執政。

尼國那時雖與中共有邦交，但在我方大力勸說下同意與我建交，也不願與中共斷交，但中共看到尼國與我建交，即主動與尼國斷交。

我任內共建交了四個國家。所以人家說連戰是「外交福將」。後來他在非洲又建交了兩個，等於他三年任期建交了六個。都是依照我們的方式。所以說，當時我們中南美司很神氣。本來北美司是第一司，變成我們中南美司是第一司。非洲司要建交，都來抄我們的建交公報。我在中南美司做了三年，等連戰也做了三年之後，錢復來接，我就外放了。

跟連戰的時候，他完全授權，他與我之間是密切合作。他都直接給我打電話，對我說：「你要人給你人，你要錢給你錢。你不用告訴我經過，直接告訴我結果。」

像中南美洲他們都要選舉麼，中南美洲國家他們都是民主國家，有執政黨也有反對黨。執政黨我們就拿他沒辦法了，他們跟大陸有友好關係。但你拉攏反對黨，他們都窮，都需要錢。要選舉，我們就支持他們。也沒有什麼條件，只要你當選以後跟我們建交，就這麼簡單。

中共他不接受兩個中國，只要某國一跟我們建交，他就馬上跟這國斷交。是中共要「漢賊不兩立」，不是我們。

我當初就跟連戰講，我們要放棄漢賊不兩立，要是不放棄這個原則，我們沒戲唱。所以說過去我們的外交太死了，只要跟中共有邦交我們就會跟他斷交。中共也不接受兩個中國，兩個中國也違反我們的國策。所以我們要放棄這個原則，沒放棄我們真的沒戲唱。但是放棄之後，還是很難做。所以說作為外交人員，第一個，你要多跑、多去找機會。就像巴哈馬的這位反對黨領袖坐在我旁邊，機會來了，我就敬他酒，跟他聊天，也還好他們跟大陸沒有邦交，所以談起來也沒什麼阻礙。現在中國大陸在亞洲、非洲這些國家撒錢撒得很厲害。幫他們建公路、建鐵路，因為中共也曉得用這招。

（五）厄瓜多設處

另一個例子就是厄瓜多，那是我們唯一沒有邦交，卻設了以我國正式國名的辦事處的國家，中華民國商務辦事處。當時沒有邦交的國家，絕對不會允許我們用「中華民國」的名稱設立辦事處。我在厄瓜多十年都用我國國名，外交界稱為「厄瓜多模式」。那時候厄國發現石油，在亞馬遜河區域。他們雖發現石油但沒有錢充分開採。有一天能源部長把我找去，他說知道臺灣到處在找油源。拉美國家都是反美的，他不希望美國來開採。覺得美國來開採都是在侵略他們。他說曉得我們臺灣需要油源，要我報告政府，請我們派人來探勘開採，他們已經找到一塊地方，經過探勘確定有油脈，但是沒錢開這個油田，希望由我國來開採。後來我報告政府，中油公司就派人去看。發現的確他們有許多的區域是有石油的。他們覺得有一塊可能性最大，但是，不曉得厄瓜多政府肯不肯給我們。

我後來就問能源部長，問他那塊地他願不願意給我們。他說：「給！根據我們的資料絕對有油。」而且我們也開出油來了，就在隔壁。他同意把那塊礦區給我們。

國際合作是這樣，開出來的油，他要一半，另外一半是我們的。結果我報告回來，中油又派人去。我跟他們說這塊礦區我們全拿了。一定會有油。但是中油我到現在都還在批評他，太過保守，而且很小心。

中油說這礦區開下去的話，估計要多少錢，要多少預算，中油不敢全部承擔。竟然去找了一家美國公司合作。最妙的是，他成立了一個混合公司，中油只占了三分之一的股權。結果後來這個混合公司跟厄瓜多正式簽訂了石油開採的合約。就是中油太保守了，三分之二的油都送給了美國公司。他沒有想到這個油井一打下去，油就全部湧出來了，沒有花費太多的探勘費用。

七、外交突破的成果

總之我們從中共那邊挖到格瑞那達與尼加拉瓜兩個國家。我在中南美司司長任內，成功地與四個國家建交，至今〔2016〕還有兩個跟我們維持邦交，就是貝里斯與尼加拉瓜。後來我國乘勝追擊，又在非洲成功與兩個國家建交，一個是塞內加爾，領土比較大一點，另一個是在西非，就是個小小的國家。雖然都是沒甚麼影響力的小國，但在當時每況愈下的情勢中，確實是個鼓舞，也穩住了當時的外交危局。

八、駐節多明尼加

1990 年我又再次外放，到多明尼加去。當時連戰部長提出三個國家讓我選擇，一個是薩爾瓦多，一個多明尼加，一個是巴拉圭。當時我國駐薩爾瓦多、巴拉圭和多明尼加的大使，都要退休。我想多明尼加畢竟是有名的渡假勝地，又離美國近，當時我小孩都在美國唸書，所以我就選擇了多明尼加。而且當時多明尼加跟我國的邦交還算穩固，不用擔心突然被斷交。其實我運氣也不錯，從來沒有因為被斷交而下旗歸國。

我在多國也待了十年，其間雖由立場極左的解放黨在大選中獲勝而執政，但因該黨首腦思想開明，及大使館全體同仁共同努力，使中多邦交轉危為安，多國至今仍是我國最忠實的友邦。

九、檢討聯合國問題

過去我們能堅守聯合國席次二十二年的時間，跟友邦的幫助當然有關，其中美國提出的各項提案多次給予我們後路。當年季辛吉曾經向尼克森提案，既然兩岸互相主張擁有對方領土的統治權，乾脆分別用臺北跟北京為名，一起進入聯合國，但當時我國在「漢賊不兩立」的堅持下，未能同意。我國當時對季辛吉的提案十分反感，但對美國而言，這個提案是可以滿足他們國家利益的。季辛吉在檔案當中還提到，中華民國與美國之間有《中美共同防禦條約》，若美國拋棄我們，會讓其他追隨美國的國家不信任。他分析的層面很廣，不輸給我國自己的規劃。

圖 5-12　外交部長田弘茂頒贈榮退獎盤（2000 年 5 月 20 日），國剛提供

（一）回首我國在聯合國的外交

1971 年之前，每次聯合國大會，關於代表權的問題我國都要面臨激烈的攻防，所以中南美洲國家的票對我們來說很關鍵，那邊可以說是我國的大票倉，也不像其他地區立場總是搖搖擺擺，靠不住。

我國為何被迫退出聯合國，以我的觀察有四大原因：

第一是非洲殖民地紛紛擺脫原本託管的狀態，成為獨立國家，他們加入聯合國之後，使總票數增加許多，局勢為之大變。這些國家長期受到帝國主義的壓迫，他們討厭美國、英國、法國，因此對中共抱持比較同情的態度，認為中共也受到強權的排擠，而我國一直靠著美國的支持擁有安理會的席次，讓他們看不過去，因而多數支持中共，這種情況對我國相當不利。要不是楊西崑曾在託管委員會擔任代表，與這些國家不少重要人物熟識，光是非洲國家這邊我們的票數大概就會一面倒地落後。

第二個原因，是 1960 到 1970 年代，大陸在經濟與政治各方面開始起飛，對整個國際事務的影響力增加，有不少國家希望跟他們建立貿易以及正常的外交關係，都認為不能忽視中共在國際間的影響力。

第三個原因是美國對我國的支持動搖，由於中共的影響力增加，很多國際事務不能再繞過他們，也不可能永遠把中共排除在國際社會之外。因此他們評估：如果能把中共拉進聯合國，處理很多事情會容易許多，因此美國本身的外交政策產生改變，不再積極支持我國。越戰也是個關鍵，美國沒辦法打贏，希望能拉攏中共來牽制局勢。

第四個原因是一直以來傳統的「漢賊不兩立」觀念。當年外蒙古申請加入聯合國，老總統授意要我們在聯合國的代表否決這個案子。但他沒搞清楚，當時我國在聯合國的否決權，事實上已經名存實亡，葉公超一力反對，因此跟老總統鬧得不愉快，因此被拿掉了全權代表，改成政務委員，不准他牽涉外交事務，甚至長期被禁止出國，可以說葉公超毀在外蒙的入聯案上。

漢賊不兩立的傳統觀念限制了我國外交的靈活性，如果美國一提出所謂的「雙重代表權」提議，我國就能馬上接受的話，美國有可能全力支持我國，雖然中共會取得安理會的席次，但我們至少還能留在聯合國。畢竟美國只是想讓中共進入聯合國，並沒有要趕我們出去的意思。但是當時我國在這個案子上耽擱不少時間，態度也不是很明朗，錯過了時機，後來局勢改變，想挽回也沒有辦法了；如果一開始就接受美國的提案，說不定我們現在還在聯合國大會中。

聯合國這個組織，並沒有甚麼正義或者道義可言，任何決議只看票數，所以只要符合多數國家的利益，甚麼都能通過。黑白不分，只要多數票通過就是白的，反之就是黑的，這就是國際上的現實，但某種程度上，也反映出我國不夠務實。有人說分裂的兩個政府沒辦法加入聯合國？哪有這回事，南韓、北韓不是都在聯合國裡面嗎？！這只是政治操作的問題罷了。

毛澤東當時確實講過，只要我們中華民國還在聯合國當中，中共一萬年也不加入。但我認為這未必是絕對的，畢竟當時毛澤東也沒辦法了解整個局勢，如果當年雙重代表案真的通過，中共取得安理會席次而我國留在大會，中共未必會放棄這樣的機會，畢竟安理會擁有否決權，誘惑很大，只能說我國錯過那個時機了。

就像過去我們不承認兩個中國，哪個國家跟中共有邦交，我們就跟對方斷交，結果外交沒辦法開展，而且隨著中共的影響力增加，我們的空間越來越小，到最後不管對方跟中共有沒有邦交，只要有意跟我國往來，我們都願意跟對方建立外交關係。只不過後來反倒是中共堅持，跟我國有邦交就無法跟中共往來，因為他們現在是舉足輕重的大國了。

（二）回憶美國的兩個方案

1. 回憶「雙重代表權案」

當時美國的「雙重代表權案」並沒有正式提出，因為這個提案的前提是我國必須接受，由我國來推動。我們自己都十分猶豫而無法接受，又如何去推動？而且美國這種想法在1961年就有了，我們多年來都沒有接受，畢竟「漢賊不兩立」的原則，太過根深蒂固，要是當年就接受，哪來後面自行退出。那時候墨非還特地來到臺灣，表示會支持我方，不會讓我們離開聯合國，不過前提是我們必須接受雙重代表權。

這提議以現在來看對我們來說很務實，但當年很多人堅持要有「國格」，甚至牽扯到道義跟正義，老總統也不願意讓步，實在沒有辦法，一直到情勢危急我國才願意退讓，但是，已經來不及了。

2.「代表權研究委員會案」

後來由義大利提出，設立委員會研議我國的代表權案，我國也反對，也沒通過。這案子基本還是要幫我國留下，但最後也是多撐了一段時間罷了。

說實在，雖然說我國被迫退出聯合國有那四大原因，但自己不爭氣也是事實，外面局勢都已經不斷惡化，我們還是堅持著傳統的原則，不肯退讓，也很難怪那些友邦最終放棄。

（三）點評

我在中南美洲駐館過五個國家，也剛好是 A、B、C、D、E，而且都能夠平安維持邦交，其中 A 是阿根廷（Argentina）、B 是波利維亞（Bolivia）、C 是哥倫比亞（Colombia）、D 是多明尼加（Dominican）、E 是厄瓜多（Ecuador）。

阿根廷我是第一任，當時他們是軍政府，總統叫做洪根尼亞（Juan Carlos Ongania），我去的時候他還不是總統，還是陸軍司令，我請他到臺灣來訪問，建立雙方在軍事方面的關係。因為阿根廷當時常有軍事叛變，結果第二年他就發動政變推翻原本的政府，自己當上了總統。當時我們的關係不錯，他接見外交團的時候第一個就通知了我們，還說要派儀隊來接我們過去。後來到 1971 年聯合國席次保衛戰的時候，阿根廷還是支持我國的，但我國宣布退出之後，他們最後也選擇棄權。

不過智利當時是左派政府，雖然跟我國有邦交，在重要問題案上卻沒有支持我國。祕魯、厄瓜多都跟中共開始談判建交，所以對我國的態度也是反反覆覆。

其實從 1965 年開始，我們在阿爾巴尼亞案中兩岸的票數就已經是平票的狀態，當時我國非常緊張，後來幾年雖然狀況好一點，但也沒辦法令人安心。1970 年我們又少了兩票，情勢危急，外交部加派我到聯合國去，是代表團的最後一個成員。1971 年 3 月我才到那邊，10 月我們就宣布退出了。當時我房子租好了，家具都還沒布置完，又得搬家。

十、前瞻

我國的邦交國通通都是小國，在國際上沒有甚麼地位，大多也無意在各方面有甚麼拓展，不然大概都會選擇去跟中共那邊來往，就像過去跟我國有邦交的大國通通都跑掉了，這就是國際上的現實。這幾個國家大多只要能由我國這邊拿到一些好處，有實質上的利益就好了，但他們並不願意跟中共站在對立的立場。例如海地，當時要放棄我國這邊的邦交去跟中共建交，但中共卻不願意接受，因為海地是個沒有生產的小國，依賴國外的資源援助，對我國來說是個包袱。

說真的，以我國現在的情況，幸虧大陸那邊並沒有要對我們動手，要是對方真的有意，我國的外交恐怕沒甚麼招架之力。對我國來說，兩岸關係比國際情勢更重要，如果我國對外多邊及雙邊關係都受到壓縮，像是關稅優惠或者各種貿易協定，沒有邦交其實很難達成，經濟會受到很大打擊。外交是內政的延長，如外交失敗，將影響到國家的發展及人民的生計。

過去馬英九總統實行外交休兵，我國在各方面都沒有受到甚麼不利的影響；現在與對岸關係冷淡，可能就會造成一些問題。我們都能理解蔡總統有包袱，如果她親近中共，一定會受到民進黨選民的背離，所以她也很難做。李大維必須要找到能跟對岸溝通的方式，不然當這個外交部長就是跳火坑，去立法院讓那些立委罵，他們不會覺得是他們政黨的立場問題造成，只會覺得是你外交部做得不好。

其實對岸要的是一個面子，從臺灣這邊他們能得到的好處並不多，習近平能夠不在意這問題嗎？會影響到他本身地位的，所以真的兩邊都有難處。

圖 5-13　國剛大使獨照，國剛提供

圖 5-14 國剛大使在中央研究院近代史研究所接受訪錄（2016 年 6 月），許舒棠攝影

圖 5-15 國剛大使在中央研究院近代史研究所接受朱浤源、楊力明等訪錄（2016 年 6 月），許舒棠攝影

附錄：拉美國家的發言[22]

附件 5-1 1971 年聯大中南美洲國家代表在我國席次保衛戰上發言（9 月 27 日至 10 月 18 日）的內容

9 月 27 日

巴西外長：

本組織目前瀰漫一種似是而非之所謂現實主義論調，據以藉口要某一強有力者入會，而不管其入會是否有益和平，此事已引起本組織發生根本改變，現某超等強國既已決定要牽進另一強權，則此強權之入會已成定局，其入會之遲早只是時間問題，惟令人詫異者，在無人再深思此種以強權為公理之觀念及作法是否真於和平有益而可達成本組織之原則與宗旨，其實就歷史經驗判斷，此種超等強國把持一切而使其他二等國淪為旁觀者及受保護者之現象，最於和平不利，而且危及本組織之存亡，即安理會常任理事國之特權亦與國家主權平等原則不合，吾人不能不加意警惕。

烏拉圭外長：

本組織普遍化趨勢現已大為加強，烏認此於和平共存有益，繼稱關於中共入會問題，鑒於最近各種發展，烏

22 外交部編印，《中華民國聯合國第二十六屆常會代表團報告書》。

國故深盼有一能調和各方利益之解決，使各方均能和平共存，但認中華民國一向恪守《憲章》，故堅決反對任何包含排除中華民國之提案。

9 月 29 日

委內瑞拉外長：

聯合國要想有效固必須普遍化各國一體在會，以此大陸中國無疑應在本組織盡其一分子力量以貢獻於人類福祉，故委內瑞拉不欲對大陸中國之來會加以任何障礙，但委內瑞拉與中華民國有友好外交關係，認為中華民國不應受輕視而被排除，此事應以建設性態度，真正依事態現實情況處理，委內瑞拉將本此立場參加中國代表權問題之審議，總之委國認為應該讓大陸中國來會而同時不排除中華民國。

9 月 30 日

祕魯外長：

祕為第三世界一分子，決盡一切力量不顧任何阻礙維護第三世界之共同立場，並稱祕主本組織普遍化，視美與中共關係好轉有助於國際和解，現祕已決定與中共建立正常關係，故將支持中共入會。祕二百浬領海主張已獲中共、西班牙及南斯拉夫等堅決支持，決予貫徹到底。

瓜地馬拉外長：

對於中國問題瓜之基本考慮有二，一為普遍化為本組織創始時考慮所及之原則，一切國家無分大小強弱均應在會，二為倘中共被容納依此原則入會，則依同一原則絕不得犧牲廿六年來一貫活耀在會、忠於《憲章》而具歷史資格，且目前現實存在之中華民國，瓜將依此考慮投票。

厄瓜多外長：

關於中國問題，倘不將現有在大會、安理會及一切專門機構之中國席位一概付與中共為代表，恐將造成一種國際局勢，導致國際和平安全之破壞，厄認大會必須面面顧到各方現實情形處理本問題。

10 月 1 日

阿根廷外長：

阿根廷之代表 9 月初曾與中共之代表在羅馬尼亞首都會晤，探測雙方建立正常外交貿易關係之可能，阿根廷出此乃係基於一貫尊重普遍化原則之邏輯後果，本年 3 月阿代表在裁軍委員會即曾要求中共來參加裁軍談判，阿總統言及尼克森訪問中共之行時，亦經指出此乃以彈性態度處理國際問題之楷模，必須一面既不懷偏見固執拘泥，一面又不犧牲本身原則與思想立場進行今日之外交。

智利外長：

本組織求普遍化應對「中國」、東西德及韓、越分裂雙方暨各小國一概敞開大門，本屆聯大必須糾正過去歷史錯誤，承認中共為唯一中國合法政府之固有權利，臺灣乃係中國之一部分不得另有代表權。

多明尼加外長（以極大篇幅發言支持中華民國）：

本組織年年討論中國代表權問題已二十年，近三年爭論尤烈，吾人總不能不顧到中華民國自始即為本組織會員存在之現實事實，況依《憲章》規定，惟有愛和平願守《憲章》義務者始有入會之權，且本組織亦不縱容強凌弱之任何形式侵略，吾人固深知時至今日換取和平之代價已越來越高，但想入會者總該先改善態度始可望和解，多將本此意旨參加本問題之辯論，多堅決支持一切以確認中華民國有權繼續留會為本之提案，並於必要時對同樣目的之折衷方案亦將本和解精神以彈性態度贊成之。（最後多外長並特引中國首席代表在金山會議之閉會演詞中一段作結。）

10 月 5 日

墨西哥總統：

墨自 1945 年以來即主張本組織普遍化，盼本屆聯大可歡迎世界四分之一人口來會，而由中共取得其在本組織尤其安理會有權取得之地位，墨認中國之主權及領土完整在法理上不可分割。

哥倫比亞外長：

世界正走向冷戰解凍，尼克森宣布訪問北平尤使解凍加速，倘此行所作之會談能使雙方接近，當可促成和平共存。哥倫比亞儘管與中共思想距離懸殊，但從未忽視本組織與八億人民合作之重要，且認尼克森此一會晤乃係避免世界新核子大戰之要著。在此美匪解凍引起全世界政策驟然全般改變之際，當考慮到中共即將來會之有關情勢，哥採現實觀點，認此問題極端複雜，難有完善解決之道，一方面有人提出排除臺灣以讓北平之議，哥認此議是無端懲罰在本組織一直依法持有席位之政府，既不智亦不宜採取，在另一方面，有安排兩個中國之辦法，哥雖慮及此辦法造成一個國家在本組織同時有兩政府為代表之現象，勢將引起《憲章》法律解釋之疑義，但哥對此兩面之主張作選擇，仍認應當採取後一方面之辦法，惟須同時聲明此種兩個中國安排是特殊情形，以後任何他國不得引為先例。哥認小國雖然兵寡力弱，總不能聽由強國擺佈宰割任意科以排除處分，故哥雖不反對亞洲強人入會，但堅決反對強權頤指氣使逐人出會之作風，認此種排除是開倒車退回 1815 年神聖同盟之黑暗局面。其實中共來會亦不能解釋為可以排除另一國家中華民國，何況中華民國履行《憲章》義務之能力更無可置疑，哥認中共當以新國身分來會，俾更可實現本組織之普遍化，一面既維持本組織原來之原則與制度不變，一面又可使中共充分享有會員之權利並擔負一切應盡之義務。

海地外長：

為求達成普遍化固不妨容中共來會，但必須同時承認中華民國是忠實會員現實存在，絕無理由妄加排除之事實。

10 月 6 日

巴拿馬外長：

巴亦主本組織普遍化，認其意義應為所有國家不分大小強弱思想立場及地理位置均一律永久在會有代表。巴認中共可能來會是今年大會面臨之最戲劇化問題。於此一般小國不能不對強權搬玩國際政治魚肉小國之播弄深有所憾，不能不認清時至今日強權居然猶視小國如無物而不令小國與聞任何問題之解決。巴國要問：難道吾等小國過去即不知道本組織不能忽視七億人民之存在？相信中共來會當有益和平。

10 月 7 日

尼加拉瓜外長：

倘為達成普遍化而容中共入會，則依同一普遍化原則亦應同時保障中華民國永久在會。

玻利維亞外長：

本組織之鞏固與否胥視本身是否忠於所宣示之原則，故應以國際聯盟之失敗引為前車之鑑，國聯失敗主因之一，即在排擯亞米尼亞（ARMENIA）不許其入會，且有許多重要國家如美國等不願加入組織，是以聯合國必須普遍化，一面容中共來會並取得安理會席位，一面確認中華民國有權繼續留在本組織。中共固然地廣人眾力量強大應在會，但中華民國有一千四百萬人口文化經濟水準極高，且對自由和平貢獻極大，絕非國聯時代之亞米尼亞可比。玻認臺灣立國條件具備，可代表業已現代化之中國。

牙買加外長（引述牙總理去年在大會演說）：

本組織不能再負擔排擯中共之責任，同時本組織依普遍化及現實原則應亦安排解決辦法，承認臺灣千餘萬人民事實上存在於北平政治權力之外，現本屆大會正積極朝此普遍化方向尋求解決，吾人固認不再有世界四分之一人口在會外係切合現實，但同時亦應確認東亞今日之另一現實，即事實上臺灣之政府業已有效控制臺灣逾二十年，依一般國際法理念已是並存之另一單元國家，國際對此亦應加承認，故牙認容中共在本組織包括安理會持有席位而同時由臺灣在大會保有席位之方案係合理方案。

10 月 12 日

薩爾瓦多外長：

要真正普遍化應使所有事實上分裂之國家均有平等公允之機會，並由各該國雙方自行決定其本身命運，聯合國惟有不偏不倚承認現實存在之情況，其中若干情況且已存在二十餘年，只有如此纔算公正，倘不顧有關人民之意願，而一味以陳腔老調在此斤斤辯論，當於有關人民及聯合國兩無裨益，倘聯合國承認現實存在之情況，則可爭取一段時間，俾有關雙方有機會徐謀解決。

薩認現實普遍化絕不應對任何人加以摒拒或排除，中華民國乃是今日世界一項存在之現實，自絕不能加以排除。

古巴常任代表（長篇激烈攻擊「美帝」）：

古巴永不返回美洲國家組織。

古巴是阿爾巴尼亞案聯署提案國，依一貫立場主張立即單純多數通過此案。

10 月 18 日

哥斯大黎加代表：

去年年底哥政府即曾宣布對本案之基本立場有三，一為認中共應在會，二為認中共應取得安理會常任理事國席位，三為在任何情形下中華民國均應繼續留在聯合國一切機構。爾後之一切情勢發展益加證明哥此立場正確，美總統被邀將訪北平尤顯示中共對外政策已有改變，至對阿案所提項目則哥國首認其議題不當，哥曾投票反對該議題而主張用另一不含偏見之議題，因阿案議題所用「恢復」字樣似指參加創始本組織者乃是中共殊與事實不符，蓋此創始人是蔣總統所領導之中華民國，當時為中國唯一政府，至 1949 年毛軍佔據大陸而中華民國退守臺灣等島時局面纔有變更。惟中華民國政府既繼續在本土之一部分存在而行使職權從未間斷，其合法性自不容置疑，故中共控制大陸只能認是新增事件另又加一中國。此兩個中國並存於今已廿二年乃是現實情況，今阿案首稱蔣總統之代表是「非法佔有」中國席位，自屬不合事實，哥不能苟同。吾人只是認為中共人口眾多應可來會並取得安理會席位，且中共既從非會員，自無何權利應予「恢復」，更談不上要排除任何現存會員，蓋中華民國之創始會員地位依然存在。現中共並不控有全部中國土地，亦非中國之唯一代表，何況中華民國有一千四百萬人民，忠於《憲章》，且以本身經建成就與友邦合作促進他國之發展，現與五十九國有邦交，其經社體制自成系統與大陸迥異，自絕不能輕言加以排除。吾人主張以安理會中國席位轉付中共只是在兩個中國中選擇力量較強有常任理事國國力之一方居此席位，此與排除之說不可同日而語。哥堅決反對阿案，並認聯合國只有接受現實情況不能介入偏袒任何一方，尤認除名之事依《憲章》第十八條是需三分之二多數始能取決之重要問題，故經加入提案，盼各方支持。此重要問題案雖提出時較阿案為晚，但自 1961 年以來大會即已有成例，對此種程序案之表決應在實質案之先，故盼各方依法依理並依前例仍決定重要問題案最先付表決。

10 月 19 日

厄瓜多代表：

本案基本情勢有二：一為中國有二政權對峙並存，共爭同一代表權，一為該兩政權皆稱只有一個中國，臺澎等島是中國之一部，在此前提下當前三案均有法理上欠缺之處。（繼長篇歷述 1949 年以來中國情形及聯合國處理本案紀錄等種種演變以明其說。）厄認本問題是一政治問題本應由雙方交涉解決，而與所謂現實主義無所混淆，厄仍將本其法理立場決定如何投票。

10 月 20 日

哥倫比亞代表：

本問題必須依法依理公平處理，本組織經以國家主權平等原則為基礎，然唯中小國之生存係全賴聯合國公正原則維持。以此本組織應普遍化不淪為一受少數強有力者把持而排擯或排除任何人之機構，哥與許多國家係本此立場聯署提案，一面要中共來會並負擔其有力應當負擔之安理會常任理事國責任，一面不排除中華民國，蓋一則排除之舉可能引起嚴重連鎖反應。再則本組織亦應公平本普遍化現實原則接受當前事實存在之情況，三則廿五年來中華民國守《憲章》不渝，欲加排除自為《憲章》所稱重要問題，此係哥倫比亞多年來一貫主張迭經重申。哥尤認排除中華民國引進中共既非公平解決之道，亦不可能解決問題，當前一中一臺分立局面不是出於何人製造，乃是廿餘年來存在之事實。哥認依據不應排擯中共之同樣普遍原則亦不應排除中華民國，有人謂除非臺灣走則中共不來，但尼克森已宣布訪平此刻其助手既在北平布置安排，則說非臺灣走中共不來乃是言之過早。臺灣問題不是一朝可立即解決，吾人目前殊不能過早作預先判斷，亦不能採何貿然行動以礙此問題之將來解決，以此排除中華民國之議更為重要問題，哥盼大會對中國問題作成任何決定皆有三分之二以上之絕大多數支持成立，俾能真正符合本組織宗旨原則有利和平。

烏拉圭代表（是美案聯署提案人之一）：

蓋鑒於和平不可分割，本組織必須普遍化不能將任何人除外，俾成為真正調和各方達成協議之中心，且《憲章》規定縱然不是本組織會員國，亦可於本組織討論事項關係到本身時來此向本組織作陳述，何況中華民國是本組織創始會員國廿多年在會守《憲章》不渝，自絕不能以之排除於門外而忽視其存在之事實。烏認本問題當前情況與過去不同已經大有改變，前此第五屆聯大曾決議於有兩個以上政府爭同一代表權時應依《憲章》原則宗旨按個別案件情形處理，現在中國問題之當前現實為中共與中華民國均並立，各在其領域存在而各具本組織會員資格。然而有些國家之代表團雖過去一直與中華民國代表團同席並坐關係友好，今竟因一時政治私利翻臉相向要無理排除中華民國，此種不道德之怪現象殊不應為本組織所容許，否則此風一長本組織原則必盡毀而一壞不可收拾，其於和平之危害不可勝言。烏認本組織唯有通過雙重代表權案纔切合現實，使中國人全體都有代表而有以保障和平。否則排此納彼必立即招致和平破壞，故任何包含排除因素之方案均應依《憲章》作為重要問題處理並予打銷。

智利代表：

深知本案牽涉極廣，各方人言人殊，但當前主要目的仍在如何辦到中共來會。智利已承認中共為「中國唯一合法政府」，自去年起已投票支持中共「恢復權利」，此乃智利之主權行使無人可加干預，且係一積極行動有助於促使中共提早結束其敵對本組織之態度轉而與世界各國合作，俾解除緊張消弭冷戰，現無人否認本組織無中共參加即不能發揮功能。智欣見現已有大多數會員國據以結合努力，惟同時亦深懼某種程度花樣將阻撓此一努力成功，雖當前重要問題案內容與過去不同，但其為阻撓花樣則一，盼各方勿錯過當前機會打銷此種阻撓而通過中共可來會之草案。智認一中一臺安排不應成立，蓋中共及臺灣方面一致聲稱中國只有一個不能分割，均謂臺灣是中國之一部分，在此情況下本組織自無權作此分割，本問題亦不涉及除名問題而只是單純證書問題，更不談到需三分之二以上多數才能取決，中共 8 月 20 日聲明已講明臺灣不走則彼絕不來，故唯有通過阿案無他途可循。

10 月 21 日

海地代表：

今年若可能對中國代表權問題有現實解決安排當為具歷史重要性之一年，蓋年來世局已有重大改變，使強權有同意達成依公允安排之可能。中共態度亦似較以前具彈性。海外長前在總辯論中已述明海立場，即認一面應依普遍化原則不阻中共來會，一面絕不能排除中華民國，現海已本此立場參加聯署提出十九國草案以反映當前現實作公允處理，且認中共既是核子強權應在安理會，惟依容中共來會之同樣普遍化原則亦不得不排除創始會員國批准《憲章》之中華民國。中華民國所控制土地不小，人口亦不少，經濟貿易發達，與在座半數會員國有邦交，是具備一切國家條件之國家，本組織依道義基礎亦絕不得加以排除，任何此種排除之議自是《憲章》第十八條所稱重要問題，故海亦經本大會過去決定參加聯署重要問題案，盼各方支持兩案並打銷另一排除案。

多明尼加代表：

當前現實為兩個中國對峙，中共固應來會，但絕不能排除中華民國，故多認惟有繼續確認此種排除之議是重要問題並通過美雙重案才有利世界和平。

10 月 22 日

古巴代表：

「美帝佔領臺灣」及不能製造兩個中國再干涉中國內政以阻中共「恢復權利」，要求打銷美案而以單純多數通過古巴參加聯署之阿案。

玻利維亞代表（引述玻外長總辯論演說對中國問題立場）：

玻已依此立場為維護世界和平安全而參加聯署美案，玻認不管中國兩政府當前分裂對峙之現狀是暫時抑永久性，此刻本組織所能為者只是接受並承認此一現狀。否則摒此排彼即為干涉中國內政且破壞普遍化原則。玻認中共不在會固將引起危險情勢，但中華民國是創始會員一向忠實在本會並與大多數國家有邦交，絕不可能從地圖上由本組織一筆勾銷，玻與中共雖距離甚遠，但均是銻鎢等礦產主要輸出國，一向彼此競爭兩蒙不利，另方面玻與臺灣方經技合作密切，故對本案極重視。玻支持重要問題案而反對阿案，至對程序表決之優先等問題，玻認與實質決定有關連不能徒作空洞理論爭辯，玻將依實質立場投票，盼各方務必謹慎三思切勿貿然排除中華民國。

尼加拉瓜代表：

中共是「中國唯一合法政府」有「權利」須「恢復」與事實完全不符，中國情況自本組織創立以來雖大有變化，但一直在本組織合法代表中國者乃是中華民國政府，故阿案毫無根據，尼加拉瓜已參加聯署重要問題案，蓋確認中國問題與本組織前途及世界和平安危息息相關，其重要性更超過《憲章》第十八條第二款所列舉之許多重要問題，自更必需三分之二多數始能決定排除一本組織創始會員中華民國，尼尤認中華民國之永久在會必須由本組織切實保障，纔能談到本組織之普遍化。當前中國兩個政權儘管均各稱本身是中國全體人民之唯一合法代表，但此種本身自稱之說法乃是出諸其本身立場不能不作此表示，並不能改變二十多年來兩方都各控有人民土地並存之歷史事實。將來解決固只有由其雙方自行覓致，聯合國只能接受並承認當前事實，有以鼓勵其雙方和平解決，絕不能有所偏袒擯此排彼。尼經仔細研究美代表演說，感到美雙重案說法確是從建設性新角度來從中盡力，在不介入影響將來雙方解決而同時盼能避免使用武力之條件下作公平現實處理，故尼認此案有可取之處，僅以其中未將身為創始會員之中華民國置於與中共完全平等之地位為憾，尼同時認為不應支持任何認此安排，亦應三分之二以上多數始能成立之說，切盼各方有以維持正義，確保中華民國在會。

瓜地馬拉代表：

一向服膺普遍化原則，認一切願守《憲章》之人民不分多寡強弱均應一體在會，是以認為絕不能排除中華民國。茲中共雖情形特殊，一般人均認應有適當安排使之來會，但絕不能以排除任何人為其條件。瓜認除非依《憲章》第六條不能排除已在會之合法代表團，而中華民國非但未犯該條所稱過失經安理會建議須予除名，抑且一向守《憲章》不渝，倘予一舉永久加以排除自為極嚴重之事。瓜認目前中國雙方對峙之問題惟有由其雙方徐行自覓解決不是一日可以促成，大會與中華民國之關係既已在禮貌合作情況下，維持二十二年之久，且盼將來與中共方面亦建立此種關係，自應一視同仁而不應排彼納此。惟有容納兩個中國都在會，故瓜堅決反對任何包含排除中華民國之提案，且經本此立場參加聯署草案，以維持大會以往曾一再重申此係重要問題之一貫決定，切盼各方顧到當前現實，不以直接間接排除現有會員之辦法容納從未在會者來會。

10 月 25 日

宏都拉斯代表：

是美兩案之聯署提案國，蓋宏國確認排除中華民國之舉，乃是重要問題，必須依《憲章》第十八條第二款之規定處理，此一重要問題草案且必須優先付表決。本組織對於中華民國多年在會守《憲章》而事實存在之現實不能不顧及，雖國共雙方對峙情形將來發展如何無人能預測，但本組織必須顧到兩面都存在之現實，宏認安理會中國席位固可畀予中共，但阿案首稱「恢復權利」，而事實上中共既從未在會，自無何「權利」須「恢復」之可言。至於排除中華民國，則更不能為宏國所接受，且中華民國未犯有《憲章》所載除名罪行，亦不得違法加以排除，故宏國堅決反對阿案，切盼各方支持宏國所聯署之美兩案。

6　歐鴻鍊部長訪問紀錄

時　間：2016 年 3 月 17 日上午 10 時至 12 時

地　點：對外關係協會

（臺北市信義路路三段 147 巷 17 弄 2 號三樓）

訪　談：楊力明　朱浤源

整　理：孫　冰　楊力明　劉信愔　朱麗蓉

訪問紀錄

一、早年學經歷（包含二二八事件與先父）

我是 1940 年出生在竹南。四歲的時候，由於父親是公務員，調派至花蓮縣政府林務局任職，我們就舉家搬到花蓮。小學我唸的是明禮國小，畢業後考上花蓮中學，因為成績優異，直升高中，畢業之後參加大專聯考進入政大外交系，大學畢業後參加外交特考進入外交部，所以我這輩子沒有經過太多的考試。

讀小學時，國民政府已經接收臺灣了，當時父親在林務局擔任課長，家裡發生了困難的狀況就是二二八事件。

我記得那個時候我還很小，一天父親在辦公室，有同仁來向他報告說：有個工人在局長的窗外揮刀砍樹，把局長嚇得要死；因為當時正好發生二二八事件，而局長正是大陸人，因此我的父親趕緊跑過去向工人說：「不要嚇到局長啦！趕快走開。」

沒想到局長不但不感激我的父親，反而認為是我父親指使工人做的，於是局長的一通電話就讓我父親被抓，並且用麻袋包著頭用槍托毆打他。當時抓父親的這個單位究竟是警察？還是軍隊？我到現在也還弄不清楚，反正就是被抓去了。我的三伯父就從臺北趕過來要想辦法營救。

那幾個月我們家陷入了困境，因為我們一共有八個孩子，父親靠課長那一點點的薪水養家，父親出事我家就斷炊了。我三伯來看我們的時候，在家裡用餐，因為子女眾多，我們每個人就只能定量分到兩碗稀飯。我大姐因為疼我，就給我加多一點，幾乎要滿溢出來了，三伯看見就責備我們沒有規矩，我的淚水只能往肚裡吞。後來情況越來越困難，沒有辦法之下我們也到田裡找草吃，還吃田螺。炒田螺後來成為花蓮的名產，但那個時候是沒有人吃的。家裡的老鼠能打到時，我們就可以打一頓豐盛的牙祭。

經過各方面的營救，幾個月之後父親被放出來，也恢復了名譽和職位，但是由於內傷太重，餘年他一直處在健康狀況不好的情況之下，他過世的時候還不到五十歲。

二、父親逝世與選考外交系

由於家裡經歷過二二八事件，見到許多人受到不明的冤屈，我想唯有當法官可以助人，伸張正義，所以在報考大學的時候準備要考法律系。就在填寫報名表時，突然發現還有個外交系的存在。在當時出國非常不容易，我很羨慕可以出國留學；我想若當了外交官就可以到國外去了，於是我第一志願就填寫政大外交系，第二個志願才填寫臺大法律系。我們那個年代外交系的分數是高過臺大法律系的，結果我以第三名的成績考進政大外交系。在校成績優良，若想要留學，申請美國大學獎學金或者我們國家公費留學的獎學金並不困難，但我根本就不能考慮，因為我在家中是長子，父親過世以後，我必須放棄出國進修的心願，只等一畢業就趕緊參加外交特考，找一份工作。

當時外交系的選修課程規定，除了英語以外要選修第二外國語，我就選修了法文，由一位法國神父教學，他很風趣、教得很好。不過在參加外交特考時，我想畢竟法文只學了三年，而英文卻是學了十幾年了，所以我是以英文考進外交部的。

父親過世時我唸大二，這就是為什麼我是為歷任中華民國外交部長中，唯一沒有出國留學的學士部長，歷任部長都是碩士、博士以上的學歷。

圖 6-1　初進外交部，歐鴻鍊提供

三、進入外交部、結緣中南美

進入外交部以後，我被分發到中南美司，工作業務以西班牙語文為主，我也不大在意。那時的外交部人事制度，並沒有太上軌道，分發在中南美司，也並不表示以後一定會被派到中南美洲工作，所以我並沒有特別去學習西班牙語文。但是我進部快滿三年時，臺灣大學舉辦歐洲語文補習班，因為是晚間上課，於是下班後，我就去上了半年的西班牙語，隨著就在 1967 年 7 月外放到南美洲的祕魯了。

基於工作的需要，我想只學了六個月的西班牙語是不夠的，必須要加強，所以我就聘請了一位家庭老師，下班以後在家裡為我補習西班牙語。由於大使館的人事十分精簡，每個人的工作量都很重，回家以後真的覺得很累，晚上上課的時候我經常打瞌睡，有一天我跟老師說我今天很累，可不可以不上課？他說沒有關係！你睡你的我上我的，因為你睡著了還是一樣可以聽得進去！他是一位老先生，一直非常有耐性地為我上課。這樣堅持了六個月，我實在吃不消了，就把課停了。我的西班牙文程度就是六個月的補習班，加上六個月的家教。那麼怎麼辦呢？只好在工作中加緊學習。

外放四年之後，於 1971 年 7 月我接到調任的命令。當時我心裡有些不開心，因為那時人事制度還不是很上軌道，絕大多數的同仁一派出國都是十年八年的，我同期的同事通通在國外，而我一個人提前就被調回來了。

回到臺灣松山機場的時候，副司長來接我。我覺得很奇怪，我這個小祕書為什麼會勞駕副司長來接機呢？但我還是問他：為什麼這麼短的時間就把我調回來？他說要我回來是讓我擔任總統的翻譯。我就反問：什麼語言的翻譯呀？他說當然是西班牙語啊。我就說你們一定沒弄清楚，我不是學西班牙語的。副司長回答我說：聽說你的西班牙語很好。我回答那是錯誤的訊息。沒辦法！已經調回來了。

兩個禮拜之後，中美洲瓜地馬拉的副總統來訪，嚴家淦副總統舉行國宴迎賓，場面非常盛大。這是我第一次上場，五院院長、部會首長、將軍們星光閃閃，我負責翻譯。國宴結束後，司長對我說：「行了！就是你了！」

四、擔任總統、副總統、院長等首長西語翻譯

我擔任老蔣總統的西語即席翻譯，一直到他老人家過世為止。

其實我自己知道我的西班牙語程度有限，所以回到國內四年期間，無論工作再忙碌，我每天一定會寫一篇短文，請我們的同事張冠超先生幫我修改，他是從祕魯回國的僑生，所以他的西班牙文非常好。此外，我也背字典，因為當時邀請外賓訪華都是為期一週，我就全程陪同，我一定事先了解他的學經歷、喜好等等，把相關的專業名詞熟記下來，這樣在口譯的時候，就能夠運用自如了。

圖 6-2　擔任總統蔣公西班牙語翻譯（1973 年），歐鴻鍊提供

有許多人見到了老蔣總統非常害怕，因為他老人家目光非常犀利，我因為年紀輕又未經事故，不懂得害怕，而且我覺得蔣公對文人是非常客氣的，所以我在他老人家的面前站得直挺挺的，聲音也宏亮，老總統對我十分滿意。

我們那個年代給總統當翻譯，要經過非常嚴格的篩選。我的前任為蔣公翻譯了七年，直到蔣公告訴沈昌煥部長說：他表現得很好，可以讓他到國外歷練歷練，他才得以外放。所以在我擔任蔣公翻譯的四年期間，雖然曾經有機會外放，但都沒成功。我的職務就由科長升為副司長，為老蔣總統擔任翻譯，一直到 1975 年他老人家崩逝為止。隨即，我就外放南美洲的智利。

這四年期間對我來說是很好的歷練，因為所有西語系的外賓，不管拜會哪個部會的高層長官，都是由我翻譯。

包括副總統嚴家淦、院長蔣經國還有外交部長官等。

有一回在部裡的動員月會上，周書楷部長就強調外文以及即席翻譯的重要性。部長特別提到：我們有幾位長官可能有家鄉口音，許多時候連周部長他也不見得完全聽得懂，而歐科長不但聽得懂，還能夠為他們翻譯。對呀！我自己想想也覺得不解，許多人都聽不懂蔣公的鄉音，為什麼我為他翻譯的時候，沒有這種困難呢？後來我終於想通了。因為蔣公有他的高度，對於來訪的外賓，他說的話不多，而是盡量讓對方發揮；比方說，他可能提到國際金融的危機時說：你有什麼看法呀？有沒有影響到你的國家呀？如此對方就開始發揮。又好比一個國家要進行大選了，那他就會問訪賓：現在的選情如何呀？將來應如何加強我們雙方的關係呀？又給了對方發揮的餘地。因此，我為蔣公的口譯工作，實際上是以西翻中為多，中翻西並不多，所以就一點困難也沒有。

這其間為嚴副總統翻譯最為吃力，因為他的學識太淵博了，無論來訪的外賓是學醫的、或是學生化的、電機的等等，他都能跟他們談各人的專業，所以我必須事先翻遍字典，把各種專業詞彙都背下來，雖然非常辛苦，但是這段期間奠定了我良好的西班牙語基礎。

許多新進的同仁會向我請教即席翻譯的祕訣。其實外賓來訪的時候，常常帶有許多團員，所以為兩位長官翻譯的時候，必須要有信心，音量一定要讓在場全體人員都聽得到。

五、智利開館

1971 年我們退出聯合國，有一大批的國家跟我們斷交，智利也是其中之一，當時是由阿彥德（Allende）總統領導的共產黨政府執政。兩年後老百姓已經沒有辦法再忍受共黨的統治，因為沒有飯吃，家庭主婦們拿著鍋碗瓢盆上街抗議。於是老百姓強烈要求軍人干預，著名的軍事強人皮諾切（Pinochet）將軍，順應民意發動政變，推翻了阿彥德政權，於 1973 年取得政權。

新政府上臺以後，我們就趕緊想辦法想要跟智利恢復邦交，我們認為皮諾切將軍是軍人，傳統上軍人都是非常反共的，後來拉丁美洲民主化，還是最近二、三十年間的事。在 1970 年代多以軍政府居多，所以我們也跟他們能夠維持很好的關係。我們本以為應該可以順利恢復建交，但是沒有成功。因為智利政府政變之後，急需國際社會的承認，而中國大陸是率先承認的國家之一。

1975 年 4 月，我擔任中南美司的副司長，陪同當時的楊西崑次長去智利訪問，跟他們交涉談判設立辦事處一事。雖然非常不容易，但基本上他們對我們還是很友好的，因此達成協議。所以七月間楊次長就推薦我到智利去開館。

我帶著妻小飛了三十多個小時，到了智利首都聖地牙哥，人生地不熟，我們先住進一間公寓式的旅館，一面找住家的房子和辦公室。辦公室剛剛開張沒有幾個月，智利外交部亞太司的總司長，突然出現在我的辦公室說：「請你把你的辦公室搬離首都，到其他任何城市我都沒有意見，而且我會協助你。」我心裡想除了首都，任何一個其他城市，我都沒有興趣。

他走了以後，我仔細思考，那時候是海、陸、空、警四個總司令合組的軍事執政團，而其中幫助我們設處的就是空軍總司令李將軍（Gustavo Leigh Guzmán）。於是我就去找他，向他報告情況，他叫我去找情報頭子，政府第二號強人，僅次於皮諾切總統。結果這位外交部亞太司的總司長，就再也沒有出現在我的辦公室了，這件事情就好像從來沒有發生過一樣。後來有機會我請問情報頭子是怎麼處理的？他說他只告訴外交部他需要 Francisco（我的西班牙文名字）留在首都！

所以我在智利六年的期間，跟情報部門的關係維持得非常好。後來我調任到其他的國家，也會很注意跟情治單位的聯繫。若能建立友好的關係，偶爾也會取得一些重要的訊息。因為一個國家的政情，只通過看報紙是不夠的，大家都知道的就算不得什麼，要想辦法得到別人都得不到的情報，這對我們的工作會有很大的幫助。在智利的六年，剛開始是非常困難的，中國大陸打壓、再打壓！反而促成我們和情報單位加強合作。事實上，外交工作多少有點諜報性質。

為了聯繫各方的友情，我必須要常常把當地政要，請到家裡來用餐。每當一個相識或不相識的當地政商，問到聖地牙哥哪一家中國餐館最好？我太太就會說：「我們歐家的餐館最好！」於是我們就趁機當場邀約這位朋友，並且以他為主賓，請他帶朋友來。這樣我們就透過不同的管道，交接了各個領域不同層級的朋友。到後來在智利政商圈，若有誰沒有被邀請到臺灣代表的官邸吃飯，彷彿是件沒有面子的事，大家都爭相要跟我們做朋友。因為拉丁美洲人的民族性和文化，在家裡請客就算交上朋友啦。有了這樣的人際關係，什麼事就都好辦了。

那個時候我們在歐洲和亞洲，除了教廷已經沒有邦交國了，但是在非洲國家我們做得很好，比如說我們的農耕隊，這也是為什麼後來在拉丁美洲，有許多邦交國穩住邦交的原因。

因為那個時代拉丁美洲都是軍政府執政，軍人傳統上都是非常反共的。同一時期也正是我們經濟起飛向上的時候，這也讓我們的邦交國開始重視我們，覺得跟我們維持邦交可以學到很多事情，因為我國的情況和中南美洲的國家比較類似，我們發展經濟的經驗，對他們而言是可以借鏡的。所以透過雙邊合作的關係，就穩定了很多的邦交國。

一般而言，跟大國是很難維持著邦交的，因為大國希望在國際社會、國際組織中扮演一定的角色，需要大國間的互相支持，其中，中國慢慢崛起，尤其是進入聯合國以及安理會之後，已經證明他的力量開始茁壯，所以中型、大型的國家就和我們斷交，轉而與中共建交。雖然我們沒有退出聯合國之前就是常任理事國，但是根本不敢有所作為，能用否決權嗎？講話有用嗎？所以名義上雖是常任理事國，但是並不能發揮常任理事國的功能。

而中國大陸一進去就是常任理事國，對國際事物有否決權，因此留下來跟我們維持外交關係的，大部分都是小型的國家，連中型的國家也沒有，因為小國沒有野心、也沒有能力在國際間扮演什麼樣的角色或發揮影響力，他並不需要大國的支持，只要對他自己國家的發展有利就好。比如我們的農耕隊、農技團，真的對他們的老百姓有幫助，還有醫療團、工技團等，這種技術合作把經驗傳給他們，對他們國家的發展很有助益。

反觀大國，雖然提供援助，但是到頭來實際上受援國獲得的並不多，因為大國會派很多的專家指導、做計畫、做顧問，或許一百萬美元的援助款可能一、二十萬是專家拿走了，實際收益也不多，時間拖延而且強勢作為、指指點點，受援的國家很不舒服。反之，我們的工作人員拿很低的薪水，和他們一起下田做工，他們感覺很好，所以我們的農耕隊或者叫做農技團，後來發展到醫療工業等等，把我們國家發展的經驗傳授給他們。現在〔2016 年〕二十二個邦交國中，有十二個是在中南美洲，超過半數。

六、1970 年代對拉美與中共的兩線外交戰略

我們專家團是很厲害的，像是「工業診療團」，到他們的工廠裡轉一圈，馬上就很清楚問題出在哪裡，所以大家都很佩服我們。我們的工業都是中、小型的。當時外

交部就成立了一個「海外技術合作委員會」（Committee of International Technical Corporation），開始時是農技合作，慢慢擴展到很多其他的領域，稱為「國合會」（國際合作發展基金會），由外交部負責編列預算展開工作。成效非常顯著。

我們初抵智利時，完全沒有和中國大陸的大使館接觸，但是大約在 1978 年，鄧小平開始開放政策不久，我們在智利的辦事處突然來了兩位中國人說要見我，我的同仁們以為他們是僑胞，就讓他們進來了。進來之後他們掏出名片，說自己是中國大使館的商務參贊及其助手。於是我就請負責經貿業務、由經濟部派來的劉廷祖先生過來一起會談。他們說來拜會是希望能夠資訊交流。

這件事過了沒有多久，有一位華僑開了一間很大很漂亮的中國餐館，他兩邊都邀請出席開幕儀式。

當時大陸剛剛開放不久，我們是絕對不能跟大陸的外交人員有任何接觸的，因為雙方的敵意還是很大。但是既被邀請就要出席，更何況我們政治民主，經濟上創造了世界聞名的經濟奇蹟，我們在大陸外交人員面前佔盡優勢。我到達現場的時候他們已經到了，上回見過面的參贊就趕緊跑過來，為我介紹他們的大使，相互握手寒暄，雙方同時被請坐在主桌上。整個晚上參贊坐在我的旁邊，不時為我夾菜、很客氣，同時問我是哪裡人？要幫我尋找聯繫親友。我告訴他我是臺灣人，謝謝他的好意！他看來有點小小的失望！

後來我也曾了解其他外館的同事，都沒有一個地方發生同樣的狀況。其實那個時候我內心很坦蕩，我想一個駐外的小小外交官，還能夠出賣臺灣、出賣祖國嗎？沒有可能的事！所以我也很大方與他們同桌共飲。因為這是單一社交性事件，我並沒有報回國內。而後續也就沒有任何聯繫了。

智利的華僑不多，老僑都是從大陸來的，自然在感情上會傾向於大陸，而臺僑很少，大概只有一、二十位吧！祕魯的華僑就很多了，老僑成立華僑總會，我在大使館工作的時候，當然就沒有什麼問題，斷交以後，也維持了一段時間。但是隨著時間的過去，許多年長的老僑就慢慢退出，而新進的年輕一代，就慢慢轉向支持中國大陸。這是沒有辦法的事情，我們也不應該去為難僑胞。所以我覺得僑胞們為了要跟大陸做生意，我們需要體諒他們的處境，不要覺得他們與大陸來往，就是背叛臺灣。在這方面我是持比較開放的態度。

七、主持中南美司

1981 年我從智利調回國內，在中南美司擔任司長。我感到我們農技團的技術人員，沒有得到當地政府適當的尊重。我們農耕隊的工作人員，是和他們的農民在田間並肩作戰，但是不應該被視作普通農民一樣。所以我就發了一個通函給我們的大使館，要求洽請駐在國給我國的農耕隊適當的待遇。結果得到很好的回應，即比照國際組織會員的身分，像是買車可以免稅及使用國際組織車牌等等，這是我在司長任內，完成改善我們駐外技術人員的待遇。此外，早在我擔任副司長的時候，看到我們駐外的技術人員，在國外工作非常辛苦，但是由於當時國家財政困難，不能攜眷赴任，也製造了許多家庭的糾紛。

於是我就上簽呈建議：技術人員外放可以攜眷。由於經費的考量，先開放團長層級，後來又經過了好多年之後，我們國家財政改善了，才慢慢調整全面開放技術人員可以攜眷赴任。

我擔任中南美司司長，是 1981 年到 1984 年，那時我們積極爭取邦交國。在我司長任內總共有四個加勒比海的英語系國家跟我們建交，其中第一個建交的是聖文森，那是我的前任司長進行的，我接任的時候就已經談妥了，他們到臺北來簽署聯合公報。

當時有一位僑領王永祥先生，在加勒比海地區跟各國的總理都很熟，他真是一位奇人！他跟這些國家的總理說：我幫你們爭取中華民國的貸款給你蓋住宅，條件是由我來「幫你使用貸款」。很多國家都覺得很好。那個時候兩岸的惡鬥還不是很緊張。

接著我就爭取到三個國家。這些國家當時都還沒有跟中共建交，對中國大陸而言，小國家他沒有興趣，但是我們卻需要邦交國，所以我們就爭取到了三個國家：聖克里斯多福、多米尼克和聖露西亞，我們貸款給他們進行某些建設和計畫。

當時聖克里斯多福還沒有獨立，我們去跟他接觸的時候，他們表示獨立之後要先進入聯合國，然後再跟我們建交；他們的總理很守信，也邀請我們也去參加 1983 年的獨立慶典，他們進入聯合國之後，就依約跟我們建交了。

現在〔2016 年〕我國在中南美洲一共有十二個邦交國，是我們的外交重鎮，包括加勒比海地區英語系及西語系的國家。

另外，我在司長的任內，推動跟邦交國簽訂引渡條約，因為有些無邦交國家我們是有司法互助的協定，但在邦交國方面，我推動簽署引渡條約。這是很大的工程，只有幾個國家完成簽署，其中包括巴拉圭，結果許多我國逃亡在巴拉圭的國內通緝犯，都嚇得跑到隔鄰的阿根廷去了。

八、出使尼加拉瓜、阿根廷與瓜地馬拉

（一）尼加拉瓜

1984 年 9 月我在司長任內，被派到尼加拉瓜擔任大使。

當時的桑定政權財政困難，不斷向我們索援，後來我終於拒絕了他們的需索，他就說我這個大使不行，於是派員到臺北直接向我政府洽談。我電報給外交部，說明千萬不能同意尼國的要求。如果同意了，我這個大使還能做嗎？尼國訪團無功而返，就決定跟我們斷交，這時距我出使尼加拉瓜僅有一年三個月。

當時尼國外長是 Miguel d’Escoto Brockmann，他對我

國有非常特殊的感情。原來他在紐約求學時，幾乎每個週末都到吳經熊（翻譯《聖經》的名人）家裡，與其子吳祖禹大使情同兄弟。所以斷交時，他把我找去對我說：「實在沒辦法，這是政府的決定，你也知道我對您們的感情。」他繼續說：「斷交之後，請你援你們在別的國家的例子，在尼國設立辦事處。」我答覆他：「會把你的請求呈報政府，但是我現在就能告訴你，答案會是 No，因為沒有辦法合理化。」

辦事處是要有一定功能需求才設立的，如果沒有需要，就不會設辦事處，而桑定政權執政後，僑胞嚇得都跑光了，所以沒有僑務。那雙邊經貿關係呢？也是完全沒有。我們和尼國的經貿以政策性採購為主，也就是說一旦雙方沒有外交關係，就不會再繼續向尼國政策性採購。政策性採購是需要花很多錢的，因為尼加拉瓜的產品沒有競爭力，一般情況下是不會有人要買他們的產品，我們政府以補助、貼錢讓我們的商人向尼國購買商品。

既沒經貿關係，領事事務就很少，斷交後，也不會有合作計畫的推動，也就是說不會有政務，所以不管從哪一方面考量，都沒有設立辦事處的必要。而外交部也同意我的看法，因此就決定不設辦事處了。

桑定游擊隊是於 1979 年奪得政權，關鍵是美國政府決定不再支持當時執政的安納斯塔西奧・索摩撒・德瓦伊萊（Anastasio Somoza Debayle）總統。

索摩撒家族從 1936 年，開始掌握整個尼加拉瓜，一直到 1979 年才被推翻，總共控制了尼國四十三年之久，整個尼加拉瓜都在這個家族的掌握之中，影響力大到即使總統為非其家庭成員擔任的十三年裡，也能全然掌控整個尼國。索摩撒家庭的父親、大兒子、二兒子都當過尼國總統，光他們三人就已掌控尼國長達三十年，後來被推翻的二兒子還是美國西點軍校畢業的，在被推翻之前獲美國全力支持。

那麼為什麼後來美國不支持了呢？

因為 1972 年尼加拉瓜發生大地震，首都馬納瓜被夷為平地，只剩一棟最高的大樓沒倒，該樓是以較新的建築技術蓋成。當時來自全世界各個角落的援助大量湧進，但是索摩撒家族從中上下其手，並未做好重建工作，民怨沸騰，到最後美國也認為不能再支持這個政權了，於是收回支持，緊接著其他國家也相繼停止對索摩撒家庭的支持。

而最後一個撤回對該家族支持的是以色列。為什麼以色列這麼支持他呢？因為以色列建國時，老索摩撒給予相當大的財政支援，所以以國一直很支持索摩撒政權。當 1979 年美國卡特政府及其他國家，相繼撤回對索摩撒的支持時，以色列還有一艘船載滿了軍火，正在運往尼加拉瓜途中。卡特政府強迫該船馬上回頭，所以船還沒到港口就被迫返航了，索摩撒見大勢已去，搭飛機飛往美國邁阿密；但卡特政府不允許他降落，最後他去了南美洲的巴拉圭。

後來桑定政府用六個月的時間，策劃暗殺計畫。利用外交郵袋，把武器零件分批運至巴拉圭，派出四男三女在巴拉圭執行暗殺行動，其中有一位在距索摩撒居住的農莊不遠處設立報攤，藉賣報觀察他的生活起居，由於索摩撒住的農莊只有一條路進出，所以很容易掌握他的行蹤。六個月之後，有一天，他的座車就被火箭筒炸了。就這樣索摩撒時代結束了四十三年的家天下，從 1936 年至 1979 年，最後於1980年身亡。剩下的家族成員全部逃到國外，很多到了美國，有的甚至改名換姓，因為怕被追殺。兇手七個人裡面六個逃走，一個被抓到槍斃了。

我在尼加拉瓜一年多的觀察所得是：共產主義確實不可行，當時的尼加拉瓜物質非常缺乏，雖然桑定主義與共產主義在名稱上有所不同，但實際實施的就是共產主義，糧票、布票等都是配給制，雖然人人有吃有穿，但是生活依舊很苦，報紙上最大的消息竟是：蘇俄捐贈我們的什麼東西，如電燈泡、衛生紙，什麼時候到港，哪一天上市。尼國上下就在超級市場排隊，可以為了一個電燈泡或兩捲衛生紙排隊等幾個鐘頭，因限量購買，許多人動員全家排隊，多出的賣到黑市，還可以賺一點錢。當時的尼國窮到很多家庭也只有一、兩個燈泡，在不同空間移動使用。當地朋友到我家做客，看到水晶燈上有幾十個燈泡，都好生羨慕。

剛去尼國的時候，新租的官舍馬桶蓋裂了小縫，我要求房東換一個新的，他答應得很爽快，於是使館祕書請司機幫忙採購，沒想到找了將近四個鐘頭，整個首都馬納瓜市都找遍了，就是找不到，祕書也打電話到處詢問，打了好幾個鐘頭，也還是一個都沒有，於是我找一位在當地做五金行的僑胞幫忙，過了幾個鐘頭，他告訴我整個首都馬納瓜確實一個都沒有，不過他幫我在外省找到一個，估計第二天就可以送到。我裝上新的馬桶蓋後，房東感激得不得了。

另外，尼國的海灘很漂亮，但是我們從來沒想過去玩，因為路上到處都是坑洞，開往海灘的路上一會兒路震，一會兒要躲坑，很痛苦。有一天，我們決定還是去看看吧！於是我們做好準備，什麼電燈泡、肥皂、衛生紙、防蚊液等等的都帶上了。果真到了海邊旅館，發現什麼都沒有，我們很得意地把帶去的用品一一裝上。當享受完海灘後，回到旅館要沖涼時，竟發現沒水。我太太說：「唉！甚麼都想到了，就是沒想到帶水，還是考慮不周。」

所以我覺得在這樣共產制度的社會中，最大的問題就是大家都窮——均窮，反而時間很多，這正好和發達國家相反。

最後我國沒能滿足尼國的索求，1985 年底，雙方還是斷交了。我回部九個月後，奉派駐到阿根廷。

（二）阿根廷

1986 年 9 月，我奉派出任駐阿根廷代表，在阿根廷碰到許多從巴拉圭逃過來的通緝犯。到任後沒多久，當時臺獨行動組的組長，也就是臺獨殺手黃某在我辦公室出現，說他兄弟需要錢，要我準備廿萬美金。我將情況報回國內，外交部當然不會給這筆錢，還要我把他弄回臺灣。

圖 6-3　歐鴻鍊大使伉儷（1986 年），歐鴻鍊提供

為了解決這個問題，我們駐館負責國安業務的同仁，就和當地的安全單位聯繫，安排在咖啡廳談判。各單位各就各位，相約一旦談判破裂，他們就會動手抓人。結果黃某並沒有很堅持，因為他剛結婚，太太懷孕了，並不想硬幹。

後來過了沒多久，聽說他要去巴拉圭的東方市做生意。東方市位於阿根廷、巴西及巴拉圭交界的伊瓜蘇大瀑布附近，是自由貿易區，很多人在那裡做生意，不少臺灣人在那裡賺了很多錢，於是他就和他的兄弟說，他要去東方市做生意。他兄弟告訴他東方市各路人馬齊集、非常複雜，勸他不要去；但黃某表示他現在已決心洗手，只是做個小生意維持家計、照顧妻小；結果幾個月之後，有一天有人敲他房門，門一開，就被槍殺了。那裡一天到晚有人被殺，他究竟被誰殺的？也無從得知。

後來又有一次，我接到一通來電：「你為國民黨辦事，我要懲罰你，你準備二十萬美金，我會到你家去拿，我知道你住哪裡。」我想到上一次的例子，國內是不會做出任何回應的，所以我就自己設法加強安全措施。

我首先想到的就是換車，但部裡說沒有經費，於是我就找跟監理所換汽車牌照，同時也告訴司機每天走不同的道路進出。

我也跟家人說現在治安不好，任何陌生人都不要開門，就算是中國人、華人也一樣。由於我的住家位於十字路口，於是我拜訪周圍鄰居，建議大家共同出資在路口設立一個警衛亭，讓鄰近的家庭都可以受到保護。鄰居們覺得這個主意不錯，經濟上大家也可以負擔。警衛亭設立之後，這個人就再也沒有出現了。

這件事我太太並不知情，事過境遷之後，我才告訴她當年設置警衛亭的真實情況。

另外值得一提的，就是我剛到阿根廷時，受命要抓一個國內逃亡的通緝犯，我就積極進洽阿國警方，過了幾天後接到那個通緝犯來電：「你有沒有搞清楚狀況啊？」這件事就這樣不了了之了。

我們駐外人員在外館，不僅是要辦外交、僑務，有許許多多想都想不到的事情要面對、處理，就像是經歷警匪片一樣的情節，工作十分艱辛。

（三）兩度擔任駐瓜地馬拉大使

我兩度擔任駐瓜地馬拉大使，第一任是 1986 年在駐阿根廷之後。

圖 6-4 與瓜地馬拉副總統 Don Robert de Carpio 合影，歐鴻鍊提供

擔任大使的兩段期間，共經歷了七任總統、十多位外長。

圖 6-5　與瓜地馬拉國防部長等合影，歐鴻鍊提供

我必須跟他們每一位都維持足夠良好的關係，才能維繫穩定的邦交，否則，外交關係就可能出現問題。

圖 6-6　與瓜地馬拉議長、副議長合影，歐鴻鍊提供

像我這樣三度擔任邦交國大使的外交官屈指可數，對外交惡鬥的負面後果感受良深，因此，我當上外長，就提倡外交休兵。

九、出任外交部長與綜論兩岸外交

我們無邦交國多，所以現在很多大使都是在無邦交國家任職、當過代表但沒任過大使。當大使和代表所承受的壓力是截然不同的。大使最主要的任務就是穩住邦交，而這也是最困難的。在外交惡鬥的情況下，派駐邦交國的大使，沒有一個是可以安心睡覺的，因為說不定第二天醒來，就斷交了，就算你已盡力，不眠不休地工作，也可能因為對方政策的改變而發生斷交事件，但你照樣會被罵死。

邦交的建立多數是在美國紐約談的，因為一年一度的聯合國大會在紐約舉行，很多國家總統會親自出席，外長則一定去，所以這一年一度的盛會，便成為我國大使的關注焦點。邦交國的總統、外長和誰見面？談什麼？我們都必須掌握。原因在於在所有國家的外交官中，最支持和中共建交的，通常就是他們派駐在聯合國的大使，因為他們在聯合國日日夜夜看到的是強權在國際組織中的影響力。

我們就這麼二十多個邦交國，所以每一次聯合國開會時，我們都希望他們發言支持我們。所以我們的大使每年最艱辛的工作之一，就是要求這些邦交國家的總統，在聯合國大會演講時，一定要在他的講詞裡加入對我國支持的字句。由於很多國家用辭可能過於婉轉、含蓄，我們就會要求事前拿到他們的講稿，必要時，還要洽請使用比較符合我們期待的詞句，這項工作並不容易。所以我們大使的工作非常艱巨、壓力很大。這就是我為什麼要主張「外交休兵」！

中國大陸在全世界有一百七十多個邦交國，而且都是大國，他們實在沒有興趣奪取我們的邦交國，因為小國對其國際形象、聲望、地位、影響力等等都沒有什麼幫助，那麼他們為什麼還要搶我們的邦交國呢？就是因為「兩岸惡鬥」！這是我個人三度擔任大使的感觸，我覺得實在沒有理由再這樣惡鬥下去，這對雙方都沒有好處，更何況花了巨款搶來之後，都要繼續花費巨款去援助這些國家，可謂兩敗俱傷。

圖 6-7　歐鴻鍊部長（右二）接受朱浤源（左三）、楊力明（右一）、孫冰（左一）訪錄（2016 年 3 月 17 日），楊力明提供

事實上截至目前為止，我覺得雙方也確實落實了「外交休兵」。還記得 2008 年我就任馬總統第一任外交部長，我剛提出「外交休兵」一詞時，民進黨批評我是「外交休克」、「外交休假」等等，說這是要靠對方的善意，然而這樣的說法並沒有看清事實，顯然非常不公平 。因為國際間處理任何事情並不是靠著善意，一切都是為了自身國家的利益，任何政府都是如此。中國大陸同意配合是因為這樣符合他的國家利益，並不會做情感考量的。

中共現在最重要的目標，就是經營臺海兩岸的和平發展，並且必須要考慮到不能傷害臺灣人民的感情。他若搶我們的邦交國，絕對是最傷臺灣人的感情，並且造成反中及臺獨意識高漲，這對他追求海峽兩岸的和平發展，絕對是最大的衝擊。

對於「九二共識」和「一中各表」，我認為應該「一中各不表」。因為「一中各表」的「各表」是我們臺灣這邊在講，對岸從來沒有同意過，對岸一再重申的是「一中」，只談「九二共識」、「一中原則」、「一中框架」、「同屬一中」。所以我認為「各表」既無法落實，最好的方式就是「各不表」，讓這個模糊空間存在。

兩岸之間的共識，除了「九二共識」以外，就是「擱置爭議」。2005 年連戰先生訪問大陸，會見胡錦濤先生（連胡會）後，發表的共同聲明中，開始出現「擱置爭議」一詞。後來不論是吳伯雄先生，還是蕭萬長先生訪問中國大陸，在會後共同聲明中，一定不缺「擱置爭議」。

至於其他的「求同存異」、「共創雙贏」等，可以有不一樣的表述，但是「擱置爭議」在每一次高層會議之後都會出現，因為這就是兩岸共識裡面非常重要的一項，其重要性與「九二共識」並駕齊驅。

既然要「擱置爭議」，那就不要「一中各表」，也就是說不講、不提。所以我覺得只有在「擱置爭議」可以維持的情況之下，才能夠確保「九二共識」的落實。換句話說，若無法落實「擱置爭議」，「九二共識」也就很難維持了。

7　戴瑞明大使訪問紀錄

時　間：2015 年 11 月 3 日上午 10 時 20 分至 12 時
　　　　　　11 月 17 日上午 10 時 20 分至 12 時 30 分
　　　　2016 年 6 月 19 日下午 2 時 25 分至 4 時 30 分
　　　　　　7 月 23 日下午 2 時 30 分至 5 時
　　　　　　8 月 4 日下午 3 時至 4 時 30 分

地　點：國立臺灣大學社會科學院 601 教室
　　　　星巴克咖啡建和門市
　　　　丹堤咖啡和平東路店
　　　　中央研究院近代史研究所研究大樓一樓會議室
　　　　丹堤咖啡和平東路店

訪　談：朱浤源　楊力明

記　錄：葉曉迪　王仲任　柯俞安　許舒棠
　　　　劉宗翰　許舒棋　劉信愔　劉晶華

整　理：戴瑞明　朱浤源　楊力明　王仲任
　　　　裴娟如

簡歷

1934 年　　出生於浙江省嵊縣

1950 年 5 月　「舟山大轉進」，15 日離定海，18 日抵臺灣省嘉義

1960 年　入淡江文理學院外文系
1961 年　入國立臺灣大學外文系
1966 年　獲美國政府獎學金，入夏威夷「東西文化中心」進修
1968 年 9 月　外交部北美司專員
1971 年　常駐聯合國代表團三等祕書
1972 年　中華民國駐美大使館三等、二等祕書
1975 年　行政院新聞局國際宣傳處長
1979 年　新聞局主任祕書
1980 年　新聞局主管國際事務副局長
1987 年　中國國民黨中央文化工作會主任
1989 年　總統府祕書
1990 年　外交部顧問、駐英國特任代表
1993 年　總統府副祕書長兼發言人
國家統一委員會執行祕書、諮詢委員兼召集人
1996 年至 2004 年　中華民國駐教廷特命全權大使

訪問紀錄

我與聯合國的淵源

1965 年我大學畢業，業師臺大外文系趙麗蓮教授鼓勵我出國留學，學成歸國教書；另一位外交界出身的鄭震宇教授則鼓勵我要以傑出外交家蔣廷黻、顧維鈞為楷模，去美國學外交，將來參與外交工作，報效國家。次年，我有幸考取優厚的美國政府全額獎學金，成為夏威夷大學

「東西文化中心」的交換學生，修讀「美國研究」的碩士學位。在學兩年期間，我申請到紐約哥倫比亞大學「國際事務學院」去進修一個學期，修讀有關聯合國的課程，並就近瞭解位於紐約市的聯合國總部運作情形。1967 年哥大教「聯合國」這門課的教授是著作等身的聯合國專家 Dr. LeLand M. Goodrich。他是「聯合國國際組織大會」於 1945 年 4 月 25 日至 6 月 26 日在舊金山市[1]舉行期間，美國代表團成員之一，對聯合國這個以維護世界和平安全的國際組織成立歷史瞭如指掌，選課的同學有一百多人，十分叫座。有一次他特別提到，二戰同盟國在美國領導下把歐洲的德國和亞洲的日本打敗後，羅斯福總統對中國特別寄予厚望，希望愛好和平的中國人在亞洲負起和平安全的重責大任，堅持要在「安全理事會」中把中國列為五個常任理事國之一，印象深刻，獲益良多。

沒想到，我在哥大修的這門聯合國課程，竟使得我後來能有機會奉派到「中華民國常駐聯合國代表團」工作，親眼目睹我國政府被迫退出這個曾經參與創建的國際組織，真是巧合！

1　1945 年美國政府選在舊金山市或稱三藩市（原文 SAN FRANCISCO）舉行「聯合國國際組織大會」及聯合國憲章簽署儀式是有特殊意義的。英文地名直譯應是「聖人方濟各市」，源自 13 世紀愛好和平的天主教義大利「亞西西聖人方濟各」之名。美國籌辦大會當局就是盼望《聯合國憲章》在象徵「和平之城」SAN FRANCISO 簽署後，世界能持久和平。

一、正式進入外交部

（一）在北美司學習

在夏威夷「東西文化中心」兩年（1966-1968）期滿，1968 年 6 月 9 日我取得夏大美國研究所碩士學位。美政府希望「東西文化中心」的學生要回到自己的國家奉獻，加上 1960 年代，政府鼓勵留學生回國服務，還發給我們回國的免費機票，輔導就業；所以我就立即離美返國，第一志願就選了外交部。

1968 年 9 月間我進了外交部，原想到「外交人員講習所」工作。由於當初向蔣總統建議成立「外交學院」的夏功權先生，希望我去協助他，但臨時他奉派到紐西蘭當大使。這時正好外交部北美司缺人，經錢復副司長測試後，他要我到北美司工作，派在一科任專員，直到 1971 年 3 月，我奉派前往紐約中華民國常駐聯合國代表團擔任三等祕書，前後有二年半時間。

在北美司工作期間，個人有幸得到君復（錢復字「君復」）先生的厚愛，在他細心的調教下，很快進入情況。其間有幾件我參與的工作，印象特別深刻。

1. 美國總統候選人的政見

1968 年，美國共和黨總統候選人尼克森（Richard Nixon），與民主黨候選人韓福瑞（Hubert Humphrey）競逐美國第三十七任總統。由於尼克森曾於 1967 年 10 月號《外交事務》（*Foreign Affairs*）季刊上發表一篇〈越戰後的亞洲〉（Asia After Vietnam）專文，主張改善與蘇聯及中共的關係，以便早日解決美國涉入的越戰問題。競選期間他以反越戰及恢復法律與秩序為競選主軸，我政府十分關切。錢（復）兼第一科科長指示我研究尼、韓兩人大選政見的比較，特別是對華政見部分，以供長官的參考。我的初稿完成後，君復先生幫我修改潤飾，清稿後呈部次長核閱。沒想到受到常務次長沈劍虹先生的肯定，建議魏道明部長分送所有外館參考，使得我這個初進外交部的人信心大增，備受鼓舞。

2. 尼克森有意早日結束越戰

1960 年代，越戰戰火不斷昇高，影響美國的亞洲政策及對華政策至鉅，臺灣有被邊緣化的趨勢，尤其尼克森總統的〈越戰後的亞洲〉專文，主張以「談判」替代「對抗」，早日與中、蘇共合作，構建世界和平的架構。先總統蔣公十分重視、關切。1969 年初，尼克森就任總統後，其有關越戰的重要談話或聲明，蔣總統要求外交部都要儘速翻譯全文，作摘要並加分析後呈閱。華府時間上午 10 時，就是臺北晚上 10 時。那時候還沒有傳真機，也沒有電腦網路，一篇近千字的演講或談話，必須一個字、一個字地從電報機上傳過來，速度非常慢。我們整個科的三、四位同仁全體動員，分工合作，通宵工作，通常會從晚間 10 時開始一直工作直到清晨 5、6 點左右，等待錢副司長到辦公室初核及湯武司長複核，再請「繕校室」的眾

「女將」們分段繕打、校對、裝訂，在早上9時前送到總統府，呈蔣總統，並同時送呈部次長。工作告一段落後，同仁們通常坐計程車到永和吃燒餅、油條、豆漿充飢。回到博愛路辦公室後，伏在桌上休息片刻，又開始工作，士氣十分高昂，很有成就感。

3. 美「中」華沙「大使級會談」

1950、1960年代，美國雖與在臺北的中華民國政府維持外交關係，但與在北京的中華人民共和國政府之間有對話，不定期舉行「大使級會談」（初在日內瓦、後在華沙），我政府極為關切，要求美方切勿損及我方利益。從1955年8月1日到1970年中斷，華府與北京之間一共舉行了一百三十六次會談。錢副司長交代我把存在北美司的「極機密檔案」作一次總整理並提出分析報告。我發現美國在1950年代，甚至將國務院發給其大使的機密訓令副本，也送給我政府一份參考。但到了1960年代的後期就不再給我們了，只是會後告訴我方談了什麼問題，明顯可以感受到美國對華政策有逐漸傾向與北京當局改善關係的跡象。1969年，尼克森總統採取以談判代替對抗的「低盪（Détente）政策」，[2] 逐漸疏離我方，出現警訊。為了國家利益，隔夕之間，敵友易位，並非不可能。

2　低盪政策（Détente），又稱「緩和政策」，指冷戰中期1960年代末到1970年代末的階段，美蘇兩國尋求直接對話，以減低爆發熱戰的可能性，軍備競賽也開始放緩。

4. 擔任「外交信差」到華府

尼克森總統的「聯中制蘇」政策，使得我方的外交處境愈來愈困難。尼克森為了安撫美國國內保守派勢力，取得蔣總統的諒解，先後派出羅吉斯（William P. Rogers）國務卿及安格紐（Spiro Theodore Agnew）副總統來華溝通。

根據君復先生《回憶錄》透露，1969 年 8 月 2、3 日，先總統蔣公在日月潭涵碧樓接見美國國務卿羅吉斯。蔣、羅談話意見不合，非常不愉快。蔣公認為美國自越南撤軍不宜太多、太快，否則「欲速則不達」，且認為中蘇共的失和，無助於解決越戰。蔣總統並且提及之前在 1958 年杜勒斯（John Foster Dulles）國務卿對中華民國相關承諾。羅卿則持相反看法，認為客觀情勢已變，時代變了，美國必須以「談判代替對抗」，逐漸與中共關係「正常化」。羅吉斯一句話就把蔣總統的要求給擋掉了。這次不愉快的會晤五個月後，尼克森總統又派安格紐副總統來勸。1970 年 1 月 3 日上午，安格紐副總統到士林官邸會見晤談。安格紐坦告，美國與中共改善關係乃美國全球戰略一部分，且與中蘇共衝突有關。蔣公當然不表同意，並提出傳說美國有意牽引中共進入聯合國，甚至助其取得安理會席位，無異與虎謀皮。為了使尼克森總統了解我方關切及看法，蔣總統要求錢司長將蔣、安談話紀錄整理出來，派人親送駐美國周書楷大使轉送安格紐副總統，並請他轉呈尼克森總統。

1970年2月2日，錢司長（1969年7月－1972年6月）

派我擔任「外交信差」搭乘華航首航美國舊金山的班機，當天繼續搭乘美國航空前往華府，晚間我到雙橡園官邸，面呈周大使。[3]

（二）美國聯「中」制蘇與我國的回應

美國傳統的對華政策是「門戶開放政策」。美國認為中國是亞洲安定的力量，因為中國地廣人多，本身又沒有擴張的企圖。聯合國成立的時候共產黨的董必武也參加了中華民國代表團，顯示當時執政的中國國民黨是非常包容開明的。而當時的美國也希望我們成立「國共聯合政府」，共同追求和平與戰後重建。那個時候聯合政府之所以沒成功，是毛澤東作梗，使馬歇爾將軍來華調停失敗。中共在 1949 年 10 月 1 日「建政」之後，進入東西冷戰時期，對美國一直維持敵對態度。

美國共和黨政府一向採取反共政策，圍堵蘇聯的擴張，對中共亦不存幻想，但因越戰深陷泥沼，亟思分化中蘇關係，求助中共迫使越共和解。

1969 年，尼克森就任美國總統以後，就照著〈越戰後的亞洲〉這篇文章來擬訂他的外交政策，他認為這個世界要是沒有佔全球五分之一人口的中華人民共和國參與

3 戴註：據錢復先生查告，當年我擔任「外交信差」專送的密件，是蔣總統與安格紐副總統的談話紀錄全文，表達我方對美國與中共改善關係的嚴重關切。

國際事務的話，是不太可能有和平的。現在 ISIS [4] 幾千、幾萬人就搞得天下大亂，要是這五分之一人口動不動就喊「打倒美國帝國主義」，那就很麻煩。

沒有想到，1971 年的 7 月初，尼克森總統的國家安全特別助理季辛吉（Henry Alfred Kissinger）到了巴基斯坦，假裝肚子痛，由巴基斯坦派專機送他到北京，與周恩來商討兩國「關係正常化」的問題。他回到美國以後，尼克森總統就在 7 月 15 日宣佈「將於次年 5 月之前訪問中國」這個震驚全球的消息。令人大感意外！

總之，美國為了解決越戰，想請中共幫忙。利用中蘇失和，讓中共來制衡蘇聯。在此情勢之下，1971 年我國在聯合國的代表權就很危險了。當時我感覺：「美國對華政策要變了！」我們做外交官的人，敏感度一定要夠，不能傻裡傻氣地相信美國表面所講的話：「我們一定會維護中華民國在聯合國的代表權。」「我們一定會維護中華民國的安全。」那是表面話。

同年 10 月 16 日，季辛吉又去大陸。為什麼去大陸？很多人說這是周恩來設的局。其實不然，是因為林彪叛逃的飛機掉下來。使得尼克森打算隔年去訪問大陸的事變成未知數，就派季辛吉去探虛實，勘查大陸在經過這麼大的動亂以後還穩不穩定，毛澤東和周恩來還有沒有權力？有人說他上了周恩來的當，事實上是他自己要去的。

4 伊斯蘭國，是一個位於中東的薩拉菲聖戰主義組織及其建立的未被世界廣泛認可的政治實體。

周恩來是非常優秀的治國人才，也是相當高明的外交能手。有一本書叫《周恩來的外交藝術》，[5] 我看了以後很佩服周。毛澤東在文化大革命（1966-1976）中那樣亂搞，如果沒有周穩住情勢，大陸恐怕早就散掉了。

另外，有一本書是我在 1971 年 9 月買的，是季辛吉密訪大陸以後所出版的。我向錢司長報告，從這本書可看出美國政府的動向。這本新書的兩位作者後來都做了大使，他們都是聰明的猶太人。書名叫《重訂對華政策：美「中」關係與政府決策的形成》（*Remaking China Policy: U.S.-China Relations and Governmental Decision-making*），作者是 Richard Moorsteen 和 Morton Abramowitz。我覺得他們解決「一個中國」問題的建議至今還是美國對華的政策，亦即「一個中國，但不是現在」的政策（“one China but not now”），畀予中華人民共和國以「法理承認」，畀予中華民國政府以「事實上的承認」。因為中共堅持中國只有一個，中國一定要統一；美國就「法理上」承認中華人民共和國政府代表中國，與中共建立外交關係。美國雖承認只有「一個中國」，但仍與臺灣的「人民」建立人民與人民的民間「非官方」關係。這本書的書背寫道：“Is this the Solution to the ‘one China’-‘two Chinas’ impasse? Moorsteen and Abramowitz think so.” 哈佛大學的教授 John King Fairbank（費正清）還幫這本書寫了前言。

5 李明、劉強，《周恩來的外交藝術——從國際孤兒到國際寵兒》（臺北：新新聞文化事業公司，1993）。

圖 7-1 《重訂對華政策：美「中」關係與政府決策的形成》封面，戴瑞明提供

二、結婚與奉派聯合國代表團工作

1970 年底，駐聯合國的劉鍇大使[6]回國述職，向外交部要人。因為 1971 年聯合國的工作會很繁忙，需要加強人力，感謝錢司長向他推薦了我。另外還有人事處也推薦了一位，最後劉鍇大使選擇了我。

1971 年 2 月間，我出發以前去晉見當時的外交部長魏道明先生（魏部長二十八歲就擔任中華民國政府的司法部部長）。見面的時候，他告訴我：「我要派你到聯合國工作。」我說：「我剛好在哥倫比亞大學選修過『聯合國』的課程，可以學以致用。」他說：「很好，但是

6 戴瑞明：「劉鍇大使，廣東人，牛津大學畢業，非常優秀的外交人才，民國初年時就做了外交部次長。他跟顧維鈞都是同時代的外交菁英。」

你要知道：學理和實務還是有些不同。」「你讀過的跟實際體驗不一樣，你學的那門課只是一部分而已。真正的是要你自己去體會，而且聯合國的工作千頭萬緒，非常複雜的。」

1971 年 3 月 7 日我與呂瀟男女士結婚，請臺大錢思亮校長證婚，好友程建人就是我的伴郎。

圖 7-2 與呂瀟男女士的結婚照，戴瑞明提供

17 日離臺，經舊金山、洛杉磯、芝加哥前往紐約，向劉鍇大使報到。一見面，他要我去休假，因為從 9 月份

開始到11月份，聯合國開會期間，會忙得不得了，根本沒有時間休息，所以他要我在大會開會前去度假。我說：「我是來學習的。我在哥倫比亞大學雖然選讀過聯合國這門課，但所知有限，我需要看看有關的檔案，需要了解聯合國內部的運作。」他聽了我的話後非常欣慰，立即交代管理總務的同仁：如果戴祕書要買書，就不用他批准。

（一）劉鍇大使的栽培

1971年6月，劉代表輪值聯合國安理會主席，循例開會前要請理事們吃飯。蘇聯大使不會來，英國、法國大使多半會來，美國來的有常任代表老布希（George Herbert Walker Bush），跟副代表菲力浦（Christopher H. Phillips）大使。為了訓練我這位初到的新人，他指定我一起參加。我是剛剛到代表團報到的三等祕書，是外交官裡面最低階的。我們代表團裡面有一位資深的團員程時敦先生，是早年駐德大使程天放的堂弟。他已經做到公使了，英文、中文都極好，寫字可以從左邊寫到右邊，是一位天才型的人。他問劉大使：「大使，今天晚上你請這麼多重要的人，為什麼不找我參加，反而找個三等祕書作陪？」劉大使就告訴他：「時敦，你曉得我們做外交官，一個很重要的工作就是要培養年輕一代，你吃過的飯還不夠多嗎？你見過的場面還不夠多嗎？你看戴祕書剛剛從國內來，這種場面都還沒見過，我叫他來見習一下，看我怎樣應對。」最後還是我應邀與宴作陪。

那天晚宴的桌子是長方形的，我跟美國副代表菲力浦大使都坐在左端兩個座位，劉大使與主客是聯合國祕書長宇譚（U Thant）[7]及美國常任代表老布希。吃到最後上了甜點，是蓮子桂圓。劉大使撈了半天，只有蓮子，沒有桂圓，他向我拋了一個眼色，我有看到，但我隔壁的美國副代表菲力浦一直跟我講話，我應該說聲："Excuse me!"並立即吩咐侍者把劉大使的桂圓補上。劉大使見我沒行動，就逕自叫侍者補上，然後向客人們解釋說：「中國人吃蓮子桂圓時是有意義的。蓮子是因為中國是個農業社會，所以希望多子多孫，農忙的時候可以有人幫忙。桂圓象徵團圓，一個家庭可能平時分散各地，過年過節年輕人都要回到長輩的家團聚。」

等到客人走了以後，劉大使果然把我叫到一旁，和顏悅色地對我說：「Raymond，我今天請你吃飯是有任務給你的。你是在做我的助理，我給你使眼色，就要馬上反應，叫侍者把我的桂圓加上。」我當時感到很慚愧，連聲說：「謝謝大使的教導。」這次的經驗，我一輩子也忘不了。

（二）老布希態度的轉變

1971 年 6、7 月間，外交部來了一個電報，要代表團查報美國常駐聯合國新任代表（老）布希大使（後來擔任

7 緬甸籍的宇譚是第四任聯合國祕書長。他從 1961 到 1971 年，擔任了十二年的祕書長。宇譚擔任祕書長期間，處理過古巴飛彈危機和越戰等棘手問題。

美國第四十一任總統）態度的改變。過去擔任德州聯邦眾議員時他的言論非常反共，為何擔任美國常駐聯合國代表後主張改善與中共的關係，甚至公開歡迎中共參與聯合國？

劉代表要我擬稿答覆外交部，大意是布希擔任聯邦眾議員時，可以說他自己想說的話，現在是美國政府的外交代表，他必須聽從國務院的訓令發言。現尼克森總統的外交政策主張與蘇聯及中共修好，布希大使自須呼應配合。

（三）建議提分裂國家代表權研究案

聯大開幕前，外交部政務次長楊西崑先生提前來紐約代表團。我不自量力，向他提出維護我國代表權的策略。我認為要維護中華民國在聯合國的代表權，最好能把當時其他三個分裂國家，亦即東西德、南北越、南北韓，一起拖下水，洽請友好國家提解決四個分裂國家在聯合國代表權問題的研究案。他要我去找劉代表的副手薛毓麒大使一談。

薛大使當時是中華民國常駐聯合國代表團的副代表，長期輔佐劉代表處理「中國代表權問題」。他告訴我，在策略上，這是一個阻止中共取代我方席位的好構想，但時機已過了，因為尼克森總統即將於次（1972）年訪問北京，與中共改善關係，此時美國不可能為了維護我方的席位而橫生枝節，得罪中共；其次，過去加拿大、比利時、義大利等國都曾有意助我，提過設立「中國代表權問題研究委員會案」，由於臺海雙方都反對而未果；再其次，東西德、南北越、南北韓這三個分裂國家，背後都有大國強權的身影，且多在聯合國內已有「觀察員」地位。不像分裂的中國，陸強我弱，大陸國力強大，非我方所及；且毛澤東堅持「一個中國原則」，絕不接受「雙重代表權」，四個分裂國家代表權研究案不可能得到英、法、蘇、美四個安理會常任理事國的支持。

聽了薛大使的分析後，真使我這個剛出道的「小三祕」有醍醐灌頂之感，自覺有點像「小少尉」想撈過界，管「大將軍」的作戰計畫！

（四）打一場《憲章》的法律戰

記得在第二十六屆聯大即將開戰前的 7、8 月間，發生另外一個插曲。我常駐聯合國代表團資深顧問劉毓棠大使，[8] 是旅美華僑，在美國哈佛大學取得政治學博士學位後，抗戰時期返國共赴國難。他是「世界道德重整運動」的忠實支持者，終生不渝。他認為：處理「中國代表權」問題，應該從《聯合國憲章》的法理訴求著手。中華民國的國號明載於《憲章》第二十三條，中華民國是安理會的五常任理事國之一。如果萬一聯合國大會通過由「中華人民共和國政府」取代「中華民國政府」代表中國，我們可要求海牙「國際法庭」釋憲，或是修改《憲章》，否則我

8 前駐紐西蘭大使，1913-2005。

絕不退出聯合國，甚至不離席。據劉顧問說，他的看法獲得一些第三世界國家代表非正式的認同；他也曾向美國代表布希大使及聯合國主管政治事務助理祕書長彭區博士（Dr. Ralph Bunche）[9] 提過，得到一些禮貌性的回應，認為應可加以研究。劉顧問坦承，他的意見沒被劉鍇代表所接受。劉顧問說：他後來返國探親時，寫了一份「備忘錄」，遞交外交部及一些高層官員，表達他的意見。[10]

果不然，大約在 1971 年 7、8 月間，紐約代表團接到外交部的指示進行研究，並提出報告。劉代表指定代表團的顧問梁鋆立博士，提出諮詢意見。梁顧問曾擔任聯合國法典局長，並曾參與 1945 年《聯合國憲章》、1961 年《維也納外交關係公約》（Vienna Convention on Diplomatic Relations）的制定，是國際著名的法學家。梁博士知道我曾追隨哥倫比亞大學名教授 Leland M. Goodrich 研究聯合國，[11] 而他自己亦曾與 Goodrich 教授共同參與《聯合國憲章》起草過程。梁博士要我先提一個題綱，於次日同他面商。梁博士是一位記憶力超強的學者，我所提的題綱，他看了之後，表示滿意，立刻當面告訴我，有那些相關資料可供參考，那年那月那日，何代表、何專家學者談過什麼話……如數家珍，真讓我佩服得

9 美國政治學家、外交家，因為 1940 年代末期第一次以阿戰爭調停而獲得 1950 年諾貝爾和平獎。

10 請參閱《良知爺爺——劉毓棠大使回憶錄》（臺南：中華民國道德重整協會，2004），頁 104。

11 請參閱 Goodrich 教授所著《聯合國》，頁 99，「代表權問題」。

五體投地。不到一個星期，我們就提出了諮詢意見，由梁顧問回報劉代表。結論是：本案非全然屬於修改《憲章》的「法理問題」，而是涉及一個國家代表權的「政治問題」。如聯合國大會果真通過決議，「中國」席位由中華人民共和國政府代表，取代中華民國政府，或恢復其所謂「合法地位」，則我政府將不得不退出聯合國；蓋此為國際政治基於現實考量之選擇，因臺海兩岸之實力相差過分懸殊，而不相對稱。[12] 在《憲章》第二十三條未經修改情形下，聯合國大會及安理會常任理事國的席位，仍可由中華人民共和國政府代表繼承，並行使職權。

劉代表收到這份諮詢意見後，囑其機要祕書羅龍參事撰擬電稿報部覆命，劉鍇棠顧問獲知法理無法改變政治現實，就未再表示異議。我也對四年前在哥大選修 Goodrich 教授所授「聯合國」課程，得能「學以致用」，內心感到欣慰，也對梁博士的指導，心存感激。

（五）芮正皋大使來而復返

1971 年 9 月間聯大開幕前，世界各地前來紐約支援我常駐聯合國代表團的駐外使節紛紛抵達。碰巧我被長官指派前往機場迎接我駐象牙海岸大使芮正皋博士。一見面，我向挺拔英俊而留著小鬍子的芮大使致意，表示歡

12 《聯合國憲章》第二十三條有關「中華民國」為五常任理事國之一的文字，自 1971 年中華人民共和國政府代表接替我方代表以來，至今已四十餘年尚未修改，中共代表也從未在代表資格審查委員會受到質疑。

迎。我們是初次相見，卻一見如故。他說有好消息相告，象國總統伍弗布尼（Félix Houphouet-Boigny）親口向他保證，全力支持中華民國在聯合國的代表權，並已訓令其駐聯合國常任代表，完全依照我代表團動向投票。我當場就澆了他一盆冷水，並說：大使恐怕又得立刻回象國一趟了！他問我何故？我說奉國內祕密指示：我國代表團對美國所提「雙重代表權案」，亦即「一國兩席案」，在聯大表決時，我國將投反對票，但美方希望我方私下仍應全力洽請友我國家投票支持「雙重代表權案」，以達間接阻止中共入會之目的。

果然不出所料，第二天芮大使在會見劉代表後，又匆匆飛回象京阿比尚去遊說象國總統支持「美案」去了。儘管芮大使以其高明的外交手腕順利完成使命，但世界大勢所趨，兼之美國影響力式微及其本身討好中共之作為，最後美國所提「雙重代表權案」未及表決，排除我方的阿爾巴尼亞等二十三國所提「恢復中華人民共和國在聯合國組織的合法權利決議草案」卻先通過了，此即聯合國大會「排我納匪」的「二七五八號決議案」。這是國際社會赤裸裸「以強凌弱」、「以大欺小」的案例。

（六）記錄「團務會報」戰戰兢兢

1971 年 9 月初，外交部周書楷部長是出席聯合國大會的當然首席全權代表，抵達紐約後，有一次他主持內部的「團務會報」，劉代表指定我當記錄。我心中感到忐忑不安，深怕周部長不滿意罵人，因為有人告訴我，周部長 1960 年代在擔任駐美大使時，有一位文字修養很不錯的一等祕書擔任〈館務會報〉紀錄，記得很詳細，有聞必錄。周大使看了以後大怒，把紀錄丟在地上，還說我會講得這樣沒有條理嗎？事實是周大使也好，周部長也好，他講話喜歡離開主題，天南地北講得很多，如果一字不少照錄，可能會有拉離之感。我試著記重點，去蕪存菁，果真獲得他的認可與讚賞。

三、見證我國在聯合國席位的保衛戰

（一）第廿六屆聯合國大會的中國代表團

圖 7-3　中華民國代表團全體合照（1971 年）
提供：戴瑞明大使

聯合國有兩個不同的機構：一個是聯合國的祕書處，屬於聯合國的國際行政系統；另一個則是各國常駐聯合國的代表團。為了維護我們在聯合國的代表權，國內有一批人來支援我們，並從世界各地也調來一批人，以我們聯合國代表團為基礎。這三批人聚集在一起，來全力打這場維護我國在聯合國代表權的硬仗。

當然首席全權代表：周書楷（外交部長）（前排左六）
首席全權代表：　　劉　鍇（駐聯合國常任代表）
　　　　　　　　　　　（前排左五）
全權代表：　　　　楊西崑（外交部政務次長）
　　　　　　　　　　　（前排右五）
　　　　　　　　　謝東閔（臺灣省議會議長）
　　　　　　　　　　　（前排左四）
　　　　　　　　　陳質平（駐墨西哥大使）
　　　　　　　　　　　（前排右四）
　　　　　　　　　薛毓麒（駐聯合國首席常任副代表）
副代表：　　　　　張純明（駐聯合國常任副代表）
　　　　　　　　　王之珍（外交部顧問）
　　　　　　　　　林挺生（臺北市議會議長、
　　　　　　　　　　　大同公司董事長）
　　　　　　　　　芮正皋（駐象牙海岸大使）
　　　　　　　　　田寶岱（駐沙烏地阿拉伯大使）

顧問：王世明（前駐科威特大使，負責回教國家）
王孟顯（常駐聯合國公使級顧問）
史悠鑫（常駐聯合國代表團參事）
宋益清（青年黨中央委員）
李士英（外交部顧問）
李南興（駐尼日大使）
吳世英（前駐伊朗大使）
周謙沖（國大代表、曾任常駐聯合國代表團顧問）
拓國柱（常駐聯合國代表團駐歐辦事處專門委員）
胡光泰（駐巴西大使館經濟參事）
郁鳳岐（常駐聯合國代表團參事）
馬樹禮（中國國民黨中央三組主任）
孫邦華（大使回部辦事）
陸以正（駐美大使館公使銜兼紐約新聞處主任）
曾憲揆（駐巴拿馬大使）
張紫常（大使回部辦事）
張甘妹（臺大法律系教授）
梁鋆立（外交部條約司司長）
陳裕清（中國國民黨中央四組主任）
陳奇祿（臺大考古系教授）
國　剛（常駐聯合國代表團一等祕書）
鈕乃聖（駐日本大使館公使）
舒梅生（駐比利時大使）
程時敦（常駐聯合國代表團公使銜顧問）

溫鳳韶（常駐聯合國代表團會計專員）
翟因壽（外交部國際組織司司長）
劉毓棠（常駐聯合國代表團大使級顧問）
蔣匀田（民社黨中常委）
錢　復（外交部北美司司長）
魏濟民（駐委內瑞拉大使）
闞　鏞（駐賴索托大使）
羅　龍（常駐聯合國代表團參事）
祕書：高德根（常駐聯合國代表團一等祕書）
甯紀坤（常駐聯合國代表團一等祕書）
張炳南（外交部科長）
黃傳禮（前駐美大使館二等祕書）
張書杞（前外交部科長）
左紀國（常駐聯合國代表團一等祕書）
徐士才（常駐聯合國代表團二等祕書）
曾燕山（常駐聯合國代表團三等祕書）
戴瑞明（常駐聯合國代表團三等祕書）

我們那屆代表團的代表，有幾位是基於省籍考慮的：一位是臺灣省議會議長謝東閔先生，他是代表團四位全權代表之一；還有一位是我國特別市臺北市議會議長林挺生先生，他是五位副代表之一。另外四位似為政黨代表：馬樹禮、陳裕清、宋益清、蔣匀田。還有兩位學術界的顧問，一位是臺大考古系的陳奇祿教授；另一位是臺大法律系的張甘妹教授，她參加法律委員會的工作。

我被劉代表指定的第一個工作，是跟隨他參加「安全理事會」的會議。

第二個被指定參加的則是「政治委員會」，[13] 我跟著張純明大使。張大使是副代表，他曾任河南大學校長；他去開會我要跟著他，會議結束後我就要寫報告。

第三個則是「法律委員會」，[14] 我追隨法學家梁鋆立博士與會。他以前曾在聯合國總部擔任法典局長，退休回國後曾擔任外交部條約法律司司長，也做過東吳大學的法學院研究所的所長。他和以前的司法院長謝冠生博士是同鄉，也是親戚。他這個人過目不忘，懂七、八種語言。

錢復先生是外交部北美司長，周部長特別指定他擔任代表團的「發言人」，是國內派來支援的。另外一位是國剛大使，他當時是代表團的一等祕書，擔任大會代表團的顧問，負責與中南美洲友邦的聯繫。還有一位就是甯紀坤大使，他當時是一等祕書，負責總務。

（二）正反攻防

反對我們最凶的是阿爾巴尼亞。阿爾巴尼亞當時罵蘇聯是修正主義，認為毛澤東才是正宗的共產主義。阿爾巴尼亞提的「排我納匪」案，就是要把我們趕走。

13 第一委員會。

14 第六委員會。

附件二

聯大第二十屆會中阿爾巴尼亞等十二國所提決議草案中譯文

提案國：阿爾巴尼亞、阿爾及利亞、柬埔寨、剛果（布市）、古巴、迦納、幾內亞、馬利、巴基斯坦、羅馬尼亞、索馬利亞、敘利亞

「大會，

憶及聯合國憲章之原則及聯合國所應執行之普遍性之任務，

鑒於恢復「中華人民共和國」之合法權利，對於保護聯合國憲章暨聯合國必須遵守之目標，乃屬必需。

承認「中華人民共和國」政府之代表為中國在聯合國之惟一合法代表。

一、決定依據一九六四年十月五日至十日於開羅召開之不結盟國家元首會議之建議，恢復「中華人民共和國」之一切權利，並承認該政府之代表為中國在聯合國之惟一合法代表。

二、決定因而立即排除在聯合國及一切有關機構中非法佔有席位之蔣〇〇代表。」

註：本案已於五十四年十一月十七日以四十七票贊成，四十七票反對，二十票棄權，一國缺席，二國不參加投票被否決。

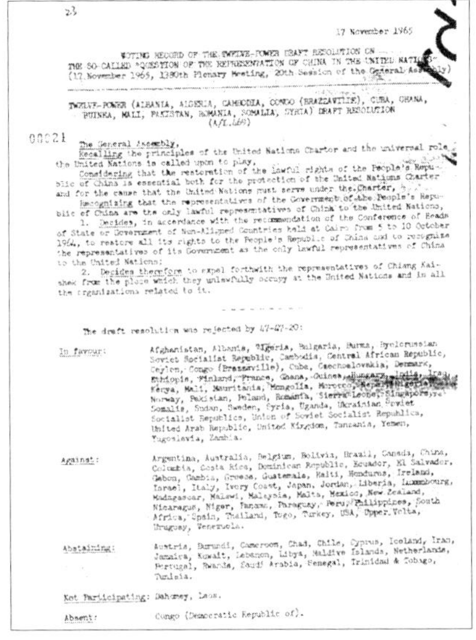

23

17 November 1965

VOTING RECORD OF THE TWELVE-POWER DRAFT RESOLUTION ON
THE SO-CALLED "QUESTION OF THE REPRESENTATION OF CHINA IN THE UNITED NATIONS"
(17 November 1965, 1380th Plenary Meeting, 20th Session of the General Assembly)

TWELVE-POWER (ALBANIA, ALGERIA, CAMBODIA, CONGO (BRAZZAVILLE), CUBA, GHANA, GUINEA, MALI, PAKISTAN, ROMANIA, SOMALIA, SYRIA) DRAFT RESOLUTION
(A/L.469)

00021

The General Assembly,

Recalling the principles of the United Nations Charter and the universal role the United Nations is called upon to play,

Considering that the restoration of the lawful rights of the People's Republic of China is essential both for the protection of the United Nations Charter and for the cause that the United Nations must serve under the Charter,

Recognizing that the representatives of the Government of the People's Republic of China are the only lawful representatives of China to the United Nations,

1. Decides, in accordance with the recommendation of the Conference of Heads of State or Government of Non-Aligned Countries held at Cairo from 5 to 10 October 1964, to restore all its rights to the People's Republic of China and to recognize the representatives of its Government as the only lawful representatives of China to the United Nations;

2. Decides therefore to expel forthwith the representatives of Chiang Kai-shek from the place which they unlawfully occupy at the United Nations and in all the organizations related to it.

- - - - - - - - - -

The draft resolution was rejected by 47-47-20:

In favour: Afghanistan, Albania, Algeria, Bulgaria, Burma, Byelorussian Soviet Socialist Republic, Cambodia, Central African Republic, Ceylon, Congo (Brazzaville), Cuba, Czechoslovakia, Denmark, Ethiopia, Finland, France, Ghana, Guinea, Hungary, India, Iraq, Kenya, Mali, Mauritania, Mongolia, Morocco, Nepal, Nigeria, [illegible] Norway, Pakistan, Poland, Romania, Sierra Leone, Singapore, Somalia, Sudan, Sweden, Syria, Uganda, Ukrainian Soviet Socialist Republics, Union of Soviet Socialist Republics, United Arab Republic, United Kingdom, Tanzania, Yemen, Yugoslavia, Zambia.

Against: Argentina, Australia, Belgium, Bolivia, Brazil, Canada, China, Colombia, Costa Rica, Dominican Republic, Ecuador, El Salvador, Gabon, Gambia, Greece, Guatemala, Haiti, Honduras, Ireland, Israel, Italy, Ivory Coast, Japan, Jordan, Liberia, Luxembourg, Madagascar, Malawi, Malaysia, Malta, Mexico, New Zealand, Nicaragua, Niger, Panama, Paraguay, Peru, Philippines, South Africa, Spain, Thailand, Togo, Turkey, USA, Upper Volta, Uruguay, Venezuela.

Abstaining: Austria, Burundi, Cameroon, Chad, Chile, Cyprus, Iceland, Iran, Jamaica, Kuwait, Lebanon, Libya, Maldive Islands, Netherlands, Portugal, Rwanda, Saudi Arabia, Senegal, Trinidad & Tobago, Tunisia.

Not Participating: Dahomey, Laos.

Absent: Congo (Democratic Republic of).

圖 7-4　阿爾巴尼亞提案外交部譯本與英文原文

資料來源：中央研究院近代史研究所檔案館

他沒有說要把「中華民國政府的代表」趕出去，而是說「蔣介石的代表」，就是要避開用「政府」。但是「兩個政府」、「兩個中國」關起門來講也是事實，按照國際法來講，一個國家要有土地、人民、政府以及履行國際義務的能力，這些條件中華民國都是具備的。問題是因為我們是分裂國家，分裂國家就要看中共的態度了。

阿爾巴尼亞所提的案是非常有技巧的，他沒講要把「中華民國政府代表」趕出去，因為要是這麼講，就中了美國政府的圈套了。因為美國政府講中華民國是創始會員國，幾十年來對聯合國很有貢獻；中華人民共和國現在也有能力了，她統治了世界的五分之一人口，所以邀請她進來。這個世界是一個大家庭，我們大家一起來解決國際問題，維護世界和平。所以美國是非常務實的，提出「一個國家，兩個代表權」的觀念，各自代表其人民。阿爾巴尼亞就認為中國只有「一個合法政府」，應該是中華人民共和國政府。

阿爾巴尼亞這一幫，包括伊拉克、敘利亞這些國家，非要把中華民國驅趕出聯合國。他們堅持當天晚上投票解決，不要等。沙烏地大使巴羅蒂長篇大論發言，目的在拖時間到晚上 10 點、11 點，讓大家想回家休息。阿爾巴尼亞就是不放人，說當晚非投票不可。

聯合國大會 9 月份開會。在這之前，我所了解的聯合國情況是，美國政府希望提出「雙重代表權」案：「一個中國，雙方人民都在聯大有代表」。美國認為：中華民國政府是聯合國的創始會員國，忠實的會員國對國際社會貢獻良多，聯合國大會應該讓中華民國繼續留在裡面。同時邀請中華人民共和國進入聯合國安理會及大會：因為她擁有核子彈、世界人口的五分之一，所以要求我們把安理會常任理事國席位讓給她。這就是美國提的雙重代表權。阿爾巴尼亞提案則是要把我們趕走，由中華人民共和國政府代表中國的所有席位。

（三）美國的如意算盤

尼克森總統為了美國本身的利益，早日結束越戰，並與中、蘇改善關係，構建世界和平的架構（structure for peace），一方面希望能繼續維護中華民國在聯合國大會的席位，另外希望牽引中華人民共和國進入聯合國的大會與安理會，以謀共同負起維護世界和平的大國責任，這是美國的如意算盤。

由於美國有求於中共，使得支持中共的大、小國家氣燄高漲，助我維護代表權的友邦，則信心大為動搖。美國常駐聯合國代表老布希大使維護我國在聯合國大會席位可以說竭盡心智，不遺餘力。在 1971 年 10 月 18 日聯大「中國代表權問題」總辯論中，為了爭取與國支持美國等二十二國所提兩全其美的「雙重代表權案」，布希大使甚至用警告的語氣說：「讓我們現實地記住這一點，中華民國一旦被驅逐，它作為單獨的會員國－不管用什麼名字或稱呼－被重新接納入聯合國的可能性幾乎等於零，因為根據《憲章》，中華人民共和國可能否決主張接納它的建議。」布希大使希望打動那些有同情心的國家，支持中華民國繼續留在這個它參與創立的國際組織裡面；但現實的國際社會卻沒能接受他的忠告。

布希上述這項重要的談話，[15] 是希望更多的國家來支持中華民國繼續留在聯合國裡面。根據資料顯示，從1970年左右開始，局勢已經有所轉變，就算1971年通過「美案」，之後幾年遲早還是會被大陸所取代。老布希當時的意思非常明顯，希望我們雙方能夠妥協。大陸拿走安理會，我們也只能讓給他了，因為他有實力嘛。而我們就留在大會裡面，這樣子也滿公平的。今天兩千三百萬人，那時候大概是一千四百萬人。世界上三分之二的國家，人口都沒有我們多。照理說，一千四百萬人在聯合國有人代表也是滿合理的。可是我們不幸的是大陸與臺灣的綜合實力差距太大，不相對稱。你看「兩個韓國」、「兩個越南」、「兩個德國」，他們的人口、土地差得不遠。再加上冷戰，美國同蘇聯瓜分勢力範圍，他們後面都有強勢的支持者。而我們只有美國，只能當作美國的一顆棋子。美國要用你的時候就跟你簽《中美共同防禦條約》；不用你的時候就不理你。其實在國際間這也算是滿正常的，因為這就是國家利益嘛！你看美國現在利用日本。日本前幾年有個首相主張回歸亞洲，要求美國從琉球撤軍；美國馬上

15 外交部編印，《中華民國聯合國第二十六屆常會代表團報告書》，美國代表布希的發言（附件7-4）。

就反過來向日本施壓了。因為日本是美國的勢力範圍，他當然不願意放棄啊！你看後來上臺的安倍，利用釣魚臺問題來修改憲法、增強自身武力。將來國際上會有衝突的。所以說當時布希是真心誠意地希望我們雙方妥協，因為這樣比較合理。可是大陸上毛澤東堅不答應。二十六屆聯大通過「排我納匪」決議案以後，毛澤東還有點不放心問說，「臺灣是不是還會回來？」後來確定不能回去以後，才決定派人去聯合國大會開會的。其實，尼克森總統、羅吉斯國務卿以及季辛吉都是支持「雙重代表權」的。[16]

（四）代表權保衛戰的戰術

1971 年 10 月 23 日代表團全體團員及職雇員合照（圖 7-3）之後，代表團估算有多少票支持我們，發現支持我們與支持中共的票數很接近。10 月 25 日是臺灣光復節，剛好是我們被迫退出聯合國那一天。《錢復回憶錄》裡面就講，希望 25 日那一天不要投票，到 26 日再投。我們希望延遲一天投票，是希望能多拉幾票支持我們。

你們有問一個問題：為何聯合國大會在討論中國代表權問題的過程中，有人鼓掌、喧譁？那時候中共代表團沒在裡面，因此不是大陸的人在鼓掌，而是亞非國家。他們的對象是美國，他們不滿美國的霸道。美國提「重要問題案」沒通過，就認定是美國的失敗。這些亞非國家代表，

16　外交部編印，《中華民國聯合國第二十六屆常會代表團報告書》，美國國務卿羅吉斯的發言（附件 7-3）。

特別是坦尚尼亞的代表在走道上鼓掌，拍桌子跳起舞來。他們高興終於把美國打敗了！

聯合國大會 1945 年先在巴黎開會，之後到紐約的成功湖，再到紐約現址。中華民國同美國關係密切，因為第二次世界大戰時是盟邦；到了冷戰時中共是站在蘇聯那邊。我們跟美國都是反共，站在民主自由這一邊。但慢慢地，世界情勢變了，支持我們的美國不再那麼強烈地反共了。因為後來越戰的問題，需要借助大陸來幫忙。前面這二十多年，我們在聯合國的代表權是靠美國的力量在維持著，其實美國也是為了他自己的國家利益。

其實，蔣總統早已知毛澤東已多次公開宣稱，大陸絕不接受任何「兩個中國」、「一中一臺」的安排，縱然當年聯大通過美國的折衷案，中共也絕不會派代表與會的。事實證明，蔣總統不願「自取其辱」的決策是正確的。

在二十六屆聯大集會時，為了維護我們的代表權，我們駐聯合國的代表團的團員各有分工，每一個人看一位或幾位代表。萬一投票時走開了，就必須把他（或他們）找回來。有的人一個人盯好幾個國家的代表。我們有講西班牙語的、法語的、阿拉伯語的成員，基本上分法語系統、英語系統、西班牙語系統、與阿拉伯語系統的代表，這些代表分別有專人負責盯著。

我被劉鍇大使指定看著老布希。從下午 3 點多到晚上 11 點多鐘，水沒喝，飯沒吃，就怕他離開座位，投票少他一票就不得了。他一離開席位，我就要報告，其實也沒必要，因為老布希就是幫助我們的主角，說他是「指揮官」也不為過，他是不會離開會場的。

我是駐聯合國代表團裡最資淺的人，是剛剛從外交部派去的三等祕書。對我來說，是在那邊學習。長官看得起我，要我負責盯住美國大使老布希，看他在不在位置上面。

代表的席位是排好的，依照 ABCD 的次序排列。我們中國 China 是 C。前面是主席臺，老布希在 U，我們在 C，旁邊是走廊。這樣要注意一個人是很簡單的，但隨時都提心吊膽，上個廁所都怕疏忽。每一個代表團都有五個代表席位，我就站在會場走道。

其他同仁也是一樣，我們從 25 日下午 3 點多鐘工作到晚上 11 點多鐘，這段時間大會都在辯論「中國代表權」問題。有一位沙烏地的代表巴羅蒂（Jamil Murad Baroody, 1905-1979）為了幫助我國，想出很多的辦法把議事給拖延。但拖延反而引起了一些國家的反感，幫了我們的倒忙，他一上去演講就是長篇大論，顯然在設法拖延討論時間。

印尼的馬立克外長是大會主席，他必須要掌控程序。有人提議次日再討論，因為當天晚上已經太晚了；但是也有人提議當天晚上投票確定。25 日那天晚上情勢的發展已失控，沒有辦法停下來，所以當天晚上就投票，一投票就一翻兩瞪眼了。

其實那年（1971），美國和日本估計我們還可以再拖一年，季辛吉也認為如此。他認為美國剛和中共改善關係，但他沒料到很多國家認為既然美國都已經和中共來往了，中共遲早都會進入聯合國。當時各方的估計是 50：50，希望再拖到隔天 26 日，我們或許可能多一、二票。

（五）幫倒忙的友邦

投票當天，幫了倒忙的沙烏地代表巴羅蒂大使，他是 1945 年起就參加聯合國會議的老資格，稱得上是聯合國外交團的「團長」，很多人叫他是「大砲」（unguided missile）。他上去講話不用稿子，一講就是二、三十分鐘，講了一次又一次，其目的在拖延時間，很多代表都很生氣。他說：「中華民國在二次世界大戰期間貢獻很大，我們怎麼可以把她趕出去？」

至於他為什麼對我們這麼好，可能是因為沙烏地的費瑟（Faisal）國王對蔣總統在二次世界大戰的功勳佩服得不得了，認為蔣是二次世界大戰的英雄。費瑟國王還曾在 1971 年 5 月間應邀來華訪問。蔣總統親自到機場歡迎跟送別。在這之前，嚴家淦副總統和孫運璿院長都曾訪問沙烏地，同他們建立了很好的關係。我們派出農耕隊、醫療團、並幫忙造路，還有訓練他們的安全人員，都全力以赴。在 1970 年代是石油危機，世界上為了石油爭得不得了。費瑟國王他一個人可以決定任何事情，他曾對蔣總統說：「對提供別的國家的石油，可能會有限額；但是中華民國需要的石油，我們一定提供。」我們應該感謝先總統蔣公為我們穩定了油源。

事實上，大會開幕前，我們還提供友邦一些支持維護我國代表權的論點，他們都會幫我們講。像是，中華民國人口是世界上三分之二以上國家都比不上的，這些話也是我們提供的。外交部所準備的這些說詞會電告我們各個駐外單位。再由駐外單位去洽告各國的政府。外交部的說詞很多，例如：會籍普遍化、中華民國是聯合國創始會員國、中華民國人口比三分之二國家還多、中華民國從1945 年以來是聯合國的忠實會員國等等。如果看到答辯裡面有提到中華民國人口多於三分之二的國家，這很顯然就是我們提供的。外交部發通電給各駐外單位，有些友邦自然就會把這些資訊拿來運用。但是也有些國家會想出一些怪招，這不是在我們可以控制的，巴羅蒂大使就是一個很好的例子。

（六）退會聲明

我國代表團在獲悉第一案（重要問題案）的投票結果後，眼看即將被迫退出聯合國，當然首席全權代表周書楷部長就舉手要求作「程序發言」，宣布主動退出聯合國。他說：「本人以中華民國政府代表身分，希望發表下述嚴正的宣布：參與頓巴敦橡園會議，並以召集之一員發起舊金山聯合國制憲會議，而成為聯合國創始會員國及安全理事會常任理事國之一的中華民國，決定退出他自己所參與締造的聯合國。」說完他轉身離開綠色大理石的講臺，走下通道步出會場。[17]

退出聯合國的書面聲明隨後在記者會上散發：

主席先生：

現在本人代表我國政府鄭重宣布：

參與頓巴敦橡園會談，並以召集國之一員發起金山聯合國制憲會議，而成為聯合國創始會員國及安全理事會常任理事國之一的中華民國，決定退出他自己所參與締造的聯合國。

這座聳入雲霄的聯合國大廈，刻劃著人類的痛苦回憶，聯合國的基礎原應建築在公理與正義之上，它的精神力量原應是人類明辯善惡是非的良知以及抵抗邪惡暴力的道德勇氣。現在這座莊嚴的建築所象徵的聯合國，正受到暴力的破壞搖撼，隨時有倒塌的危險了！

聯合國的創立，人類曾經付出無比慘痛的代價，二次大戰期間，犧牲了幾千萬人的寶貴生命，流血成渠，伏屍遍野，毀滅了無數城鎮與家園，也不知有多少孤兒寡婦曾在瓦礫灰燼中躑躅，在死亡恐怖中徬徨；而這個歷史悲劇的造成，則是由於當時握有決定人類命運之權力的政治家如張伯倫之流，

17 賴樹明，〈走過聯合國的日子〉，《薛毓麒傳》（臺北：希代出版集團，1994），頁192。

缺乏政治遠見與道德勇氣，蔽於現實主義與一時之利害，懾於暴力和戰爭的威脅，畏葸苟安，以為只要滿足侵略者當時的要求，便可得到屈辱的和平，其結果，遂使國際聯盟失去維護和平與制裁侵略的功用，陷於癱瘓瓦解，而侵略者之慾望，遂由吞噬一地一國擴大為吞噬整個世界，於是不久乃爆發第二次世界大戰。

歷史事實證明了：當時張伯倫從慕尼黑所得到的，並非「光榮的和平」，實係殘酷的戰爭！歷史是一面人類的鏡子，後之視今，亦猶今之視昔。

在第二次世界大戰中，中華民國犧牲了千萬以上軍民的生命，損失了不可估計的財產。幸賴我全體軍民堅毅果決，奮戰不屈，終獲最後勝利。大戰結束，我國政府領袖懷著悲天憫人的宏願，裹起戰爭的創傷，以德報怨，修好棄嫌，參與締造聯合國的工作，致力於重建世界之安全和平。因此，中華民國為安全理事會常任理事國之一，經明載於《憲章》第二十三條之中，二十六年來，我國始終一貫遵守《憲章》，善盡會員國之義務，對於各新興國家的人民為實現其獨立自主所作之努力，以及國際間經濟、社會、文化、教育、衛生等各方面之合作，我國無不竭力贊助促進，以期建立世界之安全和平與正義。凡此事實具在，任何人不能否認我國為聯合國忠實之會員國，故任何排除中華民國在聯合國合法地位之行為，不僅為撕毀《憲章》之非法行為，且亦完全否定了聯合國所賴以建立的崇高目標與神聖原則。

目前承認現實之論調甚囂塵上，以為中共應進入聯合國之藉口；但罪惡的存在是一回事，接受罪惡的存在又是一回事。聯合國的神聖職責，是要消滅罪惡的存在，絕不能反向罪惡低頭，承認它的存在權利，而否定聯合國自身的存在價值。

中華民國政府對中共的堅決鬥爭，對內在保衛人民之人權自由，對外在保衛世界之安全和平。今天中國大陸雖為中共暴力叛亂集團所盤據，但中華民國政府仍在其自己領土上繼續行使統治權，繼續為拯救大陸同胞而奮鬥，繼續為維護世界安全和平而盡力，所以凡主張排除中華民國而由中共取代我國在聯合國及安全理事會之合法地位者，便不啻是支持中共繼續迫害裹脅中國大陸七億人民，以危害世界安全和平的幫凶。

二三十年來，中共所犯的罪行，實為人類歷史空前所未有，茲略舉其最顯著者：

一、中共於中國對日抗戰期間，專從後方襲擊國軍，奪取武器，並於國軍抗戰勝利之際，從蘇俄取得所接收日本關東軍之全部裝備，於是乃益擴大叛亂，以致整個大陸均為此暴力叛亂集團所蹂躪。

二、它屠殺了五千萬以上之善良大陸人民。它掠奪沒收了人民所有的一切財產。它剝奪了人民的人權和自由，使人民沒有人格的尊嚴，沒有追求幸福的權利，甚至沒有哭泣和沉默的自由。在它暴力統治之下，農民變成了農奴，工人變成了工奴，商人都被認為是剝削者和萬惡的賤民。

三、它製造紅衛兵又迫害紅衛兵，使無數青少年和智識份子遭受殘酷的鬥爭，其倖免於死者，又被下放勞改，在饑寒交迫之中，在鞭笞踐踏之下，從事難堪的奴役。

四、它摧毀了家庭組織，強迫夫妻以及父母子女離散，使人人變成它所奴役鞭撻的孤獨牛馬；摧殘以仁愛為本的中國文化及道德倫理，摧殘了所有的宗教，教會被封閉沒收，教士和教徒被監禁迫害，它要使善良的大陸七億人民都變成殘暴而無人性的侵略工具。

五、它正在加緊殘害少數民族，尤其是藏族與維吾爾族已面臨滅絕的危機。

六、它會派兵侵略大韓民國，與聯合國為敵，1951年被聯合國大會裁定為韓戰之侵略者。

七、它支持越戰和寮戰，使其擴大、延長。並支援東南亞各地共黨到處發動暴亂和戰爭，它在大陸祕密訓練各國共黨份子，遣其潛返本國，進行政治顛覆和武裝鬥爭。今天中共造反作亂的魔爪已伸到遙遠的中東、非洲、北美和中南美洲。

八、它大量種植鴉片、販賣毒品，實行毒化世界，並以販毒所得，充作在各國進行顛覆的經費。

九、它推行仇外恨外的教育和運動，推行全民皆兵運動。它發展核子武力，而且包藏一個最可怕的陰謀，此即在它認為必要時，不惜犧牲大陸一半人口，來挑起一場毀滅人類的核子戰爭。

十、它在其《黨章》中明確規定「反蘇修」、「反美帝」、「反一切反動派」，即反全世界所有不與它沆瀣一氣的國家。它並不諱言，目前外交戰略的改變，其作用在「擴大和加強國際反帝鬥爭的統一戰線」。大家若不健忘，當能憶及二十年前，毛澤東曾不斷高喊「向蘇聯一面倒」，後來為了欺騙亞非國家，又曾高喊「和平共處五原則」，召開萬隆會議，曾幾何時，它把豢養它的主子當作了死敵，而參加萬隆會議的國家中則有的幾乎被共黨顛覆，有的且受到中共的武裝攻擊。

總之，中共對內殘殺、迫害，對外侵略、「造反」，並且它早曾揚言要徹底改造聯合國或重新組織聯合國，事實將能證明，中共一旦被引入聯合國大會及安全理事會之後，不僅聯合國將從此永無寧日，而且必將變成它進行國際統戰以及國際顛覆的主戰場，其所握有之否決權，必將變成它製造暴亂與發動侵略之盾牌及刺殺民主國家之利刃。聯合國必將從此變成一個充滿罪惡與製造戰爭的場所！

中共是中華民國的一個叛亂集團，其在大陸的統治乃基於暴力，並非基於被統治者的同意。它對外侵略成性，聯合國為譴責中共侵略韓國罪行所通過之嚴正決議，輝煌紀錄，檔卷具在，乃現在竟有聯合國會員倡議排除中華民國之合法地位，以容納中共為會員並為安全理事會之常任理事，此何異邀請殺人犯走進法庭，奪佔法官之座席？亦何異聯合國宣告自身開始步入毀滅之路。

有人以為容忍中共進入聯合國是為了「和平」，意在藉此約束中共，此種想法實在無異拿稻草捆綁老虎，不僅係幻想，而且極危險。

今天《聯合國憲章》已被破壞，從而聯合國成立之宗旨亦已完全動搖，我國雖力圖保衛聯合國宗旨、《憲章》，伸張國際公理正義及現實世界長期安全和平而不可得，乃只有斷然退出吾人所曾艱辛參與締造的聯合國之一途。但本席願再鄭重聲明，中共不但為我大陸七億人民之公敵，不但為我國之叛逆，亦為經聯合國裁定之侵略罪犯，且中共內部的奪權鬥爭愈演愈烈，迄今仍在無政府狀態之中，其所謂「人民代表大會」早已解體，其所謂「國家主席」早已失蹤，所以它根本無民意可資假託，根本不具備一個國家的構成條件，它絕無代表大陸七億人民的任何權利，更絕對無代替中華民國的任何資格。聯合國對中華民國在聯合國合法地位所作違反《憲章》之任何決定，均屬非法行為，中華民國政府及全民均絕對認為無效而堅決反對到底。

中華民國人民及政府，對於二十多年來堅守正義立場，予我鼓勵支持之友邦，表示誠摯的敬意與謝忱；並保證我國今後對於國際事務的處理，仍當一本當年參加締造聯合國之初衷，循守《憲章》所揭示之目標與原則，協同志同道合的友邦，共同為維護國際公理正義與世界安全和平而繼續奮鬥。

中華民國為維護公理正義之勇者，吾人曾多次獨立奮鬥於道義正氣之上，艱難險阻之中，深信吾人終能激發人類之良知與道德勇氣，使公理戰勝暴力，正義戰勝邪惡。

民國 60 年 10 月 25 日

周書楷部長發表退出聯合國聲明後，準備到新聞室舉行記者會。

周部長率團離開會場，依次為楊西崑次長、劉鍇大使、薛毓麒大使，還有陳質平大使，他們都是與會的全權代表。當時只有全權代表之一謝東閔議長不在大會現場。

快走到門口時，老布希一個箭步走上來，搭著劉大使的肩膀講了一句三字經。[18] 老布希接著說：“There is no justice in the United Nations!” 他是很生氣的，因為他是一個反共的人，但是國際政治等到冷戰後期，意識形態已經很淡了。美蘇冷戰到了 1990 年就結束了。聯合國就像老布希講的，是個「沒有正義的地方」；對小國而言，只是個發發牢騷的地方。

現在有人主張臺灣「公投入聯」，但公投就是二千三百萬人全部投票贊成成立「臺灣共和國」並要求加入聯合國，也是進不了聯合國的，因為這個世界是個強權世界。就聯合國來講，大國說話算數，小國說話沒份量。

記者會後，一部分人到代表團去了，有些人回旅館。我是同薛毓麒大使一起，那天晚上有月亮。我們一邊走，《紐約時報》的記者訪問薛毓麒大使，26 日的《紐約時報》刊載了訪問薛毓麒大使的報導。我們回到代表團，看到紐約幾個愛國的中餐館已經送東西過來慰勞我們。

中華民國代表團辦公室的位置在曼哈敦四十二街。我們租了一層辦公樓。在投票的前一天，就有傳聞代表團的辦公室有炸彈，恐嚇我們。當天我們就撤離，檢查完畢，並無發現。那時候真是風雨飄搖，風聲鶴唳，沒有定力是不行的。

---

18 “God Damn.” 西方人，你罵他 God Damn! 比罵他的母親還要厲害。中國人罵別人的母親，就會跟你拚命。西方人信 God 多過母親，你罵 God Damn，上帝要懲罰你，是非常嚴重的。你到國會作證，先要對上帝宣誓，就代表你一句假話都不能講。但是我們臺灣這邊選舉，「殺雞頭」發誓是假的，說說而已，因為心中沒有「神」。

四、退出聯合國之後

（一）謝議長的憂心

退出聯合國以後，臺灣省議會議長謝東閔先生擔心臺灣要變成「國際孤兒」了。他跟我們兩個三等祕書在同一間辦公室，他說：「臺灣退出聯合國就變成『國際孤兒』了，那怎麼辦？」另一位祕書，臺大政治系畢業的曾燕山祕書說：「議長，面對困境，多起用年輕人就好了。」我當時就不太同意曾祕書的看法，我就說：「燕山兄，就我的看法，如果一個年輕人思想僵化，老氣橫秋，我就認為他是老人。」我接著說：「如果一位老年人觀念開放，而且喜歡改革，我就認為他是年輕人。這跟年紀大小無關，要看是否有意改革、做些事情。」謝東閔先生聽了以後稍感安慰。東閔先生在我國退出聯合國之後，心情很不好，不吃不喝。我們就勸他早些返國。

（二）沈大使的愛護

10 月 26 日，退出聯合國的第二天，我一大早到辦公室，碰到駐沙烏地的田寶岱大使。他問我願不願意到駐沙大使館工作，因為那裡有二百美元的艱苦地區地域加給。那時，我的薪水才三百多美元，很有吸引力；但我這個人把名利看得很淡。我謝謝他的好意，並告訴他：我會聽候外交部的調遣。就在同一天，駐美沈劍虹大使也到紐約代表團來看周部長，希望部裡優予考慮，派我到駐美大使館去工作。周部長當面答應了。我於1972 年 1 月 1 日去華府向沈大使報到。

在這段全體同仁心理受創傷的期間，代表團有些同事想離職，留在美國謀生或唸書，希望劉代表洽請布希代表，轉請美政府從優考慮，早些發給「永久居留證」（PR）。[19] 劉大使問我要不要，我說：「我不要。我願意調到任何外館去工作。」我不要「美國永久居留證」倒不是講什麼「疾風知勁草，板蕩識忠貞」的大道理，我只是想：我如果要拿的話，1960 年代在美國唸書時就可以申請，我為什麼要等到現在國家艱難的時候呢？退出聯合國以後，我不能講「樹倒猢猻散」，但有一些人對國家的未來的確已失去信心，想要留在美國另謀出路，這當然也是人之常情；但大部分的人還是不服輸，鬥志旺盛。

（三）建議外交承認孟加拉

1971 年退出聯合國以後，到年底留守代表團期間，巴基斯坦因東巴基斯坦孟加拉邦爭取獨立，而發生內戰。我同國剛和曾燕山三個人，向外交部周部長提了一個大膽的建議。1971 年 12 月初，印度與巴基斯坦為了孟加拉打仗：印度要幫助孟加拉國獨立，而巴基斯坦不讓她獨立。印度於 1971 年 12 月 3 日參戰，巴基斯坦向安理會控訴。蘇聯支持印度為孟加拉而戰，而美國與中共則站在巴基斯坦這邊，那時我們三個人建議，我們被迫退出聯合國以

19 當年東歐國家申請政治庇護者，至少要等三年以上才能取得 PR。

後，應該採取獨立自主的外交政策，支持「正義」，站在印度那邊，支持孟加拉獨立。

美國人和巴基斯坦都說孟加拉是巴基斯坦的一部分，不能獨立。

我們為什麼站在印度這邊呢？因為孟加拉要獨立，是有道理的：其一是她的宗教跟巴基斯坦不一樣；其二是地理上，孟加拉在印度之東，而巴基斯坦在印度之西。結果，巴基斯坦戰敗，國際間於 1971 年 12 月 16 日承認「孟加拉人民共和國成立」。當時，孟加拉方面曾與我方在華府及紐約人員接觸，希望中華民國政府給予援助及外交承認。

我們三人建議周部長承認孟加拉。我們認為：美國勢力已經衰退，而且還對我們這麼不好，我們就要站在印度和正義的一邊。果然，最後孟加拉也獨立了。當時中共站在巴基斯坦那邊；我們應該站在對立面，趕快跟孟加拉建立外交關係。這個舉動等於間接告訴美國，直接告訴中共，我們也有自己的主張。

但是周書楷部長向蔣總統提報的時候，蔣總統認為，孟加拉是「人民共和國」，我們怎麼可以同「共黨國家」建交？殊不知孟加拉只是用了「人民共和國」這個名稱，或可能與蘇聯有關，但它並不是共產國家。國際情勢一直在變，沒有永久的「盟邦」，也沒有永久的「敵國」。假設我們同孟加拉建立了外交關係，這不是可趁機表達我們對國際現實的不滿？但是高層有更多的考慮，深恐美國老大哥不高興，對我們不利。其實，過沒多久之後，美國和中共也都先後在外交上承認了孟加拉。

年底前，周部長來函告知層峰的決定，並嘉勉我們。

附錄：美國的提案與發言[20]

附件 7-1 美國駐聯合國常任代表中國「雙重代表權」提案

美國為提出其所擬議之雙重代表權計劃，特由其駐聯合國常任代表於 1971 年 8 月 17 日致函（A/8442）祕書長請將題為「中國在聯合國之代表權」之項目列入本屆大會議程，並檢附提案說明。祕書長依其所請，將該項目作為補充項目列為議程草案第一〇五項。

茲錄其原函及所附說明節略全文如下：

「敬啟者：

茲依照〈大會議事規則〉第十四條之規定，謹請閣下將題為「中國在聯合國之代表權」一項目列入大會第二十六屆會議程。依照〈大會議事規則〉第二十條之規定，謹隨函附奉說明節略一件。

說明節略

一、聯合國於處理中國代表權問題時，應體認中華

20 資料來源：外交部編印，《中華民國聯合國第二十六屆常會代表團報告書》。

人民共和國與中華民國兩者之存在，其規定中國代表權之方式亦應反映此一無可置辯之事實。因此，聯合國對於中華人民共和國與中華民國彼此衝突之權利主張，毋須採取立場，而該問題依《憲章》規定和平解決。

二、所以，中華人民共和國應有代表權，同時應規定不剝奪中華民國之代表權。聯合國如欲達到其維持和平及增進人類福祉之使命，即應以公正現實之態度處理中國代表權問題。」

附件 7-2 總務委員會合併阿、美兩國提案為一個新提案

總務委員會於 9 月 22 日下午地一九一次會中討論本屆常會議程。討論至有關我國代表權問題項目時，美國代表布希大使（George BUSH）臨時動議將阿爾巴尼亞等國所提之第一〇一項，及美國所提之第一〇五項合併為一個大項目下之兩小項目，即：

「中國問題：

（a）恢復中華人民共和國在聯合國之合法權利；

（b）中國在聯合國之代表權。」

附件 7-3 美國國務卿在大會辯論上發言

美國國務卿首對全球各地區局勢作一般性檢討，謂

由於最近之各項發展，遠東和平有望。並指出日本之力量日增，繼稱美俄兩國間之關係仍是世界和平裁軍之最根本關鍵。倘兩國合作，則不僅和平共存，且更可密切攜手解決重大問題，美決心使此合作不受任何離間阻撓，並特別注及俄外長演說之言認美求與中共關係正常化是一自然而然之發展。至對裁軍問題，美認徒唱一般性普遍裁軍高調無益，而應逐步腳踏實地求進展，並認將來中共等來會之後，可即在聯合國內商談裁軍而不另設會商機構。繼稱本屆聯大所面臨之最重大抉擇是中國代表權問題，所作決定關係本組織前途至鉅，尼克森總統認為不應將世界一大部分人口及重要強權久摒會外處於孤立，故在兩年前即圖改變美國之對華政策，尋求改善與中共之關係以期正常化，其初對方毫無反應，至最近始有眉目，乃決定接受中共邀請在明年5月1日前訪問北平，並決定支持中共來聯合國取得安理會之常任理事國席位，深盼中共來此入席之後，即負擔起此席位之一切責任與權利義務，惟與此不可分者，為若干方面提議之排除中華民國問題。此一問題極為嚴重，涉及排除一千四百萬人民之代表，倘此除名惡例一開，將有許多代表繼被除名之事層出不窮，將危及本組織，故美國已出而提案，一面支持中共來會，一面維持中華民國續在本組織，此舉為唯一切合二十年來所存在之現實情況之公平辦法，使全體中國人都在本組織有代表，況臺灣人口較在座三分之二國家之人口為多，且中華民國二十五年來恪守《憲章》不渝。故排除中華民國既不公正，而且違反現實。各方支持美雙重代表權案並不需要修改本身與中國任何一方之雙邊政策與關係，而只是意味接受現存實在情況，且此案並非分裂中國為二，如白俄羅斯與烏克蘭各有代表權而絕非另一個國家即可為例，何況此案更非企圖凍結現狀，並不礙及中國問題將來之解決，只不過是接受現狀之存在，使全體中國人民都在本組織有代表，至阿爾巴尼亞案之本旨，則似不側重於要中共入會，而係一昧要打擊中華民國並予排除，絕非建設性合理辦法，其後果必危害亞洲和平而削弱本組織，因此美國已另提一案，認此是《憲章》所稱重要問題，人稱此一美案為重要問題案，其實應稱為不除名案，又有人揣測不排除中華民國則中共不來，此種揣測極為有害，雖然中共在有滿足其最高條件之決議草案存在之情況下，必續聲言反對其他決議案，惟若大會仍然通過決議，一面既對中共畀予安理會常任理事國席位，一面又不排除中華民國，則有此決定後情況自又不同，故當前之問題在大會本身應採何行動，倘普遍化現為各方普遍接受之原則，則不能一面高唱普遍化，一面又破壞普遍化，一面要一方來會，一面又要排除另一方，故目前吾人之第一步努力，應在通過決議以作成一則合乎情理、二則接受現實情況、三則不礙及將來解決、四則使全體關係人民都在會之決定，至爾後之第二步努力，則當集中於勸使直接有關雙方相信接受此項決定之利。試觀近年來許多政府均已採用更大彈性政策使和平蒙福，本問題亦應以同樣彈性處理始可望解決。

附件 7-4 美國代表老布希在總辯論上發言

10 月 18 日，美國代表發言：

中國代表權問題雖為本組織中之主要爭論，二十餘年未獲解決，但今年應為有改變而具決定性之一年，美國對阿爾巴尼亞以冷戰濫調所作種種污衊歪曲不擬置答，但須首先指出過去二十多年來之所以陷入僵局，其主因乃在本組織一面固不願見大陸中國不在會，但一面亦深知排除中華民國之舉與本組織之存亡息息相關，是以一直不得不寧願付出大陸中國不來會之代價以拒絕對中華民國加以排除，故本問題因而久成凍結狀態，惟目前已有第三條路可走，使中國兩方都在會，此一安排固非盡為各方所喜，但仍不失為一項和平而現實之辦法，一如本組織所面臨之許多其他難題，其解決雖困難而不能使人人皆大歡喜，但仍有其和平解決之道，目前世局業已清晰顯示過去所採辦法不夠再有效，本組織在顧到現實、公允及《憲章》原則宗旨之條件下歡迎中共來會之時機業已來臨，吾人堅決認定中華民國是恪守《憲章》之忠實會員絕不得加以排除，並認在不排除中華民國之條件下應仍有公允、現實而合理之解決辦法，是以美國經本此精神，遍與在座各國僅少數例外諮商，所獲結論為今年可以達成一項此種解決之決定而不貽將來之後悔，故經與其他十餘國聯署提出雙重代表權決議草案。該草案簡單明瞭，即一面由中共取得大會及安理會之中國席位，一面中華民國續留大會，使中國人民全體都有代表在會。其文字經審慎擬定，既不是「兩個中國」或「一中一臺」安排，亦未對將來中國雙方自覓解決之任何可能有所涉及介入，更不凍結中國現狀要求任何人修正其與中國任何一方之雙邊關係，美國固亦知該草案不免引起若干法律技術性辯論，惟認為中國問題特殊，目前情況亦屬非常，《憲章》既然可以容納烏克蘭及白俄羅斯同時分別在會，自有其彈性亦可容中國人民全體都有代表在會，本組織應有力量自創新法，以適應時代要求而採此唯一可稱公允、現實之辦法，至阿爾巴尼亞案則主旨在一味要求排除中華民國，因該案與美案都主張由中共在大會及安理會等本組織一切機構取得席位，其唯一不同之爭執點在除名問題。美認排除中華民國是不智不公之舉，且將造成極為危險先例，尤認絕不能接受作為中共來會之代價，一則本組織排除任何人之惡例萬不可開，二則中華民國係擁有一千四百萬人民之忠實會員，此種會員國絕不能因有任何人對其合法地位懷存疑義即可由某種政治結合而以單純多數即決定加以排除，否則惡例一開，依樣葫蘆作繼起排除之事必將層出不窮，後患不堪設想，三則去年本大會曾發表兩項宣言，中皆揭櫫普遍化原則，依此原則自必須全體中國人民都有代表在會，任何人支持阿爾巴尼亞案即是反對普遍化，有人辯稱雖不願見中華民國被排，但不予排除則中共不來，故不得已非排除不可，美認此種辯說不但極為危險，而且將使中國問題將來解決之門關閉，殆為最不現實之說法，故美國另經與許多國家聯署提一草案，即反對排除之重要問題案，而阿案之爭點即在排除問題，則任何人投票贊成阿案即是贊成隨便可以單純多數排除任何會員。而贊成美案即是反對此種隨便排除之辦法，儘管有何巧辯，總不能掩飾反對美案即是贊成輕易使聯合國會員解體之事實，其間取捨甚明，去年美代表即曾宣稱盼中共能為國際社會之一員共策和平，認本案不應礙及尼克森訪平之行，且認雙方間之問題多而且難不是一朝可解決，應各本容恕徐徐另求解決，美國切盼各方就聯合國本身之利益及前途著想，捫心自問是否願見一忠實會員被排，要依聯合國立場之角度，而勿依中共所提條件之角度來決定投票，始可無懼而有以維護聯合國，共為加強本組織盡到力量。

8 閒話聯合國零星往事
程建人部長訪問紀錄

時　間：2021 年 4 月 30 日下午 2 時 50 分至 4 時 30 分

地　點：樂雅樂餐廳站前店

受訪者：程建人

訪　談：朱浤源　楊力明

記　錄：朱珮瑜

校　閱：朱浤源　楊力明

程建人部長簡歷

學歷

1960 年　國立政治大學外交系畢業

1962 年　國立政治大學外交研究所肄業

1965 年　英國劍橋大學國王學院國際法學士畢業

1966 年　西班牙馬德里大政經學院博士班結業

1976 年　美國喬治城大學政府與歷史系研究
約翰霍普金斯大學 School of Advanced International Studies（SAIS）學院研究

2005 年　天主教輔仁大學名譽法學博士

文官考試

外交領事人員乙等特考第二期通過

經歷

1967 年至 1970 年　外交部情報司專員

1970 年至 1971 年　外交部情報司科長

1971 年至 1979 年　駐美國大使館三等祕書

1974 年至 1976 年　二等祕書

1976 年至 1979 年　一等祕書

1979 年至 1980 年　北美事務協調委員會駐美辦事處業務組（原國會組）組長

1980 年至 1982 年　外交部北美司司長

1982 年　北美事務協調委員會駐美國代表處顧問

1983 年至 1989 年　北美事務協調委員會駐美代表處副代表

1989 年至 1993 年　外交部常務次長（兼任外交部法規委員會主任委員）

1993 年至 1996 年　立法委員（第二屆不分區立委）

1993 年至 1996 年　中國國民黨中央委員會海外工作會主任

1995 年至 1996 年　國際民主聯盟（IDU）[1] 助理主席

1　International Democrat Union（國際民主聯盟）成立於 1983 年，是世界各國保守政黨和組織的聯盟，加入者如：美國共和黨、英國保守黨、日本自

1996 年至 1998 年　外交部政務次長兼行政院青年輔導委員會委員

1998 年至 1999 年　行政院新聞局局長

1999 年至 2000 年　外交部部長、行政院政務委員

2000 年至 2004 年　駐美國代表處代表

2004 年 5 月 20 日至 2006 年 8 月 21 日　駐歐盟代表處兼比利時代表

教職

1968 年至 2010 年，（只要在國內就會任教）於國立政治大學外交系、外交研究所，擔任兼任講師、副教授、教授。教授課程有：國際法、戰爭與中立法、國際關係、外交實務。

輔仁大學國際關係講座教授。

訪問紀錄 [2]

一、 家世、求學與我國對聯合國外交

我祖籍是江蘇省嘉定縣，1939 年抗戰時期生於重慶市。家父曾參與北伐、抗戰、國共內戰，而後舉家隨國民政府遷臺。我在臺灣成長、求學、服兵役，而後留學國

民黨、中國國民黨。

2 感謝程部長大公無私，以中研院近史所正進行中的訪問為主體，並尊重戴瑞明大使的訪錄，故大量濃縮其原來口述文字，惟在其中仍可呈現若干不為人知的典故。

外。返國後，從事公職，以迄退休。

我十七歲，以第一志願考入政大外交系。在外交系求學時，除有國際組織、外交實務等課程，涉及聯合國之外，系內亦邀請外交部官員及駐外使節來系上演說，包括駐義大使于焌吉、[3]駐希臘大使溫源寧、[4]駐葡萄牙公使王化成、[5]外交部政務次長沈昌煥、[6]常務次長周書楷等。[7]

這是我第一次遇見周書楷先生。當時我的印象是，他很直爽、熱忱。而他由駐英大使館甲種實習員，作到外交部次長，顯示只要肯努力，終有出頭機會。而周書楷後來出掌外交部，也就是率領我國代表團退出聯合國的首長。

之後，我又以第一名考入政大外交研究所，繼而考取國家公費，留學劍橋大學攻讀國際法。畢業之後，再赴

---

3 于焌吉（1900-1968），河北人。南開大學畢業，紐約大學博士、哥倫比亞大學博士。英國倫敦大學進修國際公法。先後任駐古巴公使館二等祕書兼駐哈瓦那領事、代理駐舊金山總領事。1935 年，任條約委員會專任委員。同年 4 月，又被派往美國任駐紐約總領事。1946 年 3 月起，任中華民國駐義大利大使。還曾兼任中華民國駐西班牙大使、駐出席聯合國代表團副團長。

4 溫源寧（1899-1984），廣東陸豐人。英文學家、翻譯家、外交官。1947-1968 年長期擔任中華民國駐希臘大使。

5 王化成（1905-1965），江蘇人，清華學校、美國明尼蘇達大學、芝加哥大學畢業，哈佛大學研究。曾任教於北京大學法律系、清華大學政治學系。先後擔任國防最高委員會參事、外交部條約司司長、中華民國駐葡萄牙公使等職。

6 沈昌煥（1913-1998），江蘇嘉定人。曾任行政院新聞局局長，並擔任過兩任外交部長、駐教廷與駐泰國大使，後任總統府祕書長、總統府資政，有「外交教父」之稱。

7 周書楷（1913-1992），湖北人，1971 年接替魏道明出任中華民國外交部部長，面對聯合國的中國代表權爭奪戰。1978 年出任中華民國駐教廷大使，長達十三年，直至 1991 年。

西班牙馬德里大學攻讀國際政治。

1967 年返國後，進入外交部。早在求學期間，即注意聯合國有關的問題，進入外交部之後，有三年時間，亦曾投入若干相關工作。

二、初入外交部與早年對外工作重點

1967 年，我初入外交部，先進情報司二科任專員，負責新聞發布及媒體聯繫等工作，接觸部內、外資訊亦多，有助於我了解聯合國在我國對外關係上、以及國內民心士氣上的重要性。當時情報司司長是賴家球。[8]

早自 1949 年中共建政以後，兩岸外交爭戰，成為常態，尤其前卅年，我國風雨飄搖，可說不堪回首。

這卅年，可粗分為三階段：

1. 1950 年代

外交工作主要在維護臺灣安全，穩定局面，使境內能安定，逐步推動各項基礎建設。1950 年韓戰的爆發，促使美國政府對華政策改變，以第七艦隊協防臺海，戰後美和我關係加強，於 1954 年雙方簽訂《中美共同防禦條約》。日、我關係定位，簽訂了《中日和約》。而聯合國方面，由於我國的努力，加上美國領導集團的支援，我始終能以「緩議方式」，順利維持我在聯合國的席位。

8 賴家球（1919-1969），曾駐美，外交部情報司司長兼發言人。兒子賴聲川為知名舞臺劇導演。

2. 1960 年代

由於第三世界殖民地紛紛獨立，各國自主性提高，衝擊單純美蘇兩強對立的局面。我外交工作日趨辛勞，除維護及爭取與國之外，維持我國在聯合國席位，成為我國最主要的外交工作。以往採用之延緩案已難以繼續，不得不改採「重要問題案」方式，維護我在聯合國的席位。

3. 1970 年之後

1960 年代末期，越戰對美國內外造成極大影響，而中、蘇關係的惡化，均促使美國決定調整對「中」關係，自然影響美我關係及我在聯合國席位之維護。而如何維持及加強我與美的關係，成為此一階段我最主要的外交工作。

為了擺脫越戰泥淖，尼克森政府刻意推動與北京關係正常化，終致弱化了我在聯合國的支持力量。1971 年 7 月 15 日，尼克森總統記者會宣布季辛吉已經訪問北京，他本人翌年亦將訪問中國大陸。10 月，季辛吉第二度訪問北京，且在聯合國大會討論我會籍案時，還延長訪問北京的時間。聯合國大會投票終於通過排我納匪案，並非「重要議題」案，我被迫退出聯合國。而自此，美我雖然仍有外交關係，但 1978 年底，美方終於與我斷交，使我國外交步入另一個困難局面。

三、1971 年前若干往事

（一）情報司見聞

1. 與媒體互動

每年秋，聯合國大會開會，有關我國席位投票日，媒體均來外交部情報司，等候投票結果以及外交部相關新聞稿。我們在司內已先將中英文稿備妥，僅將票數空白等待確定後填入。通常聯大投票後，外電先有報導，但是我們要等駐聯合國代表團正式報告抵部後，才正式發佈新聞稿。每年的當天，晚餐後，情報開始熱鬧起來，那情景至今難忘。

2. 接觸友邦元首

在情報司的那段時間，當然也有很多外賓來訪問。1970 年 10 月聯合國大會開會前，我友邦之一，中非共和國總統布卡薩訪臺，我政府以隆重方式招待，蔣中正總統親蒞機場，以軍禮歡迎。一切節目都在讓訪賓高興，而布卡薩的興趣與需索亦多，有時不得不配合。外交部曾為布卡薩安排一次記者會，會上布卡薩介紹中非動物、植物及礦產，其粗俗表情令人捧腹。但我為確保布卡薩在聯合國的一張票，也只有配合演出。當年為維護我在聯合國席位，爭取他國支持，代價不菲。中非共和國僅其中一例而已。

3. 松山機場魏道明部長記者會

另一件難忘的鏡頭是，當年外交部長魏道明，每年一定親自率團前往紐約與會，維護我國席次。每次返國，會在松山機場舉行記者招待會。記者提出各種不同問題，一次，有記者問到：我們每年辛苦維護聯合國席位，何時了結？魏道明答稱：等兩岸問題解決之後。這句話很簡單，但是我印象深刻。

（二）周部長就職致詞

在我首次外放駐美大使館之前，適逢周書楷自華府調返出任外交部長。在賓館的交接典禮上，新任周部長致詞，他說：「有人說新官上任三把火，我現在是救火都來不及了。」我看坐在他身後的前任部長們，表情特別。

隨後他又說，他是四大皆空，六親不認，他不講究食、衣、住、行，一切從簡。他是湖北人，同鄉、同學，不必因此來找他。

大家聽得啼笑皆非。他的個性很直，他的優點就是很仔細、很用心。

四、1971 年退出聯合國前後

（一） 美國政策轉彎

1967 年尼克森未當選總統之前，即考量越戰及戰後的亞洲政策如何調整。當選總統之後，決定改變對中國大陸之政策。而我是 1971 年 5 月 24 日抵達華府駐美大使館工作。

7 月 15 日尼克森總統在加州舉行記者會，宣布季辛吉已經訪問北京，渠本人翌年將訪中國大陸。此一宣布，尤如晴天霹靂，國際間造成極大衝擊，對我自極不利，而美方僅在二十分鐘前，以電話告知沈劍虹大使。

事實上美國對維護我在聯合國席位的問題，早有盤算，1971 年 4 月 23 日美方派墨菲來臺，盼我接受「雙重代表權」顯示無遺。而同年 10 月，聯合國大會討論我席位問題時，季辛吉兩度訪問北京，且有關我案投票時，季辛吉正巧延長訪問北京時間。原本就困難重重的保衛戰，更難防守，結果不難預見。「重要問題案」投票失敗後，率團與會的周書楷部長要求發言後，愴然率領代表團同仁離開大會會場，退出聯合國。我們在華府電視上目睹現場轉播，心情惡劣，至今難忘。

（二）退會前的一次電視訪問周部長

1971 年秋，聯合國大會召開前，中國代表權問題甚受各方注目。美國國家廣播公司電視臺 Meet the Press 欲訪問駐美大使沈劍虹。

時值聯合國大會討論我案前一週，極受關注。沈以周部長即將來美，乃建議訪問團長周部長。訪問中，記者問題咄咄逼人。周部長頗有難以解釋之情形，咸以「船到橋頭自然直」一語帶過。不少觀眾認為周部長應可作更清楚之表態，他在迴避問題。周部長口才原非一流，但以當時我國處境及美國態度，周部長的表現確也反映我政府當時尷尬的情況。

（三）退會之後周部長來華府大使館

退出聯合國後，周書楷轉來華府會晤美方官員，亦到駐美大使館訪視。大使館正式同仁都擠在使館二樓，可容廿人左右的客廳內。大家站著。不一會，沈劍虹大使陪同周部長抵達。面色凝重。

沈大使簡單開場白，就在一旁唯一的椅子坐下。繼由周部長致詞。

周部長除略談退出聯合國之後，我外交工作將益為艱辛，鼓勵同仁必須更加努力之外，特別強調，渠曾駐節華府五年，對華府甚為熟悉，因此要求同仁不要接送。此次沈大使赴機場接機落空，甚為抱歉，翌日渠離華府，亦請免送，渠「不會去大陸也」。此語一出，在場同仁咸感意外。周部長直言直語我們都知道，但不知這是不是另一種周氏幽默。

五、退出聯合國以後，如何重返聯合國？

我退出聯合國後，又一批邦交國與我斷交，我國外交情勢更為險峻，而美國不斷推動與中國大陸「關係正常化」，我與美兩國交往逐步冷淡，倘非美國內部水門案問題，尼克森時代可能即與中共建交，與我斷交。我國被迫退出聯合國，反映出我國面對的國際現實。

1978 年底卡特總統時，美國終於與我斷交，也促使我國外交逐步走向更超前的思考、更務實的道路。

退出聯合國後，不但邦交國減少，聯合國的國際組織我們也無法參加，但許多國際重要合作事務，非會員國除無法充分想重要資訊外，也無法在必要時刻獲得援助。因此從 1993 年始，政府推動以中華民國名義參與聯合國及其附屬組織。並再由友邦提出議案，尋求將臺灣參與聯合國或設立專案小組研究等議案排入大會議程。結果不成。

2006年，陳水扁總統繼續提出以「新會員國」名義，申請加入聯合國，多次嘗試都失敗。「返聯公投」也失敗。除了國內因為究竟以何稱呼重返聯合國，沒有共識外，美國、中共的態度也很重要。美國目前對華政策是不願改變兩岸現狀。

所以，如何重返聯合國？改變美國及中共的態度是關鍵。

9 陳錫蕃大使訪問紀錄

時　間：2016 年 7 月 22 日下午 2 時 30 分至 4 時

地　點：國家政策研究基金會四樓會議室

（臺北市杭州南路一段 16 號）

訪　談：朱浤源

陪　訪：劉奕伶　劉宗翰　許舒棠　許舒棋

記　錄：劉宗翰　朱麗蓉

訪問紀錄

一、我的同事戴瑞明與龔政定

我的同事前駐教廷大使戴瑞明第一次外放，就是派到聯合國。從聯合國退出來以後，他就正式調到駐美大使館，從三等升到二等祕書，回來以後就是「總統府祕書」。總統府祕書當了一年以後，就調到英國當駐英代表。「總統府祕書」是一個官銜，他是簡任十四職等，等於一個部的常務次長一樣，不是像打字小姐一樣的職位。名稱雖然看起來很小，但是總統府祕書的長官就是副祕書長、祕書長，再來就是總統了。至少跟總統府局長是同一等的，總統府的局長也是比其他的局長高一等。人家十三職等，他是十四職等。因此，戴瑞明外放以後，就可以直接當大使了。

駐布吉納法索等三國大使龔政定，他的法文是在陳雄飛世代之後的第一名。為什麼？陳雄飛他是老經驗的外交官，他在上海震旦中學與大學是唸法語的。之後到法國巴黎大學，獲得國家法學博士，陳雄飛之後，老一輩的外交官法語優秀的，當推芮正皋與丁懋時兩位大使。龔政定他這個厲害，爸爸是外交官，他在法國讀中學。龔政定是小學在法國唸過，中學回臺唸書的外交官，跟我們大學才留法的比，一個天一個地。留法的學生回來可能都法文不流利，他從小在那裡唸的，就是扎扎實實的，與社會結合的。那時考外交部，我是英文組的第一名，他是法文組的第一名，我們是很要好的朋友。很多時候都是從零開始的。他剛剛回來臺大念書也是很辛苦，因為中文還不夠好。

二、外放巴西六年

巴西是中南美洲的大國，ABC 三國中的 B。1971 年 9 月許紹昌才過去接任大使，在這之前事情講起來太瑣碎了。

許大使是我老長官，他在外交部做政務次長，我是做他的祕書。他要調到巴西，帶我去。待了六年以後回來，他要到義大利去，要我待在巴西不能動，要等後來的外交官來接任。等獲知接任的是沈怡，許大使就說，請我留下來。如果「再帶你到義大利，這太私心了。」他說：「巴西需要你，沈怡需要你的幫忙。」

三、回國兩年與子女教育

後來我還是反應要回國，因為在外待了六年，還是得要回來，所以就回來做科長。後來正要升上去，而還沒做到副司長，公文還在旅行當中的時候，許大使就來找我。他說他要外放到阿根廷去，講話還兜圈子，問我有沒有西班牙文好一點的。我就跟他說這個人、那個人，講了半天，他問我說怎麼沒講到自己。我說：「你沒有問到我啊！」我再跟他說：「我已經做了兩年了，要升副司長。」他說：「不要跟我說什麼司長副司長，你願不願意跟我去？」我說，「當然願意跟您去了，但是公文已經出去了。」他說：「不用擔心，這個我來接手處理。」

三等祕書調回來了做科長，又去查了查條文，能不能調到外面做參事，結果是可以的。那時候是引起了同仁的一些忌妒啊，科長不做副司長，直接升參事？這也不是我單方面，是許大使促成的。那時候已經要九月了，我非走不可，因為要開學了，小孩要讀書。

說到小孩，外交官這一塊也是很辛苦的。

我是真的下了狠勁，因為我不能為了我自己放著小孩不管。到阿拉伯講阿拉伯話，到葡萄牙講葡萄牙話，到西班牙講西班牙話，到菲律賓就學菲律賓話，到最後一事無成。當時外交官是沒有教育津貼的，都要自己拿錢出來，但是我的薪水也是有限啊，這個時候老實講是我岳母幫忙的，幫了大忙。我心裡就已經有盤算了，不管到哪個地方都有國際學校的；你只要學一種，把英文學好，將來至少可以混口飯吃。跳來跳去，挺麻煩的。

調回來以後，問題就來了。他們從來沒有在臺灣唸過書。就跟他們說，現在要回國了，要去唸國民學校。他們三個小鬼就開會，開會結果是，他們跟我說不能去唸國民學校。他們說唸國民學校會抱鴨蛋的。我說：「怎麼會抱鴨蛋呢？英文會抱鴨蛋，數學怎麼會抱鴨蛋呢？」他們說：「老爸你也是有所不知啊！數學是中文題目，英文也是中文題目啊，『翻譯』這種題型，就是要把題目翻成中文啊！」

我自己倒是沒有經過這個過程，心想也是有道理。所以最後還是決定繼續在臺灣進美國學校。讀美國學校多少錢啊！都不曉得可以買多少房子，多少地了。那時候還幫他們找家教，我跟他們說：每天放學，都要學一個小時中文，週末兩個小時中文，如果不接受，就給我進國民學校。所以他們馬上就投降了。

現在他們很會講中國話，會拼音，而且是標準的國語，因為當時我在臺北找的老師是北平人，標準的京片子。所以他們學的國語，不會比一般在臺灣學得差。

四、參贊阿根廷館務

我們在聯合國裡面的時候，就已經產生「中國」的代表權之爭了。我到現在為止，前天〔2016年7月20日〕我才在東海大學演講。我本身唸了七十幾年英文，在外交部做了四十幾年，我到現在還是不懂：「中華民國」這四個字可以接受，「中國」兩個字就不能接受？中國在臺灣，中華民國的簡稱叫做臺灣？中華民國的簡稱不叫中國，其他世界各國：法蘭西共和國的簡稱不叫法蘭西，美利堅合眾國的簡稱不叫美利堅？有這樣的嗎？

我現在要告訴這些年輕人，當初在聯合國爭的就是：誰代表中國？中華民國代表中國！一定是這樣講的，不然你小島一個臺灣，憑什麼佔據這個中國安全理事會常任理事國的席次呢？何德何能呢？

講到誰應在聯合國？誰代表中國？這中間老共他是倒行逆施，我們沒辦法認同。大家知道他搞「三反五反」，甚至到文化大革命，沒有一個國家可以認同他的作法的。他們不是正統的，我們才是正統的。但是他後來改了，改了一個說法。這樣就不行了，甚至在一些承認我們的國家中間，也搞不清楚誰才是真的中國，但說：「至少你們其中一個是中國。」

之中要搞清楚的一點就是，當時只要說「兩個中國」的人，就是我們的敵人。現在剛好相反，只要說「兩個中國」，那我們就是朋友。當年有沒有人提議說，要兩邊（岸）接受兩個中國？談都不想談。只要誰講兩個中國，就要大罵的。當年外國人說：「為什麼你們不放軟立場，接受兩個中國？」問題是：假設我們真的接受了，中共也不會接受。中共他怎麼會接受呢？整個大陸被他控制了。他也知道最後就只是票數的問題。再假設，1971 年投票過了雙重代表權案，他也拿了聯合國安理會的席次，中華民國只保留會員國席次，中共還是不會接受。他知道，今年我們叫做「排我納匪」，就算沒通過，隔一年還是可以再提，聯合國沒有規定這個案不通過，下一年不可以再提。除非是很多國家都承認了兩個中國，除了在這個票數之外，也同時承認了中華民國和中華人民共和國。沒有一個國家做得到，像是一個北韓、一個南韓。因為中共沒辦法接受，我們也沒辦法接受。

因此，我認為縱使這個「排我納匪」，今年不通過，再等一年。他已經等了二十多年了嘛！他不在乎這個的，等你個三年五年、八年十年，依他控制著大陸的情形之下，是必然的。我的看法，1971 不行，1981 不行，1991 總行了吧。當然這是我的看法，他們絕對是更加樂觀的，評估是三、五年就可以進來了，所以兩個中國是行不通的。我們不接受，他們絕對不可能接受。

五、我國退出聯合國與阿根廷軍政府的政治文化

1971 年我外放南美洲阿根廷。當年阿根廷有大使館，就是因為聯合國這個案子跟我們斷交的。阿國是支持我們聯合國代表權的。當時的大使是許紹昌大使，我在那裡是參事。簡單來講，他們在聯合國支持我們代表中國，所以我們在聯合國裡面的時候，代表中國；當不在聯合國裡面，就不代表中國。因為 1971 年中國大陸還是一個相當閉塞，非常不開放的一個國家。當初用這個理由是講得通的，今天講不通了。今天我們要講這個政府，倒行逆施

說，他不代表中國，這個理由已經行不通了。中共就是不會基於一時的局勢，覺得現在雙重代表權通過，就興高采烈地進來了，這個是不可能的。因為他很會運用第三世界國家，而且國際形勢使然。

1971 年的 9 月，我們許大使去接任阿根廷大使的時候，他一去就碰到這個很嚴重的問題。聯合國的票數不對，票數有問題，那麼阿根廷就會有問題，不止阿根廷有問題，畢竟阿根廷當時是支持我們的。好了，等到整個投票結果出來以後，整個情勢就變了。原本你在聯合國裡面，你代表中國，現在你不在聯合國裡面，你就不代表中國了。這時候阿根廷出現了兩派的意見，其中一派就是不在聯合國了，怎麼會代表中國呢？

當時的阿根廷政府，是政變以後的軍政府。新總統叫做 Lanusse，他是軍人出身，對蔣介石先生是很尊敬的。先後兩個政府去比較，都是相當民主自由的。

而他們的外交部長 de Pablo，他的看法不但不一樣，還拿了中共的錢。他跟總統報告，就講是不是應該跟中共推展商務、貿易。總統覺得也對，但是總統提出一個關鍵：中華民國怎麼辦？他說：「這個不影響，我們跟中共建交，不影響跟中華民國的邦交。」一下子就把這個答案說出來騙他，說不影響。

Lanusse 總統覺得既然不影響，那當然可以試試看。他接著又跟我們大使的談話；總統跟我們大使保證：絕對不影響。我們大使就打了電報回來說，他們的確是在談，但是絕對不影響我們的邦交。許紹昌是做過政務次長的，是重量級的大使。

六、聯大辯論、總統的仗義與外交新局的轉折和開創

於是乎 de Pablo 在廿六屆聯大上總辯論對中國代表權之發言，就看出兩面手法。根據外交部的報告，其文字記載如次：

> 阿根廷之代表 9 月初曾與中共之代表在羅馬尼亞首都會晤，探測雙方建立正常外交貿易關係之可能，阿根廷出此乃係基於一貫尊重普遍化原則之邏輯後果，本年 3 月阿代表在裁軍委員會即曾要求中共來參加裁軍談判，阿總統言及尼克森訪問中共之行時，亦經指出此乃以彈性態度處理國際問題之楷模，必須一面既不懷偏見固執拘泥，一面又不犧牲本身原則與思想立場進行今日之外交。[1]

這個事情到了隔年（1972）的 2 月，就發表了建交公告。當然事先也告知我們了。阿根廷總統府還是跟我們講不影響邦交。我們過去的作法是：只要一個國家跟另一個國家要建交，全世界一定知道的，就算一兩個不知道，最後還是會知道的。假設今天（7 月 22 日），告訴你 8 月

1　外交部編印，《中華民國聯合國第二十六屆常會代表團報告書》。

1日要建交，我們外交部就會開始準備聲明，說這個國家背信、不友好，跟中共建交，所以中華民國決定要跟你斷交。這個聲明都準備好了藏著，等到他先發表。一分鐘內，我們就跟著發表。你宣布建交，我就馬上宣布斷交。那時候是「漢賊不兩立」，不會說你不想斷，人家就不斷。這是不得已也。你不斷交，你就會被斷交了，不會因為你不斷交，人家就不跟你斷交，天底下沒有這種事情。

但是這一次我們就沒有準備，因為大使館拍回來的信息是說不會斷交嘛！而且許大使是花了很大的力氣去跟國內的外交部講，他說我們絕對不要逞一時之氣，因為他們建交，我們就斷交。我們那時還真的是漢賊不兩立。

許紹昌說阿根廷是個大國，如果我們利用阿根廷達成一個雙重承認的話，或許也是個好事情。他說我站在國家的立場、站在愛國的立場，不是為了保存我的職位。當時外交部就拍板接受，按兵不動，沒有準備斷交聲明。

那時候部長應該是換沈昌煥。雖然沈部長最支持漢賊不兩立的，但這個改變是老總統同意的。這一定是老總統同意的，因為阿根廷是個大國。不是像牙買加這種，爭取這種小國的雙重承認是沒好處的。你說我在外館，我怎麼會知道老總統同意，因為這種事情是要殺頭的。我相信一定是最高當局同意，這個電報才會來的。當時跟中共建交的時候，國內外交部就收到電報，不是來自阿根廷的，而竟是阿根廷駐臺北大使館的通知，說：「接到總統的命令，我們要降旗回國了，要撤館。」他沒講斷交的，只是講說要「降旗回國」。

外交部真的是很大的吃驚啊！馬上拍電報去給許大使說，你不是說建交不會影響我們邦交？許大使也大吃一驚。他跟阿根廷總統關係很好，馬上到官邸去找總統。總統才曉得，也大吃一驚，他說：這種事情竟然都不看總統的命令。

因為當時阿根廷的外交部長在國外。阿根廷的外交部跟巴西的外交部，制度不像是我們的制度，部長簽個簽呈給一個政務次長，說要出國一個禮拜，政務請人代行。巴西跟阿根廷的制度與我國相反，他們覺得你這個部長是我派給你的，你沒有權力派給別人，決定誰是部長，當然是由我指派該由誰代理。你說有沒有道理，當然有道理。那他們該派誰代理？找一個政務次長是不夠看的，我找另外一個部長代理你的職務，當代理部長。所以外交部長一出國就有另外一個部長出來代理。當時就是由內政部長兼代外交部長。這個內政部長也搞不清楚狀況，下面的人就說按照常例，跟中共建交，理所當然要跟臺灣斷交，所以這個電報就出去了。

Lanusse 總統知道以後大怒，決定收回。

所以我說，這個案子就是在世界各國當中唯一一個收回成命的案子。這個電報許大使就再告訴外交部，這是個誤會，是個烏龍。阿根廷也收回、召回，說這是個誤會。

這種情況一直拖了五個月，到 7 月發現什麼事情？這個 de Pablo 外交部長他拿了人家的錢了，他就去跟總統報告，說跟中共建交也是建交了，但是雙邊的關係完全沒有進展。總統問為什麼，不是說建交了就會有進展？de Pablo 也說，他也以為是這樣，但是只要臺灣在這裡，他就不來。中共說，只要 ROC 在這裡一天，他就不會過來。這個外長就說，這根本就沒達到目的。

總統說那這樣怎麼辦，怎麼收拾？疾言厲色趕他們走？大罵一場？互罵一場？

總統就把許大使請來，說這是迫於情勢，講了一句話，也是在外交實務上沒有過的，「我們分手，但一樣是朋友。」"We part as friends." 所以說我們這次沒有互相罵背信啊什麼的。從 2 月到 7 月，de Pablo 的好處恐怕早就得到了。

斷交之後，高級官員離開了，就是變成剩下一些行政的事務要處理。在這期間，許大使當然還是希望總統那邊可以轉圜。許大使也說得很清楚，我們就是要增加經濟、貿易之類的往來。中間還有一段，漏掉了。斷交以前有談，而且談妥了，可以在阿根廷設立 Taiwan Trade Office，有送文書過來。

這是外交史上，第一個由政府官方行文的 Trade Office。Taiwan Trade Office（Oficina Comercial de Taiwán），西班牙文沒有 trade 這個字，都是 comercio。就直接稱作 office，因為 centre 就差了一點，因為 office 還有一點官方的味道在裡面。中文就翻成：「臺灣商務辦事處」。當時還沒有設「代表處」。是因為那時在美國爭取代表處，因為華盛頓這個首都應該要有別於其他地方，所以我去爭取一個「代表處」，叫做 “Representative Office”。最後，我們叫做 “Taipei Culture and Economic Representative Office”。

有的是被趕出來之後才交涉的，阿根廷這個案子是在事前就談好的。我講另一個例子，法國就很慘，立刻要你走，我們被趕出來之後，什麼都沒有，也跟你沒有承諾。龔政定跟我是同屆的，派他去，並且以「留學生」（而非官方）的名義去。後來慢慢地去談，才談起來。阿根廷的這樁斷交，倒真的是透過官方文書跟我們談這些事情的。

當時要談斷交，當然是大使自己去談。由於我是副館長，在他走了以後，接下來的事項就是我去談了。

我把那裡住的房子，直接由外交部的使館，改成商務代表處，家具什麼的，搬都沒有搬，還在原來的地方。讓僑胞知道我們還在這個地方，也因為沒有額外的經費。外交部也接受，就繼續在那裡。許紹昌大使這樣很高明，真的很高明，所以回來以後他還能繼續外放，到義大利什麼的。這是阿根廷特別的經驗。

但美國當時不但沒有介入阿根廷斷交的這個事件，他們還很訝異。那時候我與美國外館的第二號人物，副館長叫做 Max Krebs。當我們之間要宣布斷交了，我就跟他說，我們館長還要去 office 進一步地 clarify。他就問，“Clarify?” 他就問我還要去哪一個 office，因為阿根廷外交部就是直接跟我們對口的單位。「你還要跑去哪裡 clarify ？」我說：「是去總統的 office。」他們美國外交官沒想到我們跟總統的關係不錯。後來撤回那個公文，他更是大吃一驚。

美國的使節完全沒辦法掌握這個情況。這些國家也不是全聽美國的，美國不是已經在搞 Kissinger 到大陸訪問了嗎？

日本看了，1972 年馬上不就建交了嗎？你船長都跳船了，乘客不跳船啊？

在聯合國裡面他們爭的只是聯合國代表權，你看那些承認我們的國家都是小國。講道德、講正義，不盡然嘛！

其實他也知道外部的情勢在變了，他總不可能等到大家都把我們趕出來才再應對。所以 1971 年的時候，斷交了很多個國家，不只是阿根廷。只要是不公開反對我們，就算是對我們友好的。

七、後話：Consistency（一致性）非常重要

（一）To be consistent，我們才代表中國

當初（1945 年）我們還在大陸的時候，成立聯合國。當時的這個「中國」，現在倒霉了，在內戰裡面打敗了，逃到臺灣來。在這以後七十年，突然間你說：「我不是中國！說我過去都錯了，要趕緊向世界各國道歉啊！我們之前都錯了，說的話都是廢話、都是屁話、都不是人話。我國當時佔據的『中國』這個席位，是對不起世界、對不起

中國人民。」可以這樣嗎？

我們現在還是要堅持，我們還是中國，當然是民主自由的中國。如果我們覺得，怕跟對面用一樣的名稱，說我們是中華民國，這樣是可以的。但是你不能怕跟人家一樣，就不要中國了，我們就讓給他了；可是你又不敢叫做「臺灣共和國」。

「臺灣共和國」只能是講給不知歷史的（年輕）人聽的。我真的是被年輕人搞糊塗了。我認為：中華民國當然還存在。像是這些承認我們的國家，都還是認為我們是代表中國的。你看教廷大使館在臺灣，上面拉丁文寫得是 “Internuntiatura Apostolica in Sinis” 什麼叫做 “Sinis”，就是拉丁文的「中國」。我們在教廷眼中，是真正代表中國的；要是改成叫做「中華民國」呢？教廷絕對說：「不行！我承認你是中國，中國只有一個，現在大使館在臺北。將來萬一不喜歡你，抱歉，我要搬到北京去了，牌子也不改。」我這話講完了。我不能跟那幫臺獨的人，講一些去中國化之類不合邏輯的話。

（二）原民史觀不通

什麼叫做「原民史觀」？你說這種話通不通？如果你覺得通，你要站在原民的角度來講歷史。但是講史觀要 consistent，要有一致性。我們要把這個土地還給人家，因為我們漢人是搶了人家的土地，我們都是違反正義的。比如說美國，會不會有人說土地是印地安人的，後來的白人搶了他的土地？那麼所有的白人，後來的黑人通通跳海。這就是原民史觀啊。不能嘴巴說要原民史觀，卻把原民推到山上去，不給他們組織政府，後來這個叫做原民史觀？這個不通嘛！

在理論上，是你佔據了人家的地方；在實際上，還繼續佔著。因此，這就不能叫做原民史觀。我們講話要有一致性，不能只在某一個場合講原民史觀，不能既說我是閩南人，來自大陸福建省，但是在另一個場合我又不講，改講是臺灣人，但又不是原住民，卻要建立「臺灣」國。

圖 9-1　在國家政策研究基金會小型會議室訪問陳錫蕃大使（2016 年 7 月 22 日）

圖 9-2　在國家政策研究基金會小型會議室訪問陳錫蕃大使（2016 年 7 月 22 日）

附錄：歐洲各國的發言[2]

附件 9-1　1971 年聯大歐洲各國代表在我國席次保衛戰上發言（9 月 27 日 10 月 13 日）的內容

9 月 27 日

芬蘭外長：

芬一貫立場為主張早日由中共「恢復權利」，對任何阻撓或延遲中共來會之議一概反對，倘本組織要對此事盡到建設性努力，即應排除一切障礙立即由中共「恢復權利」。

2　外交部編印，《中華民國聯合國第二十六屆常會代表團報告書》。

9 月 28 日

瑞典外長：

一向力主「恢復」中共「權利」，現終於可望實現，使中共八億人民能在一切國際機構取得其依法應有之地位，令人欣慰。

瑞典支持宇譚主張，認為東西德與其他分裂國雙方應一體入會，以達成普遍化。

法國外長：

一言及普遍化即想到亞洲，使人一面懷抱極大希望，一面感到極大恐懼，一面又需極大忍耐，懷希望者，乃在正如法國一向所期望，美國與中共現已進行必需而困難之交道，其後果必將影響今後全般國際關係，其過程亦必冗長，惟倘其目的不在敵對他人，當必有益於亞洲乃至世界各地鬆弛緊張與和平，本屆聯大依邏輯與現實判斷，或可終於結束有關中國問題之辯論，雖有人指出條條大路通羅馬，但就渠本人所知，由北平通到紐約僅有一條路，任何花樣不能改變此一事實，亦不能附會《憲章》，言《憲章》之所未言。

蘇俄外長：

對最近一般人所高談之美國與中共在考慮關係正常化一事，則俄認此乃自然應有之發展，蘇俄向主所有國家間之關係皆應正常化，一向反對侵害中國臺灣島之一切非法行動，反對剝奪「中國」在聯合國之合法權利，反對兩個中國觀念，反對雙重代表權安排，且將在本居聯大依此基本立場投票，惟蘇俄亦同時反對目的在敵對他人安全利益之一切政策，因此種政策增加緊張可能引起戰禍，為此政策作俑者必自食惡果。

9 月 29 日

英國外相：

「中國」孤立於國際社會之外過久，中共來紐與會當在會中添一強大呼聲，其來會將係一大進步，使本會真有代表性而真正代表世界權力均勢與輿論，以協調各方觀點達成公意。

冰島外長：

冰政府膺一切國家權利平等之原則，在本居聯大將支持中共之會籍，冰認不許七億人在本組織有代表一事係不公正而無益於和平，故贊成容納中共加入聯合國取得會籍接受會員國之一切權利與義務。

挪威外長：

欣見柏林達成協議及美與中共間解凍，顯示歐亞和平有望，美與中共關係彆扭已二十年，今一旦改變方向，盼從此棄嫌修好辦到東南亞弭兵息戰，而本居大會亦終可決定由中共「恢復」其在大會及安理會之「一切權利」。

10 月 1 日

荷蘭外長：

荷認聯合國要有效且更具建設性之首一先決條件為普遍化，荷與中共建交已逾二十年，盼能在本屆聯大歡迎中共來會，最近荷女王詔書即曾指出求減少世界緊張不能無中共參加聯合國。

西班牙外長：

西亦贊成普遍化願與一切國家修好，但認達成普遍化不應以犧牲任何人為代價，而應依《憲章》宗旨原則求之。

10 月 4 日

比利時外長：

最近有連串事實發生，顯示世界各地政治局勢已日益現實化，其首一事實即中共參加聯合國已迫在眉睫。

比利時由此達成結論，即本組織係以普遍化為基本目標，以力主中共應取得《憲章》所載屬於中國之席位，惟亦由於同一普遍化原則，吾人之邏輯與政策均要求一面能使未在會之分裂國各方都入會，一面復不排除遵守《憲章》之既存會員。

歐洲現為一大經濟商業力量，對世界現勢之考慮已使歐洲加速政治統一過程，鑒及美國刻在調整本身立場，「中國」亦熱心打入國際社會站住腳步，歐洲當亦不得不決定其本身在世界舞臺所宜取之地位。

南斯拉夫外長：

國際社會現更急切要求中共在本組織取得應有之地位，不僅為糾正過去不公正錯誤，抑亦為修正過去固執看法，以使現實感終於戰勝偏見，因此本屆聯大終可望辦到使中國代表權問題不再需列入議程，南認沒有兩個中國，只有中共纔能在本組織為中國人民之合法代表。

10 月 5 日

波蘭外長：

要想普遍化只有立刻「排我納匪」。

10 月 6 日

羅馬尼亞外長：

聯合國要有效能想達成任務必須所有國家都在會，中共被擯已使本組織蒙受損失，此種反常現象亟應糾正，現許多國家已紛紛積極求取與中共關係正常化，此一發展應充分反映於本組織對中共「合法權益」所採之態度，羅認中共是創始會員國有權取得現被人「篡奪」之中國席位，故經照舊聯署提案，要求立刻「恢復」中共之「一切權利」，羅認中國只有一個，臺灣是中共領土之一部分，且認中共是中國人民之「唯一合法代表」，至對兩個德國則羅認應同時入會。

義大利外長：

「中國」在國際間之影響分量日重，義多年來呼籲本組織普遍化，故本此精神贊成「合法代表」偉大中國人民之「政府」即「北京政府」在大會及安理會取得席位，且認尼克森決定與中共恢復久已斷絕之會談是一具有歷史意義之重大決定，盼其結果有益世界和平。

盧森堡外長：

贊成中國大陸七億五千萬人民來會並取得安理會常任理事國席位，盧認最近之演變顯示中共終可打破其孤立，可謂令人興奮之一大進步，惟盧同時亦認普遍化原則絕不可能經由排除一忠實會員國之方式達成，排除一千四百萬中國自由人民之政府不但破壞本組織基本原則，抑更將引起嚴重危機，扼殺中國問題將來和平解決之一線希望，盧切盼各方勿意氣用事，而應力持冷靜俾國共雙方終有一日經由建設性商談泯除歧見。

10 月 7 日

愛爾蘭外長：

本屆聯大將對普遍化邁進一大步見到世界四分之一人口來會，廿餘年前中國內戰之結果為有兩個政權對峙，一控有大陸，一控有臺灣，均自稱是全中國之唯一合法政府，其在臺灣之政權亦不自以為謹代表臺灣，惟事實上中共控有大陸七億多人口且是核子強權為一巨大力量無可置疑，中共已聲言倘另一政權之代表不離會則不願來會，但中國是安理會常任理事國，現在人人異口同聲無不認為此席位應予持有核子力量之中共，非由中共來取得負起責任不可，雖然過去此席是由另一政權所代表，多年來本容讓謙和態度在會，足為理事國楷模，吾人見其行將離席深表惋惜，但政治現實總是現實，當前問題為究竟誰有力量居此席位夠作中國之代表。至於臺灣問題則愛亦認係應由中國對峙雙方本身解決之問題。

10 月 8 日

烏克蘭外長：

聯合國必須真正普遍化，欣見大多數會員國均持此看法，烏支持兩個德國立即同時入會，並認應由中共立即「恢復權利」，至對美國等若干國家現設法想「蔣集團」留會而引烏克蘭及白俄羅斯之會籍為例一節，烏認為此種引證不倫，蓋烏克蘭自 1917 年起即依自由民意立國，嗣依民意加入蘇聯，與「蔣集團」之在外國帝國主義支持下將屬中國之一部分憑武力割據之情形不同，況烏《憲法》及蘇聯《憲法》已為國際承認使烏成為國際間之合法成員，烏認勉強將烏克蘭引為例證者並非不知其間情形不同，而係由於彼等自知所持「兩個中國」立場脆弱，故作強辯。

希臘外次：

今年中國代表權問題將從另一角度來處理，就希臘言，聯合國大會及安理會都只能有一個中國席位，問題只在承認誰有權居此席位，原本簡單，但倘若以複雜方式處理，則希不願負擔採取任何方式以導致僵局之責任，盼在將來審議本項目時，能對有關情形較明瞭。

10 月 11 日

白俄羅斯外長：

實現普遍化必須容東西德入會並排我納匪，並指稱美國務卿將白俄羅斯之會籍與臺灣相比為不倫，聲稱白俄羅斯係以重大鮮血抵抗納粹之代價而贏得為本組織創始會員之地位且經美國等承認，情形與「蔣集團」不同。

10 月 12 日

保加利亞外長：

尼克森派其助手訪問北平雖然意在挽救臺灣之席位，但趁此亦曾想挑撥離間北越，幸中共堅定未上圈套，至本組織要完全普遍化則首須中共「恢復權利」並容東西德一體入會。

10 月 13 日

匈牙利外長：

向主中共「恢復權利」，現見本組織中贊成此主張者日眾已占多數深以為慰，匈認只有一個中國，一個中國席位，不可能除中共外另有第二個中國代表團，臺灣當局亦稱只有一個中國，故臺灣問題應由臺灣當局與中國大陸方面自謀解決與大會無干，惟有各方一致採此態度始可形成政治氣氛有利中國代表權問題之合理解決。

附件9-2　1971年聯合國大會中歐洲各國代表（10月18日至10月25日）總辯論中發言的內容

10月18日

阿爾巴尼亞：

世界局勢現已發展至一階段，顯示大多數會員國均主張中共立即「恢復權利」，以符合現實及中國人民意願與世界和平安全之需要。

總辯論中許多國家均經強調三點，一為必需排除「蔣集團」以使中共可來會，二為中國只有一個不可分割，三為不能曲解現實，阿爾巴尼亞認為臺灣乃是中國之一部，其被「割據」是美軍第七艦隊庇護之結果，中共孤立乃係美、俄勾結抵制所造成。

繼極力誇張中共如何強大及如何支持阿拉伯、亞、非、拉丁美洲各地人民「反帝」、「反殖民」之努力並對之經援）現與中共建交者日增，可證美國孤立中共之政策業已破產，阿爾巴尼亞認為中國領土主權不可分割，要中共「恢復權利」非排除此刻據有中國席位者不可，盼各方勿支持美干涉中國內政分割臺灣之企圖而助其合法化以自毀《憲章》，尤其勿留「蔣集團」在大會以阻止中共來會致使本組織受危害，蓋本組織現只討論中國之代表權問題，與會員除名問題毫無關聯，請即通過阿案並打銷美兩案。

阿爾巴尼亞（第二次發言行使答辯權）：

美國代表今晨發言對阿爾巴尼亞有所指責固無足怪，事實上中共二十餘年被擯全係美國所一手造成，而阿則主張「公道」，自為美國所不容。

烏克蘭（亦為行使答辯權發言）：

美國以烏克蘭作雙重代表權案例證於法理不合，蓋臺灣今日是在外力卵翼下之武力割據局面，而中國只有一個，烏克蘭則自 1922 年即立國，在其依民意決定參加蘇聯之前即已是國際單元，烏認美作此不倫比擬意在掩飾其阻撓中共入會之花樣。

10 月 19 日

冰島：

中共此一人口最多國家入會可將孔子學說之影響傳至本組織，冰贊成一切人民與國家參加本組織，故歡迎中共亦來會。

芬蘭：

今年本案氣氛與往年迥然不同，不但承認中共者均贊成中共來會，目前各方所爭者只是如何辦到使中共來會之方式問題，對此芬一貫立場單純，向認中共是中國「唯一合法代表」，故將贊成中共「恢復權利」而反對其他一切草案，蓋中國只有一個，本組織不能自毀《憲章》原則作不合法理之雙重代表權安排，事實上縱作成此安排而中共必不來，故此安排不是解決辦法而只是阻撓中共之花樣。

10 月 20 日

瑞典：

稱本案其實簡單，只是決定應由誰代表中國此一久已在會且為安理會常任理事國之創始會員，瑞典早已承認中共，答案明顯，且認雙重代表權安排破壞《憲章》後果嚴重，故將反對該項安排及其他任何程序或實質性足以阻撓中共來會之提案。

丹麥：

盼今年此次辯論可開啟中共來會之門，丹自中共成立後即予承認，認只有一個中國一個中國席次，此不涉及會員國除名問題不是用《憲章》第十八條第二款之規定，只有一代表權屬何政府之問題，任何混淆此根本問題之手法皆對本組織有害。

法國：

本組織無中共參加即不可能有效解決一切重要問題至為明顯，吾人實不能再延遲承認中國之「真正代表」，蓋中共乃是「唯一有能力代表中國人民執行會員任務之政府」無可置疑，上屆聯大已有多數會員贊成由中共「恢復權利」，故現已不應再用程序花樣作阻撓，中國只有一個，絕不能有兩個代表團，法堅決反對一切此種提案，只主張用單純多數立即通過阿案。法外長業已在總辯論中明白指出由北平通到紐約之路只有一條，別無他途可循。

波蘭：

此事波蘭第二十二次在大會發言要求「接受中國革命之成果恢復中國人民之權利」，中共現已與大多數國家有邦交及貿易關係，臺灣乃是中國一省，中共8月20日聲明已明確表示不能接受一中一臺安排，此是單純程序證書問題不需三分之二多數取決，美國在安理會中即曾採程序證書立場，不應自相矛盾，故波支持阿案反對其他一切阻撓花樣。

南斯拉夫：

最近世局演變已使本問題之解決更迫切，現各方咸盼澈底解凍，各國不再各分陣營壁壘對峙，在此情形下尤不應在「恢復中國人民權利」之前加重人為程序障礙，中共擁有核子武器，各方刻正加強禁核子武器努力，唯中共參加此一努力始可望有成果，何況縱然中共從未到會，其無形力量恆在大會會場每一角落普遍感到，故除通過阿案外別無他途可循，以此南斯拉夫今年參加聯署阿案，以切合此一現實，南堅決反對雙重代表權安排，認此安排超越本組織職權而具破壞性作用，其實本案毫不涉及除名問題，中國如何解決其本身內部之問題應是「中國合法政府」之責任，本組織不能憑空虛構問題以橫加阻撓。

蘇俄（激烈攻擊美雙重代表權草案，指為支持「神話」）：

俄向認目前「非法」佔有中國席位者不代表任何人，臺灣不是中國而只是中國之一部分，「蔣集團」全仗美軍力支持保護纔維持至今。（繼引述俄外長總辯論演詞）不管俄與中共領導人之間關係如何或有時有何思想上之爭論，但俄始終一致堅決反對干涉中國內政分割中國之臺灣島，反對雙重代表權安排及連帶程序阻撓花樣，堅決主張以單純多數決定由中共「恢復權利」並排除「蔣集團」。

匈牙利：

匈牙利之一貫主張眾所共曉不庸在此多贅，惟須指出美雙重案非法而有其危險後果，是本其過去一貫想造成兩個中國目的之變相花樣，即如以前美國從未講過普遍化，今竟改口以適合其新花樣，足證其不具誠意，匈認人人有責拆穿美國此等花樣以排除障礙，促成中共「恢復權利」。

荷蘭：

日來已仔細傾聽各方意見，深感本案關係重大，荷認當前三草案均不盡滿人意，認此事原應請祕書長聘數局外高明客觀人士仔細研究透澈後提具建議再作審慎區處，惟荷既不欲提此草案，雖不認為投票決定是好辦法，但亦惟有參加投票，荷要先指出荷承認中共後中華民國外交人員即經自行撤離之事實，荷女王最近詔書及荷總理咨文均稱盼中共早來會，荷亦認當前事實有二基本要素，一為擁有一千四百萬人確實控制臺灣等幾大島嶼之政府乃是現實存在之主權體，二為依普遍化原則將來應有一能顧到臺灣人民意願之安排，同時荷尤其認為不管大會將來作何決定，皆不能容許大陸對臺灣採取任何強暴之使用武力行動，荷蘭此時固不能預見臺灣人民前途命運究竟如何，因其間有各種可能性存在，惟荷蘭既已承認中共是「中國唯一合法政府」並與之有外交關係，自不能支持認為中國另有一政府亦同樣合法之提案而願見中共能到會，在此情形下荷雖不贊成在未澈底調查事實前即將一久已在會之代表團排除，但亦不得不支持阿案認只有一個中國之立場，並認美雙重案有法律上疑義自相矛盾且具延阻中共來會之作用，故荷蘭將投票贊成阿案而對美兩案棄權，至對將美重要問題案先付表決之動議，則荷主公平審議之旨將予贊成。

10月21日

羅馬尼亞（極力誇中共之「成就」及「力量」與對和平之「貢獻」，過去使中共孤立為不當）：

中國只有一個，必須立即以單純多數通過阿案並打銷一切阻撓案，蓋本組織由會員國組成是以國家而不是以政府為單元，自不容許有兩個政府之代表同時在會代表同一國家，新代表取代老代表亦不涉除名問題，不是用《憲章》第十八條第二款之規定。

挪威：

一貫主由中共「恢復權利」而不加任何障礙，且認臺灣問題是另一問題，應由中國自行解決而不可能亦不應由大會投票表決，故挪威支持阿案並反對其他各案。

捷克：

只承認中共有權代表中國故支持阿案而反對其餘草案，尤認美雙重案之審議無中共在場參加討論是干涉中國內政而預斷臺灣問題前途，捷克不能支持。

英國：

本案今年是在一充滿希望之氣氛下討論，一則去年已有多數會員國贊成中共來會取得中國席位，二則尼克森宣布訪平使和解有望，現各方無疑僉同意中共應來會取得中國席位，只有一項連帶問題使本組織仍陷分裂，英國基於1950年1月承認中共是「中國唯一合法政府」之立場，一貫支持阿案，並反對任何雙重代表權安排及任何其他延阻手法，英認根本不涉及任何除名問題，目前本組織急需中共此一核子強權來會，自越少障礙越早實現愈好。

10月22日

保加利亞：

目前情況清晰顯示大多數會員國都盼中共立刻「恢復權利」，想加阻撓者縱加障礙至多可暫阻一時必是徒勞，今美案既認在安理會可排除此刻中國席位之佔有者以使中共取得常任理事國席位，則在大會自亦可同樣辦理而毫無理由在大會憑另空添一座位，事實上目前主題為如何可排障礙使得中共能來會，中共8月20日聲明已講明不能容許任何兩個中國或一中一臺安排，倘有此安排則決不來，由此益明美雙重代表權案毫無法理依據目的只在阻撓中共「恢復權利」，本案不涉及除名問題，保盼各方打銷美兩案通過阿案。

10　也談聯合國席次保衛戰　某資深大使訪問紀錄[1]

時　間：2016 年 2 月 4 日

地　點：臺北市國父紀念館前咖啡廳

主訪者：朱浤源

陪　訪：楊力明　劉奕伶　黃種祥

記　錄：黃種祥　朱麗蓉

訪問紀錄

一、陸以正大使與韓戰

陸以正大使畢業於政大外交系，早年在新聞界服務了一段時間。韓戰時，他曾被派往韓國。當時我們跟美國的關係非常特殊，由於蔣公跟總統李承晚關係非常好，我國是很想幫助他們的。

那時，我國派了為數不少非常優秀的年輕人到韓國，以翻譯官的名義去幫助盟軍，其中有些人真的只是做翻譯的工作，但真正重要的任務其實是情報的彙集。因為有很多中共的戰俘，尤其是比較高層一點的，他們守口如

1　這位大使要求不具名。但是，本訪問計畫執行之所以順利成功，這位大使居功最偉，從本計畫主持人朱浤源研究員倡議之始，他就不厭其詳地提供知識、經驗，並指導切入外交部諸位大使以及切入相關部門之法。

瓶，需要打開他們的心扉，獲取有價值的情報。最後，這三萬多名戰俘當中，有一萬四千多名以「反共義士」的身分來到臺灣。

這場戰爭持續到 1953 年，艾森豪就任總統後就停戰了。因為他競選時，提出勝選立刻停止韓戰，不讓美國子弟兵再犧牲的政見。畢竟後來戰爭進入拉鋸，雙方勝算都不大。

二、「跟魔鬼握手」的必要

珍寶島事件之前，蘇聯應該曾有相關指示，所以 1965、1966 前後那幾年，蘇聯有些外交人員主動接觸我國的駐外人員。一些東歐國家像東德及波蘭、捷克的外交人員也有採取相同行動者。那些共產國際的國家與我方接觸，像是有訓練過一樣，不管是接觸的方式，或者是話題的選擇幾乎都如出一轍。當然，我方都是被動被接觸，畢竟不應主動。1960 年代我們的國策是反共抗俄，除非有任務，外交人員不會主動接觸蘇聯那邊。

當時還曾有我國的駐外人員，受到蘇聯主管領務的人接觸。例如在某地，第一次是在公開的場合，對方主動過來聊天，好像熟識一樣，到了另一個場合又巧遇，就邀請一同用餐，並且表示任何時間、任何地點都可配合，不讓這位同仁有推卻的機會。最後在相遇的場合，直接邀請，問他要不要到莫斯科走走。那位駐外人員表示，我是拿外交護照的。對方竟表示：沒問題，隨時可以安排。

至於駐墨西哥大使陳質平，是否代表我國接觸蘇聯這個問題，我毫無所悉。但以他的背景來說，如果真有接觸，我是不懷疑的，因為他對國家的貢獻很大。他擔任第一任駐菲律賓大使期間，就促成了讓當時退隱，沒有公職身分的蔣公，有了出國訪問碧瑤的行程。蔣公當年只出訪過兩次，一次是前往南韓與李承晚見面，一次就是這次到菲律賓會當時的總統季禮諾，但以我們跟這兩國的關係來說，與季禮諾的晤面會更重要一些。

過去曾經駐菲律賓的大使當中，優秀的人物很多，像劉楷、杭立武、陳之邁、段茂瀾等，但其中只有陳質平能進總統辦公室不用經過通報，可以不用約時間，就直接進去面會總統。他與蔣公的關係深厚。他若受命與蘇聯接觸，他有能力辦到，但有沒有？是對方主動，或者負有任務？就不是我能知道的。

經國先生後來採取三不政策，但當時還沒有開始。我個人認為，我國跟蘇聯維持一點接觸的態度是正確的，保留與他們來往的空間。「跟魔鬼握手」，我不清楚這是國家政策，還是周部長自己的意思；但這種態度的確推遲了美國與中共建交的時間，若非我國與蘇聯略有接觸，美國有所顧忌，其與中共的關係可能進展更快。美國知道周部長這項談話之後，其大使馬康衛馬上求見蔣公。可能有施壓的動作，但他們也知道蔣公擇善固執，太過分會達到反效果。

三、聯合國席次保衛戰（政策與戰略面）

在聯合國席位保衛戰的最後一年（1971），當時國剛大使是條約司副司長。戴瑞明大使[2]則剛進部不久，在北美司。之前魯斯克國務卿到訪臺北時，態度平和，立場也中規中矩。墨菲（Murphy）來訪，但層次沒有他那麼高。其實1960年代後半，美國在華沙會談，常會對中共做出若干讓步，或拋出一些好處，或者說橄欖枝。

到1971時情況比較複雜。當時的局勢很明顯，豬羅灣事件後，美國在冷戰中居於下風，對蘇聯處處吃虧，甚至到後來，蘇聯的飛機可以經過幾個地方，停下來加油之後，轉飛到古巴。那些年，很多新興國家的領導人，尤其是非洲、拉丁美洲，都嚮往社會主義。蘇聯在中東，還有非洲，尤其是北非跟東非，拓展關係非常順利。他們的各種飛機，包括貨機與轟炸機，能從塞爾維亞那一帶，直飛到東非，再往南轉莫三比克、安哥拉，中間若再找個落足點，就能轉飛古巴，到達美國的後院。不只戰略上讓美國十分緊張，另一方面，美國在聯合國大會投票上，也越來越吃力，[3]不像之前提案多能輕鬆過關，越來越多的國家左傾，使蘇聯占據上風。

2　編按：戴瑞明大使於1968年9月任外交部北美司專員；1971年是常駐聯合國代表團的三等祕書。請參考本書的〈戴瑞明大使訪問紀錄〉。

3　編按：我國也跟著吃力。詳見〈龔政定大使訪問紀錄暨追憶楊西崑次長〉，以及其後豐富的各個附件，尤其是「非洲先生」楊西崑次長的相關資料，非常重要。從中看到我國爭取非洲各國奧援的辛苦與無奈中，又不得不賡續努力的細節。

而中共與蘇聯之間，又有新發展。曾聽說中共當年八二三沒打下金門，毛澤東向史達林要原子彈，蘇聯斷然拒絕，使中共懷恨在心，埋下中共與蘇聯最終決裂的因子。但共產主義當時在中美洲、非洲越來越興盛也是事實。周恩來有一次到坦尚尼亞訪問，提到世界人民革命形勢一片大好，這的確是事實，當時共產國際對開發中國家的影響力很大。

珍寶島事件之後，不，其實早在大約 1963、1964 年，詹森接任總統不久，美國早已察覺中共與蘇聯之間有矛盾，甚至起紛爭。這種觀察後來被證實，於是美國決定拉攏中共來對抗蘇聯，並且分化共產國際。多年之後波蘭轉投美國陣營，就是美國成功的例子。在這種情況下，美國在華沙會談中，就常常釋出善意，一次比一次更有深意。

當然我們那時也看出美國的政策，是尋求與北京之間的低盪，[4] 甚至爭取中共的支持，尤其到了越戰的後期，美國知道自己已經深陷泥淖，對中共的示好就更明顯，至少要讓中共不再支持北越，他們在越南的壓力就可以減輕許多。這是當時國際間的大形勢，但也讓我國的外交處境越來越困難。

當時臺灣各方面發展迅速，突飛猛進，經濟越來越發達，技術也進步，從輕工業往重工業發展，對外貿易也製造很多的外匯，過去我們外匯極端短缺，那時已非常充

4　編按："Détente" 係國際關係專有名詞，原文係法文。中文譯為「低盪」，十分傳神又發音相似，成為信、雅、達之典範。

裕，可見爭取到的幾年十分關鍵。

中共跟美國建交也不是沒有缺點，他們跟第三國際的關係變差，與莫斯科對話的籌碼也少了，就像一個人還沒結婚的時候有行情，結了婚就沒價值了。不能否認的是，尼克森當時訪問對岸是出乎我意料之外。

四、聯合國席次保衛戰（戰術與名義方面）

為了守住聯合國席次，1960 年起，我國也加倍努力拓展非洲盟邦，以及其他發展中國家的關係。其實我國在這方面真的很努力，許多外交人員貢獻都很大。尤其楊西崑大使對聯合國席次的保衛與外交關係的拓展，極其有貢獻。但當時不管是非洲或者中南美洲的開發中國家，擔任駐聯合國大使的這些人，在國內的地位多很高，例如前任總理之類，至少都是外交部長以上。因此常常搞「將在外，君命有所不受」，政府對他所下的命令，他未必全盤接受，就很難掌握他們手上的票。

我想其他大使應該也都有提到，我們常常得派人盯哨，用人盯人的方式，盯著他們去投票，這也是不得已的方式。我聽其他同事說過，[5] 有的代表真的會來尿遁之類的招式，輪到他投票時，就說急著要上洗手間，我們總不能不讓人家去，但他沒投票我們就少了一票。

至於當時的聯合國決議中，為何只說驅逐「蔣幫」

5 編按：還有許多當年在大會現場的官員，泰半是後來的大使，尚未接受訪問。

及其代表，而不提中華民國，這問題很簡單，因為議案是親中共的國家，如阿爾巴尼亞等提出，[6] 當然使用不友好的稱呼。何況當時我們與中共爭的是中國的代表權，北京政府與臺北政府爭奪中國的席次，他們自然不可能稱呼我們「中華民國」，而是用「蔣幫」。

那一年，美國盼望能採用雙重代表權之類提案，讓我國退出安理會但保留大會席次，最初我方當然不願接受，尤其即使我們委曲求全，中共也不會接受，最後結局還是一樣；英國大使也不看好，認為海峽兩岸都不會接受這種提議。到情勢急轉直下以後，蔣公願意讓步，只希望在大會留個席次，但已經時不我予，北京則始終不接受兩個中國。

不管我們這邊或者大陸，都認為蔣先生堅持漢賊不兩立，這是沒有錯的，但最後到了危急存亡的關頭，他也不得不妥協。只是，北京絕不允許兩個中國同時在聯合國出現，自然美國等提議的雙重代表權案，和其他成立委員會等提案，始終不可能實現。

朱教授事前提供的問題中，我個人有一在意的，是當年退出聯合國時，周部長率代表團是「退出」或「退席」這一項。這可能得去查查當年聯合國的會議紀錄，和外交部的檔案。當時周部長的英文演講詞很清楚。當然大家都知道最終大家的解釋是退出聯合國，畢竟當時的形勢

6　編按：參見戴瑞明大使訪問紀錄的附錄。

我們只能這樣做。臺灣在極度不利的外交處境當中，外交人員真的很辛苦，也很努力。

但周部長當時的意思是「退出」或「退席」？就算是「退出」，指的是退出聯合國大會，抑或是該次會議，也宜確定。我國退出之後，中共全權代表的證書很快被接受，包括安理會及大會的位置都被確定。個人建議，若要搞清楚這個問題，有三份資料要調閱：第一份是聯合國的會議紀錄，第二份是我國事先準備好的聲明稿，最後是臺北這邊正式的公開聲明。[7]

五、其他

芮正皋大使在 1960 年，在馬利擔任代辦，他與對方外交部長談得很投機，又跟司長也談得很好，臨離開時，還跟外面的門房聊了一陣子。[8] 他的報告上寫，不要小看對方現在是個門房，搞不好過幾年他就是外交部長。畢竟當時那些發展中國家，形勢變化真的難預料。我們的外交網最好佈得又深又廣，甚至得有遠見。後來馬利分裂為二，一邊叫塞內加爾，與我建交。馬利則與我國斷交。

中南美洲基本上是美國的後院，多數國家美國都能操縱，或至少能夠影響。李南興擔任海地大使十幾年，交

7 編按：我國外交部有詳細紀錄。茲將亞洲國家之代表，在國家級意見說明會（附件 10-1）以及其駐聯合國代表接續於總辯論時的發言（附件 10-2），日本以外，全部臚列於本訪錄之後，以饗讀者。

8 編按：〈戴瑞明大使訪問紀錄〉裡面，也動態見證與描寫芮正皋大使的成功，以及辦外交的辛酸。

遊廣闊，對海地政局的風吹草動，都能事先收到情報。當時海地政治不穩，接連發生幾次選舉跟政變。其中一次政變之後，美國大使明白李南興對海地了解很深，直接問他該找誰出來當總統；當時李大使推薦了一位女性，不久之後果然她就被推上臺擔任總統，可見美國的確有隻背後操控的手。

日本在我國退出聯合國的保衛戰當中，角色不太重要，當時日本對外的態度只附從美國，而且他們對亞洲的各國基本上沒有甚麼影響力。[9] 張羣親日，意見可以直達蔣公，很多事情可以自己拍板決定，影響力與蔣夫人並駕齊驅。蔣公很倚重行政院長陳誠，在財經界，很多人都是他培植、提拔的。嚴家淦則擅長調和鼎鼐，也比其他人能夠體察上意。

至於最後一任駐美國的大使沈劍虹，雖有人將他歸為夫人派，但我認為未必正確。沈錡出身官邸，應該屬於官邸派，與經國先生關係很好。

大陸變色後，我國在法國的館長，地位只是代辦。陳雄飛表現很不錯。當年駐法大使投共，他以一等祕書的身分，帶領同事堅守使館，並未離開。為國家守住了館產，邦交最終也沒有失去，而且一直維持到 1960 年代。

最後，我建議，要查聯合國保衛戰或其他的資料，可以加一個：前往華盛頓 D. C. 的國會圖書館。那邊的資

---

9 編按：日本當年默默地深層運作，以幫助我國。請參考林尊賢大使訪問紀錄及附錄。

料十分豐富，也有很多相關的研究報告。

附錄：亞洲國家的發言[10]

附件10-1 1971年聯大亞洲各國代表在我席次保衛戰上發言（9月27日至10月13日）的內容

9月27日

印度外長：

本組織面臨之最大問題首為中國代表權問題，印度一貫認為只有一個中國，一個中國席位，惟中共始有權為其代表，印度多年來不斷呼籲唯有中共來取得中國席位本組織始有效能，認為今已不能再作拖延。至關於分裂國家，則印度依普遍化之原則，主張容納分裂國雙方一體入會。

亞洲若干國家經濟發展及工業化頗速，漸形成新政治均勢，現今不但亞洲國家彼此間之關係有改變，即亞洲以外之許多國家亦在努力要與「中國」等建立新關係，印度對此發展已具敏感，正在適應此一重大改變調整本身態度。

裁軍禁核子問題，盼中共、法國參加努力。

---

10 資料來源：外交部編印，《中華民國聯合國第二十六屆常會代表團報告書》。

伊朗外長：

中共願與世界各國交往乃是亞洲和平安全之最重大發展，伊朗歡迎美總統訪問「中國」之舉，確信其效果大有益於世界和平。伊朗認為中共之來會使本組織多年來所受最大障礙得藉以排除，蓋本組織要有效能絕不能將世界最多人口國家除外。伊朗現已與中共建交，伊朗及其他許多國家作此努力，乃係達成本組織普遍化之希望所寄託，伊朗之基本立場有三：一為承認中共為中國唯一合法政府，二為認中共應取得其在聯合國有權取得之地位，三為認中共應取得其有權取得之安理會常任理事國地位。伊朗且深盼中共、法國參加裁軍禁核子之努力。

9 月 28 日

寮國總理兼外長：

寮國是中國鄰邦，故對美總統宣布訪問中共並與中共作建立關係之努力至表歡迎。盼此行訪問所作之商談可達致鬆弛緊張，有以締造亞洲之和平與安寧，尤盼雙方棄嫌修好，共為世界前途攜手努力。寮認除非中國七億人在會本組織談不到普遍化，此七億人不僅有在會之固有權利，且亦確有力量為《憲章》盡力，故寮國支持中共入會並為安理會常任理事國。

9 月 29 日

黎巴嫩外長：

中共來會有助於國際合作及和平安全，使本組織可賴以達成本身目的與理想。

9 月 30 日

泰國外長：

亞洲和平非但未至絕望程度，抑更已露一線曙光，各方雖對美總統將訪北平之消息議論紛紜，但太平洋兩岸有經驗之人士則均採極為審慎態度。泰國盼此行訪問所作之會談可對會談雙方間之關係產生良好效果，俾有益於亞洲和平，尤盼其後果不涉及任何未在場參加會談者之權益，如此庶幾可真正促成亞洲局勢之轉機。蓋今日亞洲所需要者，為擺脫過去勢力範圍之舊觀念及由少數強權把持局面之舊作風，不能再容許有輕易犧牲任何人以饜若干強權慾望之情事發生。至對中國代表權問題，則泰國今年已參加聯署提案，贊成中共來會並取得安理會席位。泰國之出此，全係為亞洲尤其東南亞和平大局著想，深盼中共來會之後，能一如其他會員國遵守《憲章》權利義務並尊重鄰邦之主權獨立，不再支持他國內部之顛覆叛亂分子，至對中華民國，泰亦同時支持其繼續留會，泰國採此立場並非基於所謂兩個中國構想，而係由於一則泰與中華民國邦交素篤而與中共從無關係，二則泰認分裂國家之一時分裂乃係過渡現象，國共分裂與其他分裂國家之情形並無不同，理應一視同仁。泰國恪守尊重他國主權統一之國際法原則，認為現在國共雙方既均認只有一個中國，則唯有國共雙方本身纔有權尋覓解決辦法，外人不能干預。目前本組織所能為力者，只有忠實反映國共並存之現象及國際生活之實際情況，殆為唯一可行辦法。

10月1日

馬來西亞總理兼外長：

美總統將訪大陸係亞洲解凍之前奏，渠本人雖對此行之結果不抱任何幻想，但認必須把握此機會，使亞洲乃至世界前途改變新方向。強權間彼此會談固為可歡迎現象，但亞洲其他國家絕不能袖手旁觀自處局外，而應設法有以促成亞洲之新均勢與安定，故馬主張東南亞中立化，認此為唯一可行之長治久安辦法，至對中國問題，馬認只有一個中國，一個中國席位，故反對雙重代表權安排。馬認中共係中國之合法及事實政府無可置疑，故拒絕接受謂中共來會涉及排除現有會員之觀點，因其間根本無排除會員之問題存在，是以阿爾巴尼亞草案最接近馬立場，倘無其他較此更接近馬立場之草案，則馬將投票支持阿案。惟臺灣問題乃係另一問題。馬認應由有關各方自求解決，並盼能經由顧到臺灣人民意願自決之辦法和平解決。

10 月 5 日

敘利亞副總理兼外長：

求現實普遍化即應立刻由中共取得其以中國政府唯一合法身分在本組織一切機構應有之席位。

巴基斯坦內政部長：

欣見尼克森宣布訪華，認美國求與中共關係轉為正常化將是國際現狀新機運之起點。盼中共本屆聯大即可取得其在本組織依法應有之地位，巴認雙重代表權案將創一由兩個敵對政權同時在會代表同一會員國之惡例，巴對此案堅決反對，且認臺灣依歷史及國際協定既係中國之一部分，則要求「臺灣代表」離去並非將任何合法政府除名，不應是需三分之二多數始能取決之問題，舉凡求本組織普遍化、求大國和解、求加強國際安全、求消除殖民帝國主義、求核子裁軍等，在在均不可少中共參加，且雙重代表權安排亦為中共拒絕，故除立刻「恢復」中共「一切權利」外無他途可循。

10 月 6 日

土耳其外長：

巴林等入會使本組織之普遍化又進一步，在此方面土耳其盼今年見中共來會，認此事必可增強本組織並促進各國友好關係及合作。

尼泊爾外長稱：

美國求與中共修好有助於弛解緊張，尼泊爾為之喝采。固然目前對尼克森訪平所將作之會談有何結果無從揣測，但此訪問本身即顯示「中」美兩大戰時「盟友」間久已存在之事實，敵對狀態已終止，其關係之正常化自將為太平洋帶來真正和平，尼一貫支持「恢復」中共之「一切權利」。茲見同採此看法者日增，頗感欣慰。事實上本組織多年來之一切失敗無不與排擯中共有直接關連，故尼已參加聯署提案要求將中國一切席位立刻「無條件恢復給予代表絕大多數中國人民者」，並決心反對足以延阻中共來會之一切花樣。

10 月 7 日

伊拉克常任代表：

只有由中共「恢復權利」纔可望世界安全，故伊拉克已與他國聯署為此提案，伊認舉凡兩個中國或兩個席位之議皆係志在阻撓中共來會之花樣，根本與想和中共關係正常化之意願互不相容。

高棉外長稱：

尼克森最近宣布將訪北平與中共進行建設性之商談乃係一大積極主動步驟，可促進和平機運而有助於本地區之緊張弛解，使大國小國同受裨益。

高棉依《憲章》精神支持普遍化原則，認一切國家都應在會遵守《憲章》及國際法，以此不反對中共入會，惟依同一普遍化原則高棉堅決反對一切包含排除忠實會員中華民國主張之草案。

10 月 8 日

緬甸農林部長：

中共有世界四分之一人口應在會。緬認製造兩個中國問題以阻撓中共取得其有權取得之席位係違反現實，且認將一個國家之領土割切分屬兩個政府係不道德，故緬甸承認中共之「中央人民政府」為「中國唯一合法政府」，切盼本屆聯大一舉解決由中共「恢復合法權利」之問題，各方不再對此事因政治影響或思想立場不同而意氣用事，惟有如此才可有利於國際和平安全與合作。

「偽蒙」[11] 外長：

聯大為達成普遍化，即應在本屆大會即排我納匪並納東、西德入會。

菲律賓外長：

亞洲正揭開一新現實時代，其間中國代表權問題之關係最為重大。過去菲律賓雖曾反對中共入會，但在新現實情況下菲經重新考慮立場，業經決定以菲總統本年 1 月

11 編按：1971 年的用語。我國現在已經承認蒙古國，並且相互派有代表。

25 日對菲國會之咨文為基礎，該咨文內稱亞洲正生巨大變化，當急劇改變世界本地區之傳統觀念，菲國 1971 年之外交政策主要目的在適應現實，以國家利益為前提一面尋求新友邦一面加強與舊友之關係。菲國此一咨文發表在尼克森宣布訪平之前。菲國已基於此咨文之立場尋求與蘇俄及東歐各國關係正常化，並支持在不剝奪中華民國會籍之條件下容納中共入會，菲立場是現實立場，承認有兩個中國政府同時存在俱自稱是中國代表之事實，一面中華民國自本組織創始起即在大會及安理會等一切聯合國機構代表中國，其代表權過去且經大會年年確認，然在另一方面，自 1949 年起中共即控有大陸，中華民國控有臺灣等其他中國領土，各獲相當外交承認，最近情況顯示中華民國現與五十九國維持外交關係，其中五十六國係本組織會員國，中共則與五十五國有外交關係，在此種事實情況下，自不易有簡單明瞭之解決辦法，是以中國代表權問題困擾聯合國達二十年。去年菲即曾宣稱無意永久反對中共來會，但盼中共本身能改弦易轍以符合《憲章》之言行來夠上會員資格。菲認無論如何中共必須遵守聯合國之條件來入會，而不應似其目前所為叫一夥傳聲筒轉而對聯合國課以條件。儘管中共強大，亦大不過聯合國。菲律賓坦白接受客觀之現實情況，認為唯有由中共與中華民國都在大會及聯合國其他機構各有席位。至對安理會之中國席位則以中共有人口七億五千萬，菲可接受由中共持有此席之安排，唯在任何情況下均不得包含任何直接或間接排除中華民國會籍之因素。此種排除不但對一始終守《憲章》不渝之創始會員不公，況中華民國有一千四百餘萬人民，人口較在座三分之二會員國多，且進步穩定經濟發達，絕不容予以忽視。中華民國過去一直在會之完美紀錄，是歷史事實，無人可一筆抹殺，其經社制度是另一種體系亦與中國大陸迥異，菲認任何含有排除中華民國因素之議皆絕對是《憲章》十八條所稱重要問題，必須三分之二以上多數始能取決。

科威特外長：

今年初即與中共建交，此乃雙方久有良好關係在經濟貿易交道上所獲成果，故科贊成由一向支持阿拉伯對巴勒斯坦問題立場之「中國人民」入會為中國之唯一代表，確信中共入會可使本組織有效能，而裨益全世界，尤其東南亞地區之和平。

10 月 11 日

新加坡外長：

中國問題向被認是無法解決，現竟有解決之望。新認中共來會可使本組織真具代表性，蓋世界四分之一人口不在會，不僅危及本組織之穩定，且中共有原子武器更增危險。惟此事前途仍然難關重重，倘本屆聯大仍不能解決亦非出人意外，新盼各方均採明智政策不堅決要對方完全屈服投降。新所持立場為只有一個中國，現有中國席位應屬中共，即臺灣之政府亦稱臺灣是中國之一部，故臺灣問題只有由中國雙方本身解決，惟中華民國過去廿六年都在聯合國負責任守《憲章》不渝，以此新對阿爾巴尼亞草案之主旨雖表同意，但對其內中包含不必要之嚴酷處置部分深表遺憾。

南也門外長：

　　盼偉大中國人民之「唯一真正合法代表」本屆即可來會並排除「臺灣之代表」。

阿富汗外長稱：

　　中國係阿富汗鄰邦，阿富汗為最先認清現實承認中共為「中國唯一合法政府」者之一，自盼中共在聯合國及一切國際機構「恢復權利」，阿富汗贊成世界裁軍大會主張，盼中共亦參加此會。

10 月 12 日

錫蘭總理兼外交及國防部長：

　　對中共、美、俄、西德等各方所予錫蘭之經援表感謝。

　　錫蘭為六十個不結盟國之一，欣見世局漸變冷戰解凍，如美總統之宣布訪問北京及柏林問題協商等均令人鼓舞。錫深盼本屆聯大即最後一舉解決中共「恢復一切合法權利」問題。中國是創始會員及安理會常任理事國，錫一貫認為自「蔣集團」被推翻逃居臺灣後，中國即改名為「中華人民共和國」，故不能再忽視現實而應立即排除「蔣集團」並由「真中國之真代表」取代。錫認臺灣既從無會籍，自不涉及任何除名問題。

印尼常任代表：

對美匪關係好轉表欣慰，認於亞洲和平及越戰和解有益。

印尼對中國代表權問題之立場係以普遍化原則為基礎，自從該問題發生以來印尼之立場即一向認為只有一個中國即「中華人民共和國」，故本組織包括安理會在內之一切中國席位應屬其持有。儘管目前印尼與其邦交中斷，但此一立場始終不變。印尼認為雙方關係正常化惟有依雙方均簽字之〈萬隆會議宣言〉中，互不干涉內政及尊重主權原則解決。印尼盼中共來會後可採負責任態度以貢獻於世界尤其亞洲之和平安全，且可增強聯合國力量解決重大問題，同時印尼亦完全覺察到中共「恢復權利」可能涉及若干剩餘之重要問題，此等問題係由該地區現存政治現實狀態而引起，在聯合國本身亦經反映，印尼盼此等剩餘問題可由關係各方圓滿解決。

也門經濟部長：

美國求與中共和解是可喜現象，也門是阿案聯署提案國，認雙重代表權花樣不應成立。蓋此花樣違反國家領土完整原則，且節外生枝引起新問題，也認只有由中共以「中國唯一合法政府」之地位「恢復權利」。

10 月 13 日

卡達國務大臣：

有人認中共及所謂分裂國之分裂雙方入會即可達成普遍化，卡達則認除非一切世界人民，尤其懷抱自由獨立之意志，愛和平正義者全體在會，不能算作真正普遍化，而對世界和平安全有益。

附件10-2　1971 年聯大亞洲各國代表在我國席次保衛戰上辯論階段發言（10月18日至10月25日）的內容

10 月 18 日

伊拉克：

主以單純多數通過阿案並反對美兩案。

沙烏地阿拉伯（此次係為提出其對阿案之修正案（A/L.637）而發言，謂渠仍將另發言參加辯論）：

於細閱阿案並聆聽阿爾巴尼亞發言後，認為依聯合國傳統處理有如本項目之重大複雜問題必須廣徵意見，一切草案均可斟酌損益，當前三草案之支持者一方有俄法英，另方有美方倡議，均係安理會常任理事國。今晨美代表演說固立場鮮明，但另方三強似只在看風轉舵。至阿案及另二案之提案者實際大都為小國，不是依附一方，即依附另一方；所謂結盟不結盟並無實質意義，所謂「不結盟」也者，本身即是結盟，故沙烏地阿拉伯要以真正獨立不偏立場提此修正案，蓋認當前二實質草案均有所不足及偏激走極端之處，盼雙方可藉此修正案，能折衷取公允立場，化除壁壘達成協議。

10 月 19 日

巴基斯坦：

本案今年所處情況特殊，在國際局勢上可謂良機難再提供有利解決機會。尼克森接受訪問北平，求與中共關係正常化，惟不易將「中」美間一切難題迎刃而解。但此鬆弛緊張之舉，已使若干方面捨棄過去僵硬立場而較具彈性。在此背景下，巴深盼各方注及幾項要點，一為本項目議題為中共「恢復權利」不涉及任何除名問題，只是中國席位之代表團更換，二為中國只有一個不可分割，雙重代表權安排無論如何解釋，都是在製造兩個中國或一中一臺局面，即臺灣方面本身亦稱臺灣是中國之一部，《憲章》更不容許分割會員國之領土主權完整。美國雖辯稱雙重安排不介入中國問題之解決，但使分割合法永久化，即是介入中國內政。至烏克蘭與白俄羅斯之各有席位是曾經蘇聯請求而設。現「中華人民共和國」並未作同樣可適用於臺灣之請求。事實上中共 8 月 20 日聲明，即明確反對雙重安排，故此安排絕行不通。三為關於普遍化一點，有人認對分裂國之分裂雙方不能納此排彼，但，一則「蔣集團」並不代表臺灣人民，二則要分裂國雙方都一體入會，總應先得雙方都同意，而中共現未作此同意，三則美雙重案關於安理會之安排已經要將「臺灣方面」排除出安理會，則在大會之排除亦可同樣辦理。是以美方重要問題案今年既經改變去年內容，其自相矛盾已甚明顯。況《憲章》第六條所提除名問題，只限於經安理會建議之案件，只有此等案件才是第十八條二款所指重要問題，故阿案不屬此範圍不應適用三分之二多數取決限制，巴認目前良機難得，盼各方趁此打銷美兩案，並通過阿案。

錫蘭：

《憲章》第二十三條所載中華民國一名詞係指中國此一國家而言，但在 1949 年後中國已更名為「中華人民共和國」，不能拘泥原有名詞作曲解。即目前在中國席位者亦言只有一個中國。今此輩在座者之不代表「中華人民共和國」即中國也甚明。錫認在此角度下觀察阿案顯不涉及除名問題，故與《憲章》第十八條無關，況臺灣從無會籍，亦談不到除名，是以錫支持阿案並反對美兩案。

阿富汗：

聯合國非僅是會員國所組成而是全世界人民所組成，以此控有世界四分之一人口者自應在會，故唯有依民主原則，決定遵從絕大多數中國人民之意志始為正確。現聯合國需要中共，遠較中共需要聯合國為殷切，故阿向主由中共「恢復權利」，蓋臺灣只是中國一部不能分割，即臺灣方面亦向稱只有一個中國，而大陸主權屬其所有，至今猶未改口。現臺灣方面之代表在會，時仍本此根據，故雙重代表權安排將引起嚴重法律疑義。阿富汗認不能造成一個國家不能有兩代表團之惡例，否則各國國內分離分子均可援例。阿富汗承認中共，故認中國只有此一現實而無兩個現實，將本此投票反對美兩案並反對將其中程序花樣先付表決，阿富汗僅支持唯一獲北平接受之阿案。

科威特：

美案旨在製造兩個中國，既強姦中國民意亦違反《憲章》，事實上臺灣既從無會籍，自談不到除名問題。科威特已承認中共是中國之「唯一合法政府」，故支持阿案並反對雙重代表權案，尤其反對重要問題案之程序花樣。科認「蔣政權」現只是在屬於中共之一小島上，不能代表中國。

沙烏地阿拉伯：

當前問題不是一個、兩個甚至幾個中國之問題，而是爭點在要不要排除中華民國此一現實存在之國際單元，是不是可付出此種排除代價以迎中共來會所提條件之問題，至於所謂「恢復權利」也者其實只是不相干之唇舌花樣，盼各方勿為之迷惘而本實際情理來作冷靜判斷。此實際情理為稱作中華民國之臺灣千餘萬人民是現實存在之國際單元。此千餘萬人不盡與大陸人民種性相同，並非全與大陸人民為一體，其自決權利不容葬送，即如卡達、巴林等之獨立入會，沙國、伊朗等決不因其人民少、血統近、語言傳統相同且為阿拉伯半島之一部，過去曾有政治統轄關係，而遂壓制其自決權。臺灣情形與之相似，本組織無權作審判犧牲此一千四百餘萬人民，任其被人吞併宰割。請各位代表本此自問良心，而不一味追隨政府之指示以決定取捨。至少要先問中華民國一千餘萬人本身意願如何。另埃及、敘利亞之分合亦足引以為例，否則乃是自毀《憲章》，本組織自取覆亡。只要排除之門一啟，即橫流一潰不可收拾。倘今日中共言臺灣歸其所有即予之，則中共亦言過去在西伯利亞曾有百萬方哩土地屬其宗主權，是否強權亦竟割與，故不能一味迎合中共，請各位三思。

10 月 20 日

尼泊爾：

製造一個國家有兩代表團在會之安排有違《憲章》破壞本組織，尼立場一貫簡單明瞭，即主張立即通過阿案並打銷此外之一切提案，以對中共之來會不加以任何障礙阻撓，尼認中國只有一個，「蔣集團」既已被中國人民排除在先，不勞本組織庸人自擾，蓋當前並無除名會員問題存在，況中共 8 月 20 日聲明已清晰表明不能接受侵犯中國領土完整之行為，此乃任何自尊自重之合法政府應有之立場。在此情形下，大會倘通過美案即是永久阻中共到會。況本組織亦絕不能分割任何會員國，故尼請各方三思。

南也門（極力誇稱中共如何「強大」，指責美國至今尚在「干涉中國內政」）：

南也門之支持中共「恢復權利」不是向強權靠攏，亦非因中共支持阿拉伯人，而全係出於「正義」。南也門認為臺灣既是中國之一部，則本組織無權分割中國，是以為本組織之前途著想，不能不立即以單純多數通過南也門所聯署之阿案並打銷其他個案。

敘利亞：

目前已有許多歐亞拉丁美洲及非洲國家改變過去立場，即以往反對中共來會最力者亦經改調。惟必須指出美案之改調，純為欺騙手法，其介紹提案之表演亦是政客競選姿態企圖混淆視聽，敘政府先要問在座之臺灣當局四項問題：一為是否其亦與美國同樣承認有兩個中國存在，二為其是否曾經支持過兩個中國安排，三為其是否仍認為本身是中國唯一合法政府，四為是否其仍認大陸屬於臺灣而仍誓言將解放大陸以支持其一個中國理論。敘認此四問題前日已由臺灣方面之演說提出答復。從此答復即可看出美雙重代表權之安排無懼，繼迭引艾契遜、杜魯門等聲明指出美亦認臺灣是中國之一部，並稱國家改號亦是常事。不能據以阻撓中共取得其權利來會，此並不包含《憲章》第六條所稱除名問題。事實上美雙重案正文第一版內容即是承認《憲章》第二十六條所指屬於中國之安理會常任理事國席位仍屬中共。敘認美議員最近所作威脅恐嚇，乃是運用金元外交對本組織勒索，且認目前唯有遵照去年五十三國〈路沙卡會議宣言〉處理此事，並原則通過阿案。

10月21日

菲律賓：

本案數日內或下週初即將有重大決定，關係世界和平安全深切，菲立場業經聲述，即一面確認為大局著想中共來會有助於當前許多問題覓致解決，一面亦同時確信絕不能開倒車，排除中華民國以使本組織受到危害。當前中國有兩個政府各具不同經社制度，努力建設，各獲空前成就而對峙並存，已使中國分而為二，各具完全國家條件乃係事實，絕非空言理論所可抹殺。本組織除接受此現實承認兩個中國並存外，別無他途，一面中華民國是本組織忠實創始會員與亞非拉丁美洲許多國家有經技合作，尤與菲律賓久有篤厚友誼及經濟關係。另一面中共人口達世界人口四分之一，自應儘早來會，菲認對此兩面皆必須顧到，絕不能空談理論說只有其中一個存在而只能有一席位必須排除其一。此種排除及所謂霸佔席位之破壞性說法，業已過時不合當前現實。聯合國今日必須公平採和解態度，不容許報復嚇詐。今阿案主旨一味要排除中華民國，本組織至少為本身存亡著想不能犧牲一千四百萬人民而破壞普遍化及遠東和平安全。此種排除業經大會自 1961 年起即決定是《憲章》第十八條所稱重要問題，去年且經重申，依理依法今年不能推翻本身過去決定對當前同一排除之議另作處理。況宇譚經指出，本組織正面臨財務上及所謂信心上之危機，而中華民國歷年所繳會費高達第六位，信守《憲章》不渝，現與五十九國有邦交，其中五十六國是會員國，有億萬人民。至對專門機構之一切活動，尤一貫合作積極參與。輕言逕予排除實屬不可想像，故菲經本此旨聯署提兩草案，盼各方支持通過。

緬甸：

本案頭等重要不能再拖延，緬向認只有中共是「中國唯一合法代表」，故緬支持阿案而不得不反對其他各案。

也門：

美國一面言只有一個中國，一面又在主張分裂中國之安排，一面向中共示好想要拉攏關係，一面又在此為中共來會設種種障礙，一面將主權歸屬有問題之島嶼「歸還」日本，一面又主張臺灣獨立另成單元，種種自相矛盾難以解釋。故也門認為美目前取種種姿態及布置無非想再阻中共來會一年，以便尼克森此一玩弄權術者，可帶一小禮物去訪北平。也門不能不勸一般追隨美立場之小國三思，切勿再作此種追隨而改行加入另一小國即阿案提案國之集團，一致以集體行動支持通過阿案並打銷其餘延阻中共來會之花樣，以使本組織脫出美國之玩弄控制。

10 月 22 日

泰國：

泰國人祖先原居中國，嗣使南移，對中國問題認不僅關係本身及東南亞安危而係牽涉全世界和平安全，要從法律、政治、哲學、心理等各種角度來研察依《憲章》處理。當前基本事實有三，一為中華民國是本組織創始會員，其國號載於《憲章》，一向合法在會，二為經重大變化後，中共興起，亦漸具立國條件，控有大陸而為許多國家承認。但中華民國仍控有臺灣等中國領土並為許多國家繼續承認維持邦交。過去本組織對本案均經依《憲章》處理，雖現有人稱依普遍化原則，中共非來會不可，但依同一普遍化原則及《憲章》原則中華民國自亦應繼續在會，中共之不控有臺灣一如中華民國之不控有大陸，周恩來最近接見《紐約時報》記者時即已自行承認臺灣現狀已存在廿一年之久，可謂已證實其本身亦承認中華民國事實上有效控制臺灣。至第三項基本事實則為泰國等大多數會員國雖都願見中共來會，但縱令中共能依本身所課之條件來會，亦不能抹殺中華民國在臺灣存在之現實，故在此情形下只有雙重代表安排纔是邏輯解答，直至中國人民本身達致解決時止。有人謂代表權不能分割，但臺灣有一千四百萬人民，較在座三分之二會員國之人口為多，自不能說不夠資格另有一代表權。泰國本亞洲國家及小國立場，固切盼中共來會以利和平，是以支持其來會且擁有安理會席位，然同時亦切盼中華民國繼續留會，泰與中華民國友誼密切，有正常關係而從未與北平有關係，自認絕無排除中華民國之理由，泰支持雙重安排係認其符合《憲章》原意。在不介入條件下應對所有分裂國家一視同仁，雖則北平臺北雙方都說只有一個中國，惟泰國等許多國家亦均尊重一切國家之主權完整，而認惟有接受和平共存之現實，纔是公平不介入而合乎聯合國立場之辦法。尤認過去大會認中國問題是重要問題之處理辦法有一貫性，故泰等經聯署提出兩草案，盼各方支持以使本組織可調和各方達成職責。

寮國：

本案關係極端重大。寮總理不久前曾在此宣稱本組織必須普遍化唯有「中國」來會，使可達成此目的。「中國」文化悠久人口眾多成就極大，故寮贊成中共來會並取得安理會席位。寮將依此立場投票，寮認依普遍化原則本組織不能將世界四分之一人口久摒會外，中共既是亞洲一大強權，而多年來亞洲又復兵連禍結，則自唯有中共來會守《憲章》始有弭戰和平希望。寮與中共接壤建交逾十年，雙方人民比鄰而居從無齟齬。業已注及現在眾議僉同，均認中共應來會，並取得安理會席位。惟有一爭點存在，即為中華民國留會與否之問題。各方激烈辯論甚久，寮願聲述本身從來只認有一個中國不採兩個中國或一中一臺觀點，確認只能尊重《憲章》不干涉他國內政原則，本己所不欲勿施於人之旨自存，故認對此爭論應有四點基本考慮：一為本案年年辯論多年，顯示徒作口舌爭辯不是解決辦法，今天既有一可望和解機會，盼勿予錯過，二為各方必須以忍耐態度慎重處理，而勿採劇烈方式，想一步躍進即可解決此爭論達二十五年之久之問題，求此種解決必甚危險務宜避免，三為歐亞兩洲都有分裂國家，其中若干分裂雙方今日幾費心利始心力始露和解曙光，盼在中國問題之解決上予以顧到，勿使之前功盡棄，四為中國代表權問題惟有中國人民本身纔有權作決定，盼大會勿插足橫加干預，寮係依本身痛苦經驗作此呼籲，因若非有外力橫加干預。寮今日局面絕不致如此困難。茲為免致誤會起見，寮國必須聲明其投票只是贊成中共來會並取得安理會席位。此外，不能不對於雙重代表權及中華民國是否留會等一切問題避免作表示。

印度：

本案不涉及新國入會問題，否則須先經安理會依《憲章》第四條之規定處理，本案亦不涉及任何除名問題，否則依《憲章》第六條亦應先經安理會建議。印度認為本案在討論中出現許多歪曲事實及不合法理而玩弄程序花樣之說法，此等說法極為危險，幸已由荷蘭等國代表駁正。印度認本案只係一單純代表權問題，印度自 1949 年起即經一貫支持中共以「中國唯一合法政府」身分來會。認此乃唯一現實，故反對一切阻撓花樣而支持阿案。盼中共來會後，印度可與之在本組織內修好合作，望各方勿節外生枝，使原本單純之問題複雜化，以阻本案獲正當解決。

附錄　阿爾巴尼亞大使馬利列的回憶[1]

中國：重返聯合國[2]

馬利列作為阿爾巴尼亞代表團成員，從 1956 年起就常參與聯合國大會的一些會議，因此有機會多次在聯合國中支持恢復中共在聯合國的合法席位，中共在這一國際組織中的席位一直被 1949 年中國革命所推翻的政權非法占據著。隨著中華人民共和國宣告成立，北京政府在除臺灣省以外的全國行使權利，因此她理所當然應當代表這個大國參加聯合國。

一、事實陳述

聯合國的性質是一個普遍性的國際組織，每一個國家，無論大小，都有權利參加。參加聯合國，不是代表國家的制度，而是代表一個國家和領導這個國家的政府，不管這個政權執行的是一種什麼樣的制度。在一個國家發生劇烈變化後，如制度的變化，這個國家仍然有權繼續其聯

1　本節主要改寫自阿爾巴尼亞外交部次長兼駐聯合國大使雷茲．馬利列（Reis Malile）的回憶錄：雷茲．馬利列著，王洪起譯，《我眼中的中國政要》（北京：當代世界出版社，1999），頁 209-228。為尊重原意，保留其立場，僅作文字潤飾，並額外加入小標題，以便讀者閱讀。

2　原書標題。

合國會員國資格。然而中共卻在這方面受到極不公正的待遇，她被非法排斥在聯合國之外長達二十年之久。

儘管反對恢復中共在聯合國的席位者，製造種種障礙，但中共終有一天會獲得本應屬於她的席位，否則聯合國就稱不上是一個普遍性的組織，因為它把占世界四分之一人口的國家排斥在外。應當承認，在聯合國的具體行動中，以及在貫徹聯合國創建時的意圖上，都能感到這種欠缺。解決當代尖銳的政治問題和聯合國本身的效能，都需要中共作為一個大國和聯合國安理會常任理事國的參與。

許多年來，這一直是聯大的一個主要問題。但是，在東西方冷戰的環境下，這問題從一次會辯論到另一次會，一直得不到解決，從而阻礙了許多政治問題在討論中得到普遍而客觀的解決，也損害了聯合國本身的威望與作用。此外，聯大就此問題進行的辯論，引起大家煩燥與不安，各國代表團之間經常發生激烈的鬥爭和指控，甚至走向極端，進而惡化了政治氣氛。

關於恢復中共在聯合國的席位問題，最初是印度倡議列入聯大日程的。後來，由於兩國邊界問題，印度與中共的關係轉趨冷淡。印度撤銷了倡議。隨後，蘇聯便取而代之，繼續在聯大就此問題提議。再後來，莫斯科——北京之間發生深刻分歧，莫斯科也撒手不管。由於阿爾巴尼亞與中共的關係十分良好，這一問題便在阿爾巴尼亞要求下被列入聯大議程。

聯大就恢復中共在聯合國的合法席位問題進行了約

二十年的討論。隨著時間推移，贊成中共加入聯合國的國家越來越多，而反對的國家則逐漸減少。當時的主要障礙是美國。美國出於自己的政治原因，拒絕承認現實，不接受中國的根本性變化。

二、現況分析

1971 年，華盛頓對北京的政策發生轉折。尼克森總統由於一連串原因，在改善美中（共）關係方面，邁出果敢的具體步伐。1971 年 7 月，尼克森國家安全顧問季辛吉，進行著名的北京祕密之行。同年 10 月，當聯大就恢復中共在聯合國的一切權利進行辯論時，季辛吉仍然留在北京，為尼克森訪問大陸做準備。儘管這些步驟是在極保密的情況下進行，消息仍然有意無意流傳開來，外交界也開始就此交頭接耳，議論紛紛。這足以使一些國家改變它們對中共的立場，以更積極的態度對待中共加入聯合國的問題。

由於阿爾巴尼亞是將這問題列入大會議程的倡議國，她理所當然負有在聯大進行辯護的特殊責任。同時，也應當善用正在出現的政治新形勢。於是，在地拉那（Tirana）及時精心研究問題各面之後，制定在聯大的行動綱領和策略，擬定提案，設想了其他支持國所應做的工作。還就反對恢復中共在聯合國合法席位的國家，有可能在實質問題和程序問題，提出的各種方案進行了討論，並確定所要堅持的立場。馬利列意識到，會面臨意想不到的情況，因此在聯大特別小心。之後把擬定的策略及決議草案交給中共駐地拉那大使劉振華，請他徵求北京的最終意見。幾天後，中共大使到阿爾巴尼亞外交部，北京完全同意提案及馬利列考慮採取的策略。完成這些準備之後，馬利列帶著略為平靜的心情前往紐約。

第二十六屆聯大會議，按照常規於 1971 年 9 月份的第三個星期的星期二如期舉行，有關中國問題的討論分為兩個階段。最初連續幾天，大會就這一問題的政治方面進行辯論，每個代表團發表自己的觀點，最終表決則在 10 月 25 日的一次專門會議上。

在第一階段的辯論中，阿爾巴尼亞外交部長 Nesti Nase 代表阿爾巴尼亞發言，此後由於工作原因，他提前回國，馬利列則留下來負責代表團的工作。馬利列（當時擔任外交部副部長）與代表團其他成員一起，跟蹤這一問題的進展，直至大會作出最後決定。

當時美國常駐聯合國代表是喬治・布希大使。美中（共）關係正常化以後，他代表美國前往北京擔任大使，在完成他的傑出使命後當選為副總統，後來又當選為總統。由於阿爾巴尼亞代表團座位恰巧與美國代表團非常接近。這樣，便有機會清楚地相互注意對方的行動，特別是進行表決的時候。總的來說，布希——當時他也是美國政府的成員——同各國代表團及美國代表團中地位較低的成員，都能很好地溝通，沒有任何距離。有一次，馬利列的筆掉到了地上，卻沒有注意到。當時布希正穿過會議大廳走向自己的座位，他看到桌子底下的筆，蹲下來，幾乎趴到地上，拾起筆，帶著意味深長的微笑——這與他對聯大正在討論的問題所持的態度完全相反——一邊把筆遞給馬利列，一邊說：「我想這是您的筆。」馬利列對他的這一舉動表示感謝。

幾天以前，當聯大總務委員會討論阿爾巴尼亞提出把恢復中共在聯合國席位列入聯大議程時，馬利列與布希之間發生了一次聯合國會議上司空見慣的小摩擦。馬利列在會上發言，闡述為什麼應當儘快討論並解決上述問題時，布希以「有關議事程序問題」為由打斷發言，中間插話，要求不要討論問題的實質內容，只需就程序方面說明應不應該列入議程。馬利列則認為有必要從政治角度說明為什麼應當把這一問題列入。事實上，在聯合國這一策略常常被採用，每個代表團都極力按照它認為最有利的方式發言。布希還要求聯大總務委員會主席，印度尼西亞外交部長馬利克——他同時也是第二十六屆聯大主席——中斷馬利列的發言，但馬利克讓各國代表團按照自己的意願發言，表現寬容。

聯大就提案進行辯論的日子一天天臨近，這期間，阿爾巴尼亞提案的共同提案國又增加了，其他一些與中共保持友好關係的國家也加入到了共同提案國的行列。與此同時，另外一方也在加緊它們的工作。除了美國的提案外，一些代表團又提出了幾項修正案，其最終目的是破壞阿爾巴尼亞、阿爾及利亞等共同提案國的提案。

三、評比美國提案與策略的決定和執行

美國代表團幾次傳話給阿爾巴尼亞代表團，要求將聯大的表決時間向後推遲幾天。

對此，阿爾巴尼亞代表團與共同提案國一起討論，並達成共識：不接受美國的這一策略性提議，提案表決應按已經確定的時間—— 10 月 25 日進行。十分清楚的是，美國想等季辛吉結束對中共的訪問後再做出結論，然後才對提案進行表決。一些代表團從它們原來贊成美國提案的立場退卻了，另一些代表團則猶豫不決。它們認為：「既然季辛吉還在北京，這說明華盛頓在改變對中共的態度，我們又何必要繼續堅持原來的立場呢？」阿爾巴尼亞代表團利用這一有利機會，對美國提所有旨在推遲表決時間的建議，均予以拒絕。

在聯大就提案進行表決的前夕，二十三個共同提案國的代表團召開了最後一次會議，討論在大會上應當採取的策略，將各種問題逐個進行了討論。首先決定表決必須於 1971 年 10 月 25 日舉行，絕不接受任何其他日期。同時也決定，無論如何不能允許把提案分割成幾部分，不接受任何修正案，也不同意對提案進行逐段表決，因為提案是一個整體。事實上，任何一點修改都會觸及提案的本質。因此，共同提案國要為提案如同提交的那樣，原原本本地獲得通過而鬥爭。

馬利列同時意識到，大會進行過程中，將出現許多程序性障礙和操縱現象，於是，對一切可能發生的情況進

行了討論，並對各共同提案國負責反駁的問題做了分工，不讓重擔僅落在兩三個代表團身上，而是所有提案國代表團組成一個團體，一起站起來捍衛提案，以達成目標。這個祕密會議是在聯合國眾多的會議廳中的一個大廳舉行。

討論達到高潮時，墨西哥代表敲門要求會見。他以美國大使喬治・布希的名義，再次要求將聯大對提案的表決時間推遲幾天。很遺憾，為時太晚了，所有共同提案國已經一致決定，對提案的表決按聯大規定的日期進行。他又提出種種理由，但得到的回答則只有一個：「這個問題沒有迴旋餘地了。」

「祕密」會議結束後，馬利列等人剛一走出會議室，新聞記者們便蜂擁而至，急切地提出許多問題：對中共的代表權問題是否達成了某種妥協，表決日期是否會推遲等等。馬利列簡短地回答說，沒有妥協，有關中共在聯合國合法席位的提案，將按預定日期付諸表決。

各共同提案國的代表團為將在大會上開展的「戰役」緊張的進行準備。阿爾巴尼亞代表團就在程序性辯論中可能出現的各種情況，預做準備。除了上述會議分配的任務外，代表團還就可能危及我們提案的幾個關鍵性的和敏感的問題做準備，並設想了大會期間某個提案國突然未與會，如何及時補救等問題。但實際上，所有共同提案國都表現得認真而積極，它們全都準確無誤地完成了上述會議為它們確定的任務。

過去（1971 年以前），美國斷然拒絕中共在聯合國擁有代表權，這可以解釋為當時的政治環境和東西方冷戰造成的。這時，它退了一步，承認了中共在聯合國的代表權。但是，在它們的提案中，卻使「兩個中國」合法化，其結果是在聯合國及其專門機構中造成雙重代表權。中共以及阿爾巴尼亞、阿爾及利亞等共同提案國，自然不能接受這種立場。

聯合國第二十六屆會議大會第九十三項議程

阿爾巴尼亞提案：

中華人民共和國在聯合國之合法權利——

大會，

覆按《聯合國憲章》之各項原則，認為恢復中華人民共和國之合法權利對維護《聯合國憲章》及聯合國依《憲章》所需致力達到之目標，均屬必要，確認中華人民共和國政府代表為中國出席聯合國之唯一合法代表，中華人民共和國並為安全理事會五常任理事國之一，決議恢復中華人民共和國之所有權利，並承認其政府代表為中國出席聯合國之唯一合法代表，並立即驅逐在聯合國及一切與有連繫之組織內非法佔據席位之蔣介石代表。[3]

3 資料來源：外交部編印，《中華民國聯合國第二十六屆常會代表團報告書》。

美國提案：

大會，

察及自聯合國成立以來，中國已發生根本性之變化，顧及現有之實際情況，察及自 1945 年以來中華民國一直為聯合國會員國而有代表權，相信中華人民共和國在聯合國應有代表權，覆按《聯合國憲章》第一條第四項規定，聯合國乃協調各國行動之中心，相信此一問題應參照上述考慮設法公平解決而不影響其中所牽涉之衝突主張之最後解決，

一、茲確認中華人民共和國有代表權，並建議應由其出席安全理事會，為五常任理事國之一；

二、確認中華民國繼續有代表權；

三、建議所有聯合國機關及著專門機構於決定中國代表權問題時，計及本決議案之規定。[4]

四、表決的議事程序與雙方最後爭議

期待已久的聯大對各項提案的表決時刻終於來臨了。1971 年 10 月 25 日的會議，無論從政治角度還是從程序角度看，都將作為聯大工作中最特殊的、最具有歷史意義的會議之一，作為聯合國中最值得慶賀的會議之一，而永遠被人們所回憶。聯合國有關這一問題的文獻，即使在將來，也會被國際法的專家和律師以及歷史學家們時常參

4　資料來源：外交部編印，《中華民國聯合國第二十六屆常會代表團報告書》。

閱，進行研究和再研究，以便了解一個像中國這樣的大國的人民，在這個世界性組織中的代表權問題是如何得以解決的。他們還將研究反對公正、合法地解決這個問題的人所使用的種種程序手段，以及他們千方百計使問題複雜化和儘量拖延時間而玩弄的各式各樣花招。

應當指出的是，美國為了爭取對自己論點的支持者，通過外交途徑和新聞媒體而大肆鼓噪，從而進一步增加了美國輿論，乃至世界各國輿論，對這一拖延了二十年之久的問題的興趣與好奇。

會議開始前半小時，大會會場內便擠滿了人，為新聞記者和聽眾保留的位置也座無虛席。各國代表團走來走去，都在爭取對自己提案的支持者或提醒其他代表團正式或祕密做出的承諾，那些不太了解情況的代表團，則努力獲取最新消息。

15 時，大會主席，印尼外交部長馬利克宣佈開會。來自世界各國，尤其是美國和日本的各主要電臺、電視臺的記者們，把照相機和錄影機鏡頭對準了他們面前的兩個主要提案的共同提案國。各種議案的修正案雪片般在代表團中間一個又一個地散發，其目的的就是要破壞阿爾巴尼亞、阿爾及利亞等國的共同提案，或推遲表決時間。

五、波濤一：沙烏地阿拉伯

大會一開始，沙烏地阿拉伯代表巴羅蒂要求就一「緊急問題」發言。主席根據規則允許他發言。巴羅蒂就中共代表權問題提出了一個所謂的新的修正案，修正案中充滿了套話以及使問題嚴重複雜化、使大會陷人死胡同的條款。該修正案的實質是使「兩個中國」合法化，使它們在聯合國擁有雙重代表權。所有人都明白，這不過是一個光鮮的花招。為了表示其「不偏不倚」，巴羅蒂在自己的長篇發言中，故意夾帶一些並不傷害美國的「刺」。

最後，巴羅蒂藉口向各國代表團提供研究他的長篇提案的時間，要求將表決時間向後推遲幾天。其用意並不難理解。總的來說，巴羅蒂是一個好人，他博學多聞，是聯合國的資深代表。他在國際組織中的活動，甚至可以追溯到國際聯盟。他對程序問題有著豐富的經驗，堪稱「未經整理的資料庫」。他能夠隨時攪亂大會進程，使其陷人無休止的討論。令人奇怪的是，他雖然是沙烏地阿拉伯的代表，都多年來從未在沙烏地待過，而是常年居住在美國。

巴羅蒂知道阿爾巴尼亞與阿拉伯世界的友好關係，因而對阿爾巴尼亞代表團持友好和接近的立場。他曾數次要求阿爾巴尼亞代表團撤回自己的提案，接受他剛才提出的修正案。代表團堅持不改變自己的立場，於是他便要求至少同意推遲表決時間。對此，代表團仍然表示，現在已為時過晚。為了禮貌而鄭重地解釋代表團的立場，馬利列同他進行了幾次單獨會晤。之所以從不在大會上直接回擊沙烏地阿拉伯代表，是因為擔心他可能借口行使答覆權而再次進行長篇大論的發言，代表團不願意失去時間。他的建議雖付諸表決，但被大會否決，這是一個好兆頭。

六、最後說明與暗潮

對各種修正案和提案進行表決之前，與議程問題直接相關方面的阿爾巴尼亞、蔣介石政權和美國的代表，各有一次發言機會，以便對自己的提案作出說明。

馬利列在發言中再次闡明：只有一個中國，這就是於 1949 年成立的中華人民共和國，臺灣省則是中國不可分割的一部分。現在，美國看清楚總趨勢有利於中華人民共和國，便改變策略同意中共進入聯合國，同時又讓臺灣留在聯合國。這是絕對不能夠接受的，因為只有一個中國。

這期間，聯大上有個暗中散佈一種似乎北京已經接受美國提案的假消息。為了排除一些代表團的猶豫不決，馬利列當即摘要宣讀了〈中華人民共和國外交部聲明〉（1971 年 8 月 20 日）：

> 恢復中華人民共和國在聯合國的合法權利和把蔣介石集團驅逐出聯合國，這是一個問題不可分割的兩個方面……只要在聯合國裡出現「兩個中國」、「一中一臺」、「臺灣地位未定」或其他類似情況，中華人民共和國政府就堅決不同聯合國發生任何關係。中國政府的這一嚴正立場是不可動搖的。

馬利列在發言中還指出，不存在接受中共加入聯合國的問題，而是恢復她在這個組織中的一切合法權利的問題，因為中國是這個組織的首創國之一。

此後，美國代表布希發言，他強調指出，「二十年來，美國被指責為不考慮現實。今天，我肯定地說，是阿爾巴尼亞提案忽視現實」。他的意思還是存在「兩個中國」。布希要求阿爾巴尼亞的提案只有在獲得三分之二的票數時方可通過，否則不予通過。按照他的說法，這是因為將「中華民國」驅逐出聯合國是一個重要問題。

事實上，問題根本不是這種性質，不存在從聯合國驅逐出某個成員國的問題，而是恢復中共在這個組織中被臺灣竊據的席位及一切合法權利的問題。

七、波濤再起旋滅

上述三個插曲結束後，開始了投票前馬拉松式的表決說明，即包括對提案的說明，也包括對修正案的說明，這耗費了很長時間。然而，障礙仍未結束：突尼西亞代表突然提出三項新的提案。這三個提案仍然是旨在以這種或那種形式使「兩個中國」合法。對於這三個提案的表決的說明，特別是對眾多修正案的說明，使阿爾巴尼亞提案延長了好幾個小時。最後，通過激烈的辯論，這三個提案全部被大會否決。

八、美國提案

（一）重要問題集

剩下的問題是，大會對美國提出的要求——阿爾巴尼亞的提案應獲得三分之二的票數才能算通過——發表意見。圍繞這一問題，一場新的辯論又開始了。阿爾巴尼亞代表團當時相信共同提案能夠獲得簡單多數通過，但對能否獲得三分之二的票數沒有把握，因此堅決反對這一要求。美國的建議付諸表決，所有的代表團都不安地注視著投票情況，結果是美國輸了，大會沒有接受它的建議。這對於美國來說，是一個重大失敗，而對於聯合國中支持中共恢復席位的各國代表團來說，則是一個鼓舞。這次表決也使許多代表團重新考慮對阿爾巴尼亞提案應持的態度。各代表團急切地撥動通往它們國家首都的電話，為的是向自己的政府說明情況和聽取新的指示。

（二）阿案改逐段表決？

但是，程序上的障礙仍在繼續。美國論點的支持者們抓住塞內加爾代表的一句話不放，所謂這位代表在他就投票說明所做的發言中，要求阿爾巴尼亞的提案逐段表決通過。代表們一個接一個地發言，辯論達到了高潮，問題似乎又一次進入了死胡同。就在這個時候，塞內加爾大使發言了，他憤怒地說：「我沒有要求把阿爾巴尼亞提案分割開來，也沒有要求對它逐段表決通過。我想簡單明瞭地指出，我的代表團對最後一段中的幾句話持保留意見。既然這使一些人歪曲我的發言，並做出錯誤的解釋，我決定撤回我的建議……。」[5] 他的這一發言受到了歡迎。美國論點的支持者們仍然以失敗告終。

（三）阿案應專門表決？

儘管如此，美國提案的炮製者們仍然不死心。布希代表，依據聯大內部規則的第九十一條，要求對阿爾巴尼亞提案進行專門表決。他的原話是這樣的：「以及就立即把蔣介石的代表從他們在聯合國組織及其所屬一切機構中所非法占據的席位上驅逐出去的問題進行表決。」[6] 實際上，這是為使「兩個中國」合法化所做的又一次努力。大會氣氛更加緊張了。美國的建議被付諸表決，但未獲通過。

九、臺灣代表的反應

在可以清楚地看出來蔣介石政權已無望再繼續留在聯合國組織中時，臺灣代表團離開了大會會場，中國的席

5　塞內加爾代表 Fall 以法文發言，正式英文紀錄為：“I did not ask that the Albanian draft resolution should be voted in parts. I simply wanted to stress a reservation that my delegation entertained on certain phrases contained in the last paragraph. But, since that statement has given rise to so many erroneous interpretations which misrepresent my thoughts, I withdraw that proposal on the clear understanding that I should like to reaffirm that it is to say the least discourteous, at a time when we are inviting a Member of our Assembly to leave our midst, to accompany him to the door insulting him all the way.” 資料來源為聯合國數位圖書館所藏：General Assembly, 26th session: 1976th plenary meeting, Monday, 25 October 1971, New York。

6　“and to expel forthwith the representatives of Chiang Kai-shek from the place which they unlawfully occupy at the United Nations and in all the organizations related to it” 資料來源為聯合國數位圖書館所藏：General Assembly, 26th session: 1976th plenary meeting, Monday, 25 October 1971, New York。

位空缺。對阿爾巴尼亞提案進行表決的道路終於開通了。提案如同提交的文本那樣被完整地通過了，既沒有任何修改，也沒有絲毫的肢解。

十、表決及其結果

大會主席手執名冊，宣佈對阿爾巴尼亞、阿爾及利亞等共同提案國的提案進行表決。大廳內鴉雀無聲，會場內所有的人都在全神貫注。代表團一個接一個地高聲表達自己的立場：「贊成」、「反對」、「棄權」，以使在場的每一個人都能聽清楚。所有的人都在記錄各代表團的表態。

會場內一片寂靜，靜得連根針掉到地上都能聽得見。大會主席馬利克宣佈表決結果：

阿爾巴尼亞、阿爾及利亞等國的共同提案以七十六票贊成、三十五票反對、十七票棄權獲得通過。

會場內全體起立，爆發出熱烈的掌聲。對於中共二十年的不公正得到了糾正，聯大主席宣布，將把表決結果通知中華人民共和國政府。宣布結果後，他還強調指出，美國提案已無需再進行表決。

大會會場內沸騰了，有節奏的掌聲經久不息。一些同中共保持密切的友好關係的非洲國家代表團成員，跳起了歡樂的非洲舞蹈，有的人甚至到桌面上載歌載舞，其他人則不斷地用力鼓掌，手掌都拍紅了。代表們、新聞記者們、聽眾們以及在會場外通過電視和廣播跟蹤大會情況的人們，都成為聯大會場這一絕無僅有的場景見證人。

聯大 1971 年 10 月 25 日的會議於紐約時間 15 時開始舉行，不間斷地開到當天夜晚的 23 時 25 分，當時地拉那時間為 10 月 26 日晨 5 時 25 分，北京時間則是 10 月 26 日 12 時 25 分。

美國最有影響力的報紙《紐約時報》就阿爾及利亞提案表決情況發表評論時，是這樣描述當時情況：

> Salim Ahmed Salim, the young chief delegate from Tanzania, jumped to his feet tonight and led his colleagues in a victory jig in front of the Tanzanian seats in the front row of the General Assembly hall.
>
> ...
>
> Therefore, Mr. Salim, with a black tunic buttoned up at the neck, apparently felt that it was perfectly natural to rise in a victory dance - some thing that has never been seen before in the United Nations.
>
> Albanian delegates, who were the floor managers for the anti-Nationalist effort, were more self-controlled than their Tanzanian co-sponsors. They smiled, laughed, applauded and exchanged embraces. So did the Algerians, who served as co-managers in the Albanian effort.[7]

7 "Peking's Backers Jubliant Over Vote," *New York Times*, 26 October 1971, page 1.

尼克森的國家安全顧問、後來的國務卿季辛吉，於聯大通過恢復中共的一切合法權利的當天，從北京回到了華盛頓。

* * *

聯合國第二七五八號決議

贊成：

錫蘭、智利、古巴、捷克、丹麥、厄瓜多、埃及、赤道幾內亞、衣索比亞、芬蘭、法國、迦納、幾內亞、圭亞那、匈牙利、冰島、印度、伊朗、伊拉克、愛爾蘭、以色列、義大利、肯亞、科威特、寮國、利比亞、馬來西亞、馬利、茅利塔尼亞、墨西哥、蒙古、摩洛哥、尼泊爾、荷蘭、奈及利亞、挪威、巴基斯坦、南葉門、布拉薩剛果、祕魯、波蘭、葡萄牙、羅馬尼亞、盧安達、塞內加爾、獅子山、新加坡、索馬利亞、蘇丹、瑞典、敘利亞、多哥、千里達、突尼西亞、土耳其、烏干達、烏克蘭、蘇聯、英國、坦尚尼亞、葉門、南斯拉夫、尚比亞、阿富汗、阿爾巴尼亞、阿爾及利亞、奧地利、比利時、不丹、波札那、保加利亞、緬甸、蒲隆地、白俄羅斯、喀麥隆、加拿大。

反對：

中非共和國、查德、金夏沙剛果、哥斯大黎加、達荷美、多明尼加、薩爾瓦多、加彭、甘比亞、瓜地馬拉、海地、宏都拉斯、象牙海岸、日本、高棉、賴索托、賴比瑞亞、馬達加斯加、馬拉威、馬爾他、紐西蘭、尼加拉瓜、尼日、巴拉圭、菲律賓、沙烏地阿拉伯、南非、史瓦濟蘭、美國、上伏塔、烏拉圭、委內瑞拉、澳洲、玻利維亞、巴西。

棄權：

哥倫比亞、賽普勒斯、斐濟、希臘、印尼、牙買加、約旦、黎巴嫩、盧森堡、模里西斯、巴拿馬、卡達、西班牙、泰國、阿根廷、巴林、巴貝多。[8]

8　國名順序依照聯合國數位圖書館所藏：General Assembly, 26th session: 1976th plenary meeting, Monday, 25 October 1971, New York。

跋

臺灣自古以來，至今，均為開放島，但在1895年以後，絕大多數人受西方狹隘的人為「國際」法所限，而學到西人「國（state）」以及「族（nation）」觀念，自我套牢。這是非常偏狹的，在觀念上「自框」所造成的。其實臺灣人的眼界與胸襟，均遠遠超過。

遠古以來，人類分從海（東海、南海、臺灣海峽）洋（太平洋）與陸地（史前臺灣原與大陸相連）進入此地，雜居於此，而成為深受西方近現代民族主義制約，今人所謂的「臺灣人」，但是我們的國家又稱為「中華民國」。

這些都是近代以來從西方學來的觀念以及制度。其實歷史悠久超過萬年的我們，沒必要被這兩百年不到，從西人硬塞到我人腦中的想像所限。我們在「序」中已經點出，被西人塞入腦中以後，華人等等的腦筋與說法、寫法，乃至於作法都被綁死：從洪秀全，經康有為、孫中山、毛澤東以次等等，給近代中國帶來反省與深思，但是，同時更引至無數內亂外患。

我們從中華以及印度等三、四千年的歷史來看，這有必要嗎？

我國以目前的開放型戰略地位，又是四億五千萬南島語族人的原鄉，原來早就應該不受這種製造世人激烈對立，他們自稱「United Nations『聯合國』」，其實就理論與實際而言，概念與作法都千瘡百孔的牢籠所限，充斥帝國主義思想，來創造新概念，並據以向世人宣告。世界組織可以多樣，犯不著受近代西人所設計，但逼迫東方以及也有悠久歷史的其他西方（含非洲、中南美洲、大洋洲等），也被動配合。

掙脫吧，讀者們。

朱浤源

民國 111 年 10 月

說史敘事 06

纏鬥聯合國——資深大使見證錄

That Nightmare at U. N.
and Reminiscences of Ambassadors

主　　編　朱浤源、楊力明
總 編 輯　陳新林、呂芳上
執行編輯　林弘毅
封面設計　溫心忻
排　　版　溫心忻

出　　版　開源書局出版有限公司
香港金鐘夏慤道 18 號海富中心
1 座 26 樓 06 室
TEL：+852-35860995

民國歷史文化學社有限公司
10646 臺北市大安區羅斯福路三段
37 號 7 樓之 1
TEL：+886-2-2369-6912
FAX：+886-2-2369-6990

http://www.rchcs.com.tw

初版一刷　2022 年 10 月 25 日
定　　價　新臺幣 600 元
港　幣 165 元
美　元　24 元
I S B N　978-626-7157-66-4
印　　刷　長達印刷有限公司
臺北市西園路二段 50 巷 4 弄 21 號
TEL：+886-2-2304-0488

國家圖書館出版品預行編目 (CIP) 資料
纏鬥聯合國 : 資深大使見證錄 = That nightmare at U.N. and reminiscences of ambassadors/ 朱浤源 , 楊力明主編 . -- 初版 . -- 臺北市 : 民國歷史文化學社有限公司 , 2022.10

面 ;　公分 . -- (說史敘事 ; 6)

ISBN 978-626-7157-66-4 (平裝)

1.CST: 聯合國　2.CST: 外交史　3.CST: 訪談
4.CST: 中國

648.3　　111015373